"十四五"普通高等教育本科部委级规划教材

U0742675

国际结算
与融资

编　著◎韩宝庆

中国纺织出版社有限公司

内 容 提 要

《国际结算与融资》是一门与商业银行国际业务紧密相关、注重理论在实际业务中应用，具有很强的专业性、实用性与操作性的课程；也是一门不断发展变化，适应我国银行业务与国际银行业务接轨需要，偏重于按照国际惯例并使用金融、经贸专业英语办理业务，具有很强国际性的专业课程。

本书形式新颖，既包括国际结算的内容，也包括国际融资的内容。国际结算部分系统介绍国际结算的基本原理和业务操作规范，主要包括国际结算概述、国际结算工具、国际结算方式等内容。国际融资部分主要介绍企业在"走出去"过程中可资利用的各种融资途径与方式。

图书在版编目（CIP）数据

国际结算与融资 / 韩宝庆编著 . -- 北京：中国纺织出版社有限公司，2023.3

"十四五"普通高等教育本科部委级规划教材

ISBN 978-7-5180-9980-1

Ⅰ . ①国… Ⅱ . ①韩… Ⅲ . ①国际结算—高等学校—教材②国际金融—融资—高等学校—教材 Ⅳ . ① F831

中国版本图书馆 CIP 数据核字（2022）第 196229 号

策划编辑：史　岩　　　责任编辑：段子君
责任校对：高　涵　　　责任印制：储志伟

中国纺织出版社有限公司出版发行

地址：北京市朝阳区百子湾东里A407号楼　邮政编码：100124

销售电话：010—67004422　传真：010—87155801

http://www.c-textilep.com

中国纺织出版社天猫旗舰店

官方微博 http://weibo.com/2119887771

三河市宏盛印务有限公司印刷　各地新华书店经销

2023年3月第1版第1次印刷

开本：787×1092　1/16　印张：18.5

字数：388千字　定价：68.00元

凡购本书，如有缺页、倒页、脱页，由本社图书营销中心调换

高等院校"十四五"部委级规划教材

经济管理类委员会

前言
PREFACE

　　企业的发展离不开资金，企业的国际化发展也离不开资金。资金可以说是企业赖以生存与发展的"血液"。国际结算与国际融资是外向型企业的重要"供血"机制，而银行在这一机制中发挥着"两个中心"的重要作用，它既是国际结算的中心，又是国际融资的中心，从而把国际结算与国际融资密切地联系在一起。国际结算与国际融资密切配合，相辅相成，相互促进。国际结算业务促进了国际融资的拓展，而国际融资的发展又推动了国际贸易的扩大和国际结算业务的顺利实现。在这一过程中，银行的业务日益国际化并不断拓展，在结算与融资中的作用更加重要。国际结算源于国际贸易，又服务国际贸易。在当代，随着科技的发展、银行竞争的加剧和客户需求的不断变化，国际结算又日益与贸易脱钩，向金融结算延伸，国际结算与国际融资日益融合并不断拓展，使银行业的商业模式也从传统低端单一化向新型高端复合化方向发展。

　　正是基于对上述情况的考虑，不同于传统国际结算教材，本教材的内容涵盖了国际结算与国际融资两部分内容。国际结算部分系统介绍国际结算的基本原理和业务操作规范，主要包括国际结算概述、国际结算工具、国际结算方式等内容。国际融资部分主要介绍企业在"走出去"过程中可资利用的各种融资途径与方式。

　　本教材的特色概括如下：

　　一、内容系统全面。传统国际结算教材普遍只介绍国际结算，部分教材虽然融入了融资的内容，但多半仅限于贸易融资，不够系统全面。本教材不仅系统介绍了国际结算，还另辟专章、详细介绍与国际结算直接相关的国际贸易融资，更重要的是，在贸易融资之外，教材还全面介绍了企业在"走出去"过程中可资利用的其他各种融资方式，而这些内容对于当前企业的国际化发展至关重要。

　　二、形式新颖活泼。为了克服阅读障碍，激发学习兴趣，教材采用通俗的语言（便于理解）、直观的图解（生动形象）、实用的材料（开阔视野）以及鲜活的案例（引发思考）等多元立体的方式尽可能轻松地呈现专业内容。比如，能用通俗语言表达的在行文时尽量避免使用晦涩的专业语言；能用图解法展现的尽可能在文字描述之外辅之以图（表）的形式直观展现，因此本教材的图表数量远远超出一般国际结算教材，而且插图形式更为轻松活泼。在实用材料中，"概念辨析"提醒学生注意容易混淆概念之间的联系与区别；"延伸阅读"帮助学生在掌握基本知识的基础上进一步加深对所学内容的理解并拓展知识面。而鲜活的案例分为三类："引导案例"设在每一章正文前，旨在通过典型案例提出问题，引发思考，培养学生主动思考、带着问题学习的良好习惯；"案例点击"放在正文中，便于趁热打铁，帮助学生有针对性地及时消化吸收所学内容；"案例讨论"则置于每一章最后，是在总结回顾所学知识的基础上，针对其中的重点和难点进行巩固和深化，并检验学习效果。

三、紧跟时代步伐。本教材注重及时追踪国际结算与融资的最新发展动态：一是最新的国际惯例规则，比如 2021 年生效的 URDTT1.0、Incoterms® 2020、2019 年生效的 eURC 和 eUCP2.0 以及 2015 新版 DOCDEX 规则 ❶ 等。二是反映时代特征的新教学内容和知识点，比如 OFAC 制裁、跨境电商支付与结算、供应链融资。三是最新的结算方式，比如银行付款义务（BPO）。四是科技发展对国际结算与融资的影响，比如金融科技、区块链与数字人民币在国际结算中的应用。五是最新的数据和案例，等等。

四、反映中国特色。本教材贯穿始终的一个重要特色就是注意反映中国特色，体现民族价值。比如人民币国际化、人民币跨境支付系统（CIPS）、数字人民币、中国的第三方支付、内保外贷、本土化的典型案例，等等。

本教材在写作过程中参考并借鉴了众多学者的著作和研究成果，谨在此表达诚挚谢意。同时，非常感谢中国纺织出版社有限公司的编辑和有关工作人员付出的辛勤劳动。由于作者的学识和水平有限，尽管付出了很大的努力，但是书中难免存在疏漏、不当甚至谬误之处，欢迎读者批评指正。

韩宝庆

2022 年 12 月于北京

---

❶ 尽管 2015 年国际商会对 DOCDEX 规则做出了最新修订，遗憾的是，国内目前尚未发现有任何一本国际结算教材予以更新并解读，甚至很多教材对于 DOCDEX 只字未提。

目录

第四章　国际结算方式——托收

第五章　国际结算方式——信用证

第六章　其他结算方式

第七章　国际贸易融资

第八章　其他国际融资方式

参考文献

第一章
国际结算概述

扫描二维码，获取
本章配套教学课件

本章学习目标

（1）掌握国际结算的概念与分类。

（2）理解国际结算的特点。

（3）理解清算的含义及基本条件。

（4）了解主要的清算系统并熟悉 SWIFT 和 CIPS。

（5）了解国际结算的发展趋势。

| 引导案例 |

　　边先生是浙江义乌一名经营箱包的老板,经过多年的打拼,已积累了一定的资金和经验,很想像其他商户一样把生意做到国外。义乌作为全球最大的小商品集散中心,每年临近圣诞节,都会有大批外商来此"淘货"。据悉,每年的圣诞节,全球80%的圣诞用品均来自义乌,由此可见义乌的重要地位。某年圣诞节前夕,恰巧有一位来自欧洲的外商逛到边先生摊位,对边先生的箱包产生了浓厚的兴趣,对着边先生叽哩咕噜说了一大堆洋文,边先生凭着自己上大学时扎实的外语基础,基本听懂了外商的意思,但是当谈到结算方式时,对方提出了一些让他丈二和尚摸不着头脑的专业术语和洋文缩写:20% 货款采用前 T/T,80% 货款采用 D/P after sight;若出现争议或纠纷,采用 DOCDEX 规则解决。这搞得他一头雾水,不知所措。经过多方了解、强化恶补,他终于明白国际结算与国内结算完全不是一码事,而且复杂多了。

　　在学习国际结算的具体内容之前,我们首先要弄明白究竟什么是国际结算,其研究对象到底是什么。

第一节　国际结算的概念

一、国际结算的含义

　　世界范围内,每时每刻,都会由于政治、经济、文化等各方面的交往和联系,在不同国家或地区间产生债权债务关系或进行资金的转移。国际结算(international settlement),是指处于两个国家(或地区)的当事人为清偿彼此间的债权债务或实现资金的转移,通过银行办理的货币收付业务。具体而言,国际结算就是运用一定的金融工具(汇票、本票、支票等),采用一定的方式(汇款、托收、信用证等),借助一定的渠道(通信网络、计算机网络等),通过一定的媒介机构(银行或其他金融机构等),进行国与国之间的货币收付行为,从而使国际间的债权债务得以清偿或实现资金的转移。从以上定义可以看出,国际结算包含如图 1-1 所示的四要素。

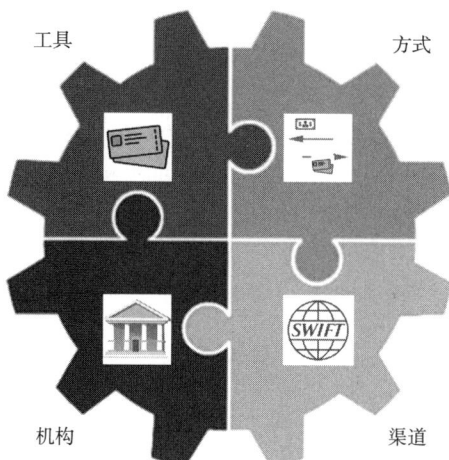

图 1-1　国际结算的四要素

　　最具代表性的国际结算是国际货物贸易结算，即因货物贸易引起的国际结算活动。另外，国际货物贸易以外的其他经济活动和政治、文化交流活动，比如服务提供、资本流动、国际旅游、非贸易汇款等引起的外汇收付行为，同样构成国际结算的重要内容。

　　需要注意的是，随着国际经济交往的发展和银行间竞争的加剧，银行办理国际结算业务也在不断拓展，并不仅仅局限于货币收付，有一部分非货币收付也属于银行国际结算业务的范畴，如银行保函，并不一定有货币收付，而仅仅是银行的书面担保。

　　因此，国际结算主要包括两部分（国际贸易结算与国际非贸易结算）、三大块（国际结算工具、国际结算方式与以银行为中心的清算系统）内容，如图 1-2 所示。

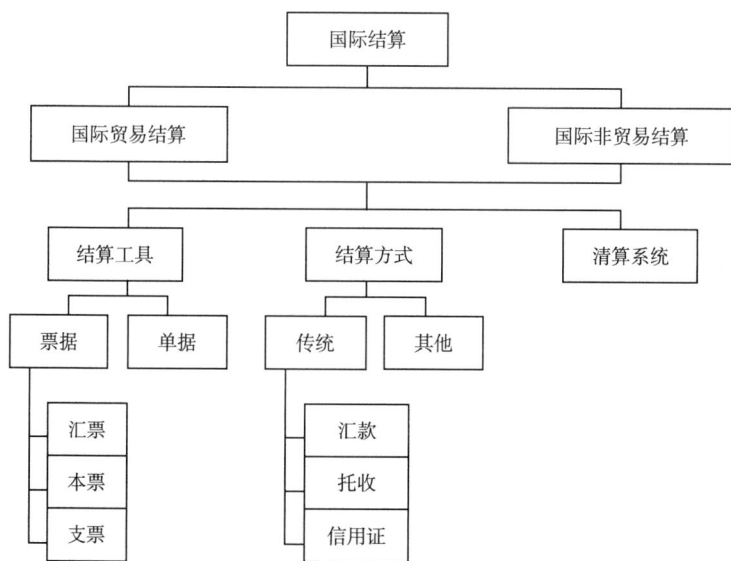

图 1-2　国际结算的内容

概念辨析

国际结算与国内结算的区别

（1）货币的活动范围不同，国内结算是在一国范围内进行的，国际结算是跨国进行的。

（2）使用的货币不同，国内结算使用同一种货币，国际结算则使用不同的货币。

（3）遵循的法律不同，国内结算遵循同一法律，国际结算遵循国际惯例或根据当事双方事先协定的仲裁法。

二、国际结算的分类

根据不同的标准，可以把国际结算划分为不同的类型。

（一）国际贸易结算与国际非贸易结算

根据背景或产生原因划分，国际结算可以分为国际贸易结算与国际非贸易结算。

1. 国际贸易结算

国际贸易结算（international trade settlement）是指因货物贸易而产生的国际货币收付或国际债权债务的结算。从国际结算这一学科来看，主要研究的是贸易结算而不是非贸易结算。这是由贸易结算在整个国际结算中所处的特殊地位决定的。国际贸易是国际结算产生和发展的重要基础，同时国际结算的发展又反过来促进国际贸易的发展；国际贸易不同于国内贸易，且往往涉及金额巨大，在操作上比非贸易结算更复杂，在内容上几乎包括了国际结算所有的方式和手段；国际收支中最基本、最重要的项目是经常项目，而经常项目中最主要的项目即贸易项目。所以国际贸易结算构成国际结算的主要内容，掌握了贸易结算，非贸易结算问题就迎刃而解了。

2. 国际非贸易结算

国际结算除了因有形的货物贸易而产生的国际贸易结算外，还包括由货物贸易以外的运输、保险、金融、文化交流等无形贸易引起的国际非贸易结算（international non-trade settlement）。国际非贸易结算，又称无形贸易结算，是国际贸易结算的对称，是指由无形贸易（invisible trade）引起的国际货币收支和国际债权债务的结算。无形贸易与有形贸易（visible trade）即国际货物贸易的结算方式不同。有形贸易结算是指因有形的货物进出口所产生的国际贸易结算。无形贸易结算是指货物贸易外汇收支以外的各项外汇收支，即国际收支经常项目中的服务贸易、收益与单方转移项目下涉及的结算业务。非贸易结算同样是国际结算的重要组成部分。而且，随着国际交往的不断增多，非贸易结算范围与规模也日益扩大。在我国，随着跨境贸易人民币结算的不断推进，非贸易项下的跨境人民币结算业务也日益扩大。

（二）现金结算与非现金结算

根据清偿债务是否直接使用现金来划分，国际结算可分为现金结算与非现金结算。

1. 现金结算

现金结算是指通过收付货币金属或货币现金来结清国际间的债权债务关系或进行资金的转移。原始的结算方式为卖方一手交货，买方一手交钱，钱货两清，通常称为"交货付现"或"货到付款"（cash on delivery，COD）。当今的现金结算多采用自由兑换货币。现金结算的特点是风险大、流通费用高，占用资金、影响周转。在当今国际结算中极少采用现金结算。

2. 非现金结算

非现金结算是指使用货币现金以外的各种支付工具（如票据），通过银行间的划账冲抵来结清国际间的债权债务关系或实现资金转移。非现金结算的特点是迅速、简便，节约现金和流通费，有利于资金的循环周转，促进了国际间经济贸易关系的发展。现代国际结算是以票据为基础、单据为条件、银行为中枢、结算与融资相结合的非现金结算体系。

（三）银行结算、专业汇款公司结算、国际信用卡结算与第三方支付结算

根据用户开展跨境结算的主要途径划分，国际结算可以分为银行结算、专业汇款公司结算、国际信用卡结算与第三方支付结算。

1. 银行结算

传统上，贸易双方直接通过银行进行结算，结算方式主要是汇款、托收和信用证，出于对资金安全和对方信用不确定性的考虑，属于银行信用的信用证结算方式一直在国际结算中占较大比重，后来随着经济的飞速发展，企业更看重资金回笼的速度和效率，信用证的高费用和手续繁杂等弊端显得不合时宜，而属于商业信用，但费用相对较低，能更快回笼资金的 T/T（电汇）结算方式在国际结算中的使用日益广泛。银行电汇普遍采用 SWIFT（环球同业银行金融电讯协会，下文介绍）通道实现跨境汇款，然而对于当下日益流行的跨境电商而言，仍然相对收费较高且交易进度较慢，一般需3～5天才能到账，优点是手续费有上限，适用于大额汇款与支付。

2. 专业汇款公司结算

专业汇款公司通常与银行、邮局等机构有较深入的合作，借助这些机构分布广泛的网点设立代理点，可迅速扩大地域覆盖面。以西联汇款（Western Union，WU）为例，其在全球近 200 个国家和地区拥有超过 480 万个代理网点，可实现全天候全球汇款支付。中国市场上主要的专业汇款公司除了西联汇款，还有速汇金（MoneyGram，MG）、银星速汇（Sigue）和 BTS 汇款公司。专业汇款公司凭借邮局与银行物理网点，不经过银行通道跨境汇款，将交易时间缩短到几分钟，费用方面实行分档付费模式，相对较低廉，但汇款币种有限，适用于中小规模汇款支付。

3. 国际信用卡结算

对买家而言，国际信用卡可能因多种原因导致跨境支付失败。国内信用卡制度不够完善，对持卡人资金保障要求不高，且个人信用指数受重视程度不足，导致使用国际信用卡的便利性远低于西方国家。国际信用卡组织如 VISA、MASTER 为保证客户交

易的安全性，为亚洲地区信用卡添加了 3D 密码验证服务，以减小商户恶意欺诈的可能性，但与此同时也增加了操作的复杂性。国际信用卡非 3D 支付成功率为 70% ～ 90%，3D 通道支付成功率可能只有 30%。对商家而言，信用卡付款存在退单与欺诈等风险。信用卡公司给予持卡人退单的权利，且国际主流的跨境电商平台也倾向于买家。但对于商家而言，国际小额贸易前期物流等其他费用投入将导致其亏损。同时，国际信用卡诈骗也屡见不鲜，黑卡、盗卡、复制卡难以完全在前期识别，而如果国际信用卡持卡人被盗刷则半年内都可以选择拒付，商家所获资金将被银行冻结。

4. 第三方支付结算

随着跨境电商交易规模的不断发展和扩大，传统的结算方式已经不能满足货款结算的需要，故而催生了一些第三方支付平台开展跨境支付业务，如 Paypal、国际支付宝等。许多中小企业致力于跨境电商的发展，为了更好地开展跨境电商业务，普遍开通了第三方支付平台账号，利用第三方支付平台完成国际结算。第三方跨境支付收费低廉、快速便捷、安全性较高，适合频繁的小额跨境支付。

根据是否具有跨境外汇支付业务牌照，国内第三方跨境支付公司的经营模式分为两类。未获得许可的支付机构大多数是和境内外银行或国际信用卡组织合作，以代理的身份购汇，货币兑换和付款流程由其托管银行完成，曲线完成跨境支付；获得许可的第三方支付机构被允许通过合作银行为小额电子商务交易双方提供跨境互联网支付所涉及的外汇资金集中收付及相关结售汇服务，直接对接境内外用户与商户。

三、国际结算的性质与特点

（一）国际结算的性质

国际结算是以国际贸易、国际金融和货币银行学为基础形成的，是从微观的角度来研究国际间货币运动的实务问题，同时涉及进出口贸易、国际保险、国际运输、电信传递、会计、海关、商检、票据、法律等诸多相关知识，具有很强的实务性和可操作性。

相对于商业银行的吸存放贷业务而言，国际结算业务属于商业银行的一项中间业务，然而资本成本较低且利润丰厚。因为在不动用银行资金的条件下，商业银行通过为客户提供服务、承担风险就可以获得可观的手续费收入；在客户交纳保证金等情况下，甚至可能在一段时间内无偿占用客户资金。因此，商业银行普遍重视开展国际结算业务。

（二）国际结算的特点

1. 国际结算适用国际惯例最频繁、最普遍

国际结算中的国际惯例是指在长期的国际贸易和结算实践中逐渐形成的一些习惯做法和特定方式。按国际惯例行事是从事国际贸易活动的基本要求。目前，国际结算涉及的国际惯例很多，其中最主要的有《国际贸易术语解释通则》《跟单信用证统一惯例》《托收统一规则》《跟单信用证项下银行间偿付统一规则》《见索即付保函统一规则》等。在制定和推广国际结算惯例与规则方面，有一个极其重要的机构不得不提，那就

是总部设在巴黎的国际商会（International Chamber of Commerce，ICC），多数国际结算方面的惯例与规则都是由该机构制定的。

扫码学习关于

国际结算的国际惯例

2. 国际结算业务难度高、风险大

国际结算业务具有涉外性，活动范围大于国内结算，还涉及不同货币的兑换、不同的文化背景以及复杂的法律环境等，国际结算不仅比国内结算复杂得多，而且操作的难度也更大。同时，受国际上政治、经济及其他不稳定因素的影响与制约，国际结算业务中的当事人面临各种各样的风险，例如信用风险、汇率风险、利率风险等，近年来国际贸易与结算的欺诈犯罪、滥用职权现象日益猖獗，也让国际结算中的所有当事人和跨国银行业都更重视国际结算业务风险的防范。

扫码学习有关案例

3. 国际结算以凭单结算为特色

早期的结算，卖方一手交货，买方一手交钱，钱货两清，即前面提到的"交货付现"或"货到付款"（COD）方式。而现代的国际结算则以凭单结算为特色。由于提单（B/L）具有物权凭证的性质，它把货物单据化了。交单等于交货，持单等于持有货物的所有权。海运提单因此成为可以流通、转让的单据（negotiable documents），便于转让给银行持有，让银行凭此向买方索取货款，或当作质押品，获得银行资金融通。

国际货物买卖合同中，卖方履行合同的义务包括按期、按质、按量发运货物；买方履行合同的义务包括接收货物，按期如数支付货款。为了表示履约，卖方交来 B/L，以其签发日期来证明按期发货；提交商检部门签发的品质证书和数量证书来证明按质、按量发货。

货物单据化与履约证书化为银行办理国际结算创造了良好条件，因为只需凭审核相符的单据即可付款，而不必凭货物或设备付款，这就给不熟悉商品专门知识的银行能够介入买卖活动，凭单垫款给卖方，再凭单向买方索取货款归垫提供了可能与方便。

4. 国际结算以银行为中心

国际性商业银行网络覆盖全球，是国内外结算的中心。银行办理结算业务有以下有利条件。

（1）网络遍及全球，有独特的条件、先进的手段（如完善的印鉴密押识别系统和高效的资金转移账户）开展业务，为进出口双方服务。

（2）资金雄厚，信用卓著，这是进出口商无法比拟的。

（3）所有不同种类货币、不同期限外汇票据，都通过银行买卖转让，可使大量的债权债务关系在最大限度内加以抵销，这样大大地节省了费用和利息的支出；进出口商不必自找对象来清算，通过银行代为办理即可。

国际性商业银行发挥着"两个中心"的职能：它既是国际结算的中心，又是国际融资的中心。两者密切结合，相辅相成。结算业务促进了国际融资的拓展，而国际融资的发展又促进了国际贸易的扩大和国际结算的顺利实现。国际贸易、国际结算与国际融资三者有机结合在一起。这一过程使商业银行的业务进一步国际化，使银行在结算和融资中的作用更加突出。

扫码学习商业银行可以
为国际贸易提供的服务

第二节　国际清算系统

结算是清算的前提，清算是结算的继续和完成。不完成银行间债权债务的清算，国际结算根本无法实现。

一、国际清算的含义

由于国际经济、政治、文化关系的广泛发展，形成了各种错综复杂的多边债权债务关系，不论是个人间的、企业间的或政府间的债权债务或货币收付，都不可能由一家银行单独完成，而必须由不同国家的两个或两个以上银行在国际金融市场上共同完成，也就是要通过在各金融中心的大商业银行的存款账户上集中进行转账冲销而得到清算，这种清算制度通常被称为国际清算。

快速、安全、高效地实现国际清算已成为当代国际结算的主要课题。

概念辨析

国际结算与国际清算

国际结算与国际清算是紧密联系和不可分割的，结算是清算的前提，清算是结算的继续和完成。结算主要是指债权人和债务人通过银行清偿债权债务关系，清算是指银行之间通过清算网络来结算债权债务关系，而银行之间的债权债务关系又主要是由结算引起的。结算与清算的关系如图1-3所示。

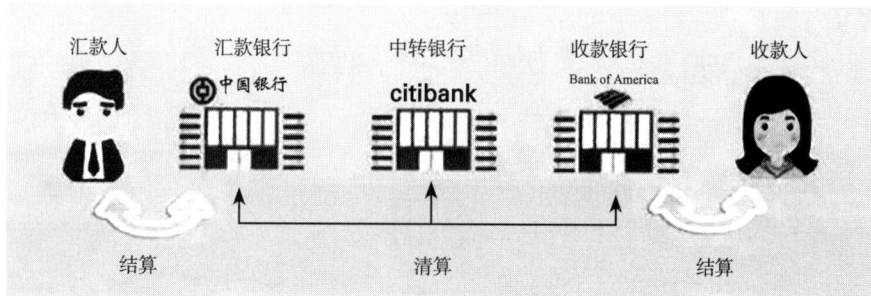

图1-3　结算与清算的关系

国际银行间债权债务的清算有两种情况：一种是通过清算机构清算，另一种是通过银行内部转账清算。

在通过清算机构清算的情况下，汇款人指示其开户银行（汇款银行）向收款人支付一笔款项。汇款银行将汇款人的汇款指示通过通信网络系统（如SWIFT）发送给其代理行（汇款行代理行），汇款行代理行借记汇款行账户后将该笔付款指令传送给清算机构，在清算机构内完成资金清算后，该笔款项进入收款行代理行的账户，收款行代理行根据指示通过通信网络系统将汇款信息发送给收款银行，同时贷记收款行账户，最终收款银行将款项解付给收款人，如图1-4所示。

在通过银行内部转账的情况下，如果汇款银行与收款银行均在某家代理行开有账户，资金的流动可以不经过清算系统，仅在代理行的账户中进行调整处理，具有速度快、成本低的特点。

例如，A银行与B银行在纽约C银行都开有美元账户。A银行将汇款人的汇款指示通过通信网络系统发送给其账户行C银行。通过内部转账的清算方式，C银行直接借记A银行在其的账户并同时贷记B银行的账户，资金的清算无须通过清算系统即可完成，如图 1-5 所示。

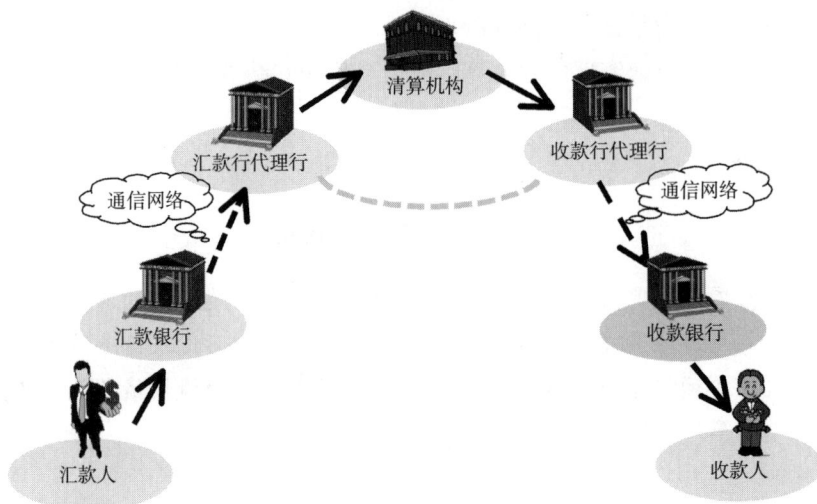

图 1-4　通过清算机构清算

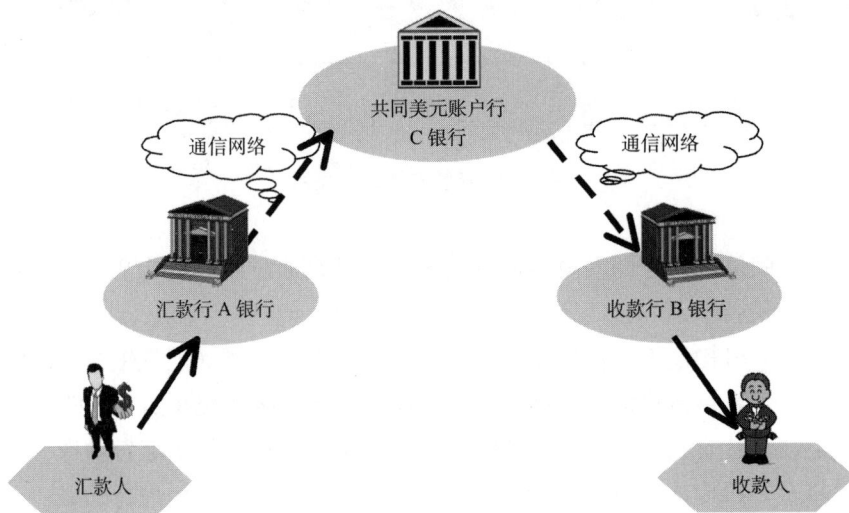

图 1-5　通过银行内部转账清算

二、国际清算的基本条件

办理国际清算必须具备三个条件，即自由兑换货币、建立可自由调拨的账户和建立代理关系。

（一）自由兑换货币

现汇结算方式盛行于第一个统一的国际货币制度——国际金本位时期，金本位时期最典型的形态是金币本位制，黄金具有自由流通、自由兑换、自由铸造和熔毁、自由输出输入国境四大特点，由于"黄金输送点"的制约，各国货币之间的汇率稳定，资金调拨自由，为顺利开展国际清算创造了条件。但是在1973年以后的纸币本位制下，黄金与纸币已不发生直接联系，各国对本国货币的可兑换性和资金移动施加不同程度的限制，于是在现汇结算方式下所使用的货币必须是可自由兑换的货币。目前，世界上属于可自由兑换的货币有50多种，其中在现汇结算中常用的有美元（USD）、欧元（EUR）、英镑（GBP）等。在国际结算和清算中，一切货币的收付最终必须在该货币的清算中心进行结算。例如，美元的清算中心在纽约，欧元的清算中心在法兰克福等地，英镑的清算中心在伦敦。世界部分国家货币的符号、名称及代码如图1-6所示。

扫码学习有关案例

人民币元（CNY）	美元（USD）	英镑（GBP）
欧元（EUR）	印度卢比（INR）	泰铢（THB）
古巴比索（CUP）	尼日利亚奈拉（NGN）	老挝基普（LAK）
韩元（KRW）	乌克兰格里夫纳（UAH）	日元（JPY）

图 1-6　世界部分国家货币的符号、名称及代码

（二）建立可自由调拨的账户

一国的国际清算要顺利进行，除了必须使用可自由兑换货币外，还需要本国的商业银行在世界各国际金融中心的商业银行开立各种货币的存款账户，使各种货币之间能相互兑换，并且本国商业银行与他国商业银行在同一国家商业银行账户上的头寸彼此可以相互调拨，以抵销或清偿各种债权债务。

扫码学习"来账"
"往账""借记""贷记"

（三）建立代理关系

办理外汇业务没有其他银行的协助、合作是办不到的，也就是要通过银行彼此之间的代理关系来实现。所谓代理关系，是指两家不同国籍的银行，相互承做国际结算业务所发生的往来关系。建立代理关系的双方即互为双方的代理行。建立代理行的标志是：掌握对方的控制文件（control documents），包括有权签字人的印鉴（specimen signature）、密押（test key）、费率表（schedule of terms and conditions）。一般选择业务往来多、信誉卓著、作风正派、态度好、相互信赖、地理位置优越以及世界主要货币国家的银行作为代理行。代理关系中有账户行与非账户行的区别，账户行即两行之间单方或双方互在对方行开立账户。账户行间的支付大都通过在其所开立的账户上进行划拨结算。而非账户行则没有这种账户关系，它们之间所代理的货币收付需要通过第三家银行办理。代理关系中账户行的建立，除了信誉卓著、地理位置优越、业务往来多外，还应选择经常使用的自由兑换货币的发行国，资力雄厚、关系密切的大银行，其设立的条件更为严格。建立代理行关系的步骤如图 1-7 所示。

扫码学习国际
结算的银行网络

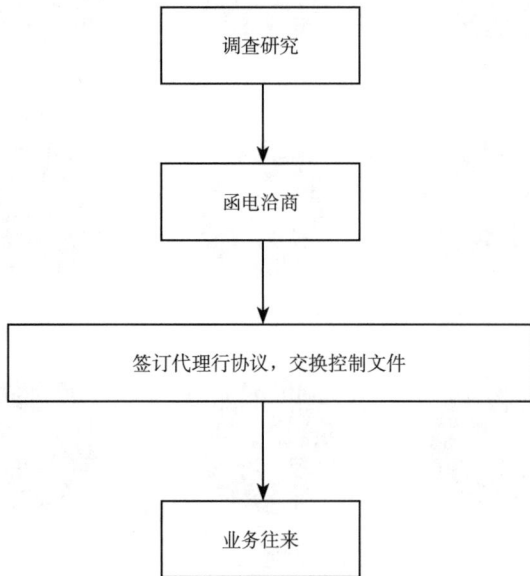

图 1-7　建立代理行关系的步骤

三、SWIFT 与世界主要清算系统简介

清算系统（clearing system），也称金融体系支付系统（payment system）或支付清算系统，是一个国家或地区对伴随经济活动而产生的交易者之间、金融机构之间的债权债务关系进行清偿的一系列组织和安排。具体来说，它是由提供支付服务的中介机构、管理货币转移的规则、实现支付指令传送及资金清算的专业技术手段共同组成的。

目前，世界上主要有四大电子清算系统，分别是：CHIPS（美元）、CHAPS（英镑）、TARGET（欧元）和 FXYCS（日元）。另外，为了高效安全地完成支付清算，世界上绝大多数国家（或地区）的银行都加入了为支付与清算提供通信服务的 SWIFT。随着跨境人民币业务的快速增长，为了顺应市场的需求并进一步推动人民币在全球的使用，中国人民行推出了人民币跨境支付系统（CIPS）。

（一）SWIFT

SWIFT（Society for Worldwide Interbank Financial Telecommunication）是环球同业银行金融电讯协会的缩写，简称环银电协。它是一个国际银行同业间非营利性的国际合作组织。总部设在比利时首都布鲁塞尔。SWIFT 于 1973 年成立，1977 年正式启用，是由欧洲和北美的一些大银行发起的，目的是应付日益增多的国际银行业务。该系统能以十几种语言，全天候地向世界各地提供快捷、标准化、自动化的通信服务，具有安全可靠、高速度、低费用、自动加核密押等特点。目前，SWIFT 在全世界拥有 200 多个会员国，11000 多家会员机构（包括银行、证券机构以及企业客户等）[1]。SWIFT 的设计能力是每天传输 1100 万条电文，而当前每日传送 500 万条电文，这些电文划拨的资金以万亿美元计，它依靠的是其提供的 240 多种电文标准。SWIFT 的电文标准格式已经成为国际银行间数据交换的标准语言。SWIFT 现已成为世界上最大的金融清算与通信组织，也是国际金融与国际结算的主体网络。中国银行于 1983 年 2 月在国内同业中率先加入 SWIFT 组织，目前除国有商业银行外，中国所有可以办理国际银行业务的股份制商业银行和外资、侨资银行以及地方性银行纷纷加入 SWIFT。SWIFT 的 Logo 如图 1-8 所示。

图 1-8　SWIFT 的 Logo

扫码学习 SWIFT 电文表示方式

（二）CHIPS

CHIPS（Clearing House Interbank Payment System）是"清算所银行同业支付系统"的简称，建立于 1970 年，是一个由纽约清算所协会（NYCHA）经营的私营支付系统。

---

[1] 数据来自 2022 年 12 月 SWIFT 官网。

CHIPS 是当前最重要的国际美元支付系统。这个系统不仅是纽约市的清算系统，也是所有国际美元收付的计算机网络中心。由纽约的美国银行以及设在纽约的外国银行组成。世界各地的美元清算每天都要直接或间接地通过该系统处理。它处理的金额数目大，工作效率相当高。CHIPS 采用净额轧差清算的方式，具体可以分为单边轧差、双边轧差和多边轧差三种方式。单边轧差只有一家银行向另一家银行单向付款。双边轧差是两家银行相互间都有向对方的付款。多边轧差则是 3 家或 3 家以上的银行间相互产生付款，如图 1-9 所示。

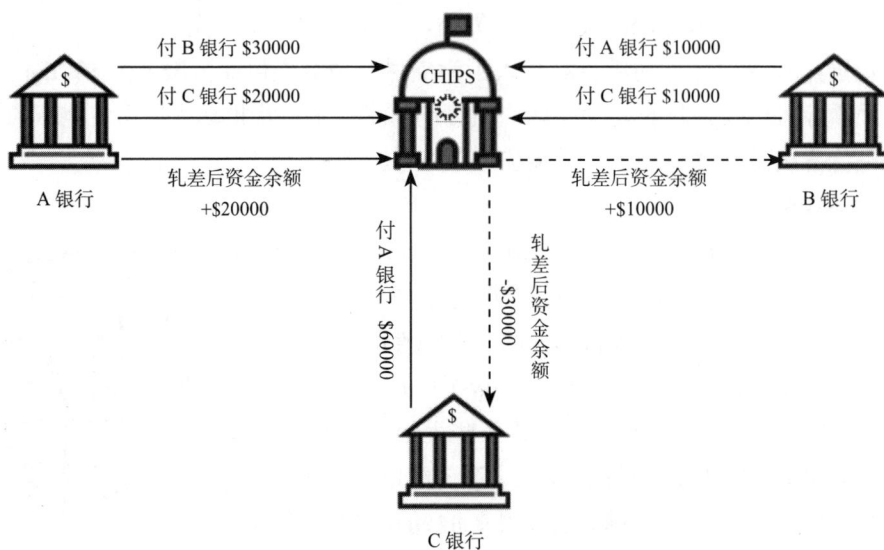

图 1-9　多边轧差

扫码学习有关案例

（三）CHAPS

CHAPS（Clearing House Automated Payment System）是英国伦敦银行自动收付系统的简称。该系统不仅是英国伦敦同城的清算交换中心，也是世界上所有英镑的清算中心。但一般的银行不能直接参加交换，需要通过少数的清算中心集中进行，所以在数量及设备上均较 CHIPS 逊色。CHAPS 的 Logo 如图 1-10 所示。

（四）TARGET

TARGET（Trans-European Automated Real-time Gross Settlement Express Transfer

System）是欧洲实时全额自动清算系统的简称。1995 年 5 月欧洲货币当局为保证欧元的启动及贯彻实施欧洲中央银行体系的单一货币政策，保证在任何情况下在当天能进行大额资金的收付，在德国的法兰克福建立了一个跨国界的欧元支付清算系统，并于 1999 年 1 月 1 日正式启动。它保证了欧元清算效率的及时有效，对欧洲中央银行实施货币政策具有重要的作用。2007 年 11 月 19 日，新的欧元区支付系统 TARGET2 开始在德国等 8 个国家正式启用。由欧盟和欧洲央行共同推行的 TARGET2 支付系统是欧元区支付系统的一大革新，它克服了原有系统结构上的一系列缺陷。此外，TARGET2 还将对计划中的单一欧洲支付区（SEPA）做出贡献。除 TARGET2 外，欧元跨境清算结算机制还包括欧洲银行业协会于 1998 年建立的 EURO1 系统。该系统也承担了部分欧元大额跨境支付业务，目前由欧央行直接监管，欧盟各成员国的央行参与监管。欧元跨境支付清算体系如图 1-11 所示。

图 1-10　CHAPS 的 Logo

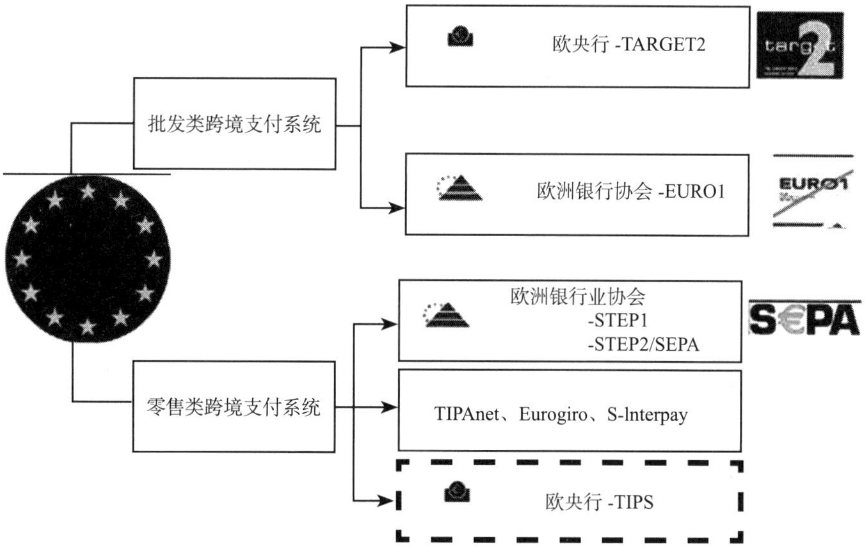

图 1-11　欧元跨境支付清算体系

（五）FXYCS

FXYCS（Foreign Exchange Yen Clearing System）是外汇日元清算系统的简称。1980 年由东京银行家协会建立，现由日本央行管理并在 BOJ-NET 系统内运行。与外汇业务有关联的清算（无金额限制）都必须通过该系统来进行，包括外汇交易以及海外代理行账户收支。

FXYCS 清算结算流程如图 1-12 所示。

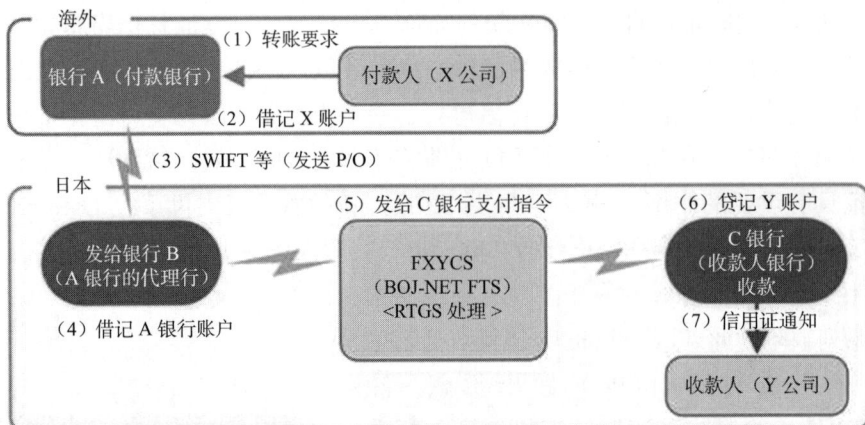

图 1-12　FXYCS 清算结算流程

（六）CIPS

CIPS（Cross-Border Interbank Payment System）是人民币跨境支付系统的简称。近年来，随着跨境人民币业务规模的不断扩大，人民币已经成为中国第二大跨境支付货币和全球第四大支付货币。人民币跨境支付结算需求迅速增长，对金融基础设施的要求越来越高。为满足人民币跨境使用的需求，进一步整合现有人民币跨境支付结算渠道和资源，提高人民币跨境支付结算效率，2012 年年初，中国人民银行决定组建 CIPS，以满足全球各主要时区人民币业务发展的需要。CIPS 主要为境内外金融机构人民币跨境和离岸业务提供资金清算、结算服务，是重要的金融基础设施。境内境外银行直接接入 CIPS 系统，就可以实现人民币的收付功能，如图 1-13 所示。

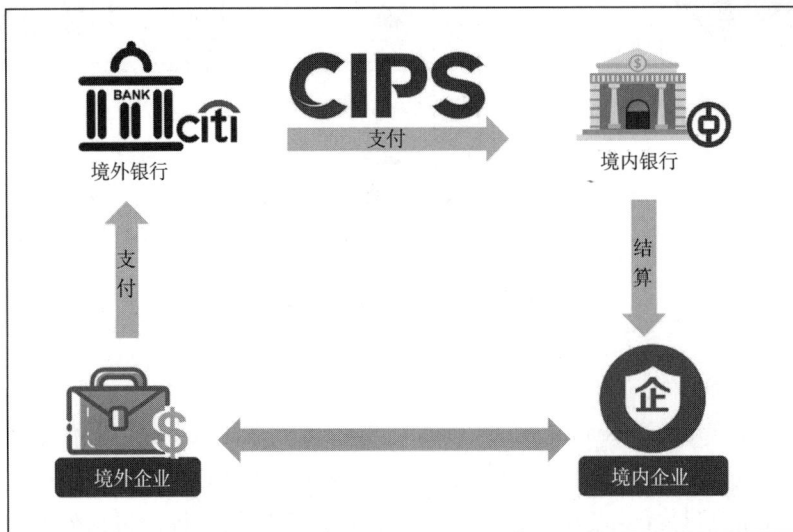

图 1-13　CIPS 的一般架构

CIPS 系统按计划分两期建设，一期主要采用实时全额结算方式，为跨境贸易、跨境投融资和其他跨境人民币业务提供清算、结算服务；二期采用更能节约流动性的混合结算方式，提高人民币跨境和离岸资金的清算、结算效率。2015 年 10 月 8 日，CIPS（一期）成功上线运行。CIPS 首批直接参与机构包括工商银行、农业银行、中国银行、建设银行、交通银行等 19 家境内的中外资银行。此外，同步上线的间接参与者包括位于亚洲、欧洲、大洋洲、非洲等地区的 38 家境内银行和 138 家境外银行。2018 年 5 月 2 日，CIPS（二期）全面投产，符合要求的直接参与者同步上线。CIPS 向境内外参与者的跨境人民币业务提供资金清算、结算服务，为人民币国际化铺设"高速公路"，是符合国际标准的重要金融基础设施。截至 2021 年 11 月，CIPS 共有 71 家直接参与者，1172 家间接参与者，其中亚洲 908 家（含境内 533 家），欧洲 158 家，非洲 40 家，北美洲 27 家，大洋洲 22 家，南美洲 17 家。

相较 CIPS（一期），CIPS（二期）对功能特点进行了改进和完善：一是运行时间由 5×12 小时延长至 5×24 小时＋4 小时，实现对全球各时区金融市场的全覆盖；二是在实时全额结算模式的基础上引入定时净额结算机制，满足参与者的差异化需求，便利跨境电子商务；三是业务模式设计既符合国际标准，又兼顾可推广、可拓展要求，支持多种金融市场业务的资金结算；四是丰富参与者类型，引入金融市场基础设施类直接参与者；五是系统功能支持境外直接参与者扩容，为引入更多符合条件的境外机构做好准备。考虑到 CIPS（二期）时序调整后的夜间时段正值欧美金融市场的营业时间，为满足境内外直接参与者夜间调剂流动性的需要，保障支付清算安全，中国人民银行经研究决定银行间货币市场加开夜盘。

第三节　国际结算的发展趋势

在当代，随着国际贸易的发展，国际结算也正在悄然改变，出现了一些新动向，值得我们关注。

一、国际结算的规模和范围越来越大，竞争越来越激烈

随着经济全球化的逐步推进，国际货物贸易和服务贸易量不断增长，从而使国际结算的业务量也不断增长。以中国国际化程度最高的商业银行——中国银行为例，截至目前，该行海外机构已覆盖全球 60 个国家和地区，成为在全球布局最广的中资银

行。2020 年，集团完成国际结算业务量 5.75 万亿美元，同比增长 10.68%，中国内地机构国际贸易结算市场份额稳居同业首位，跨境担保业务保持同业领先；集团跨境人民币结算量 9.20 万亿元，同比增长 25.75%，中国内地机构跨境人民币结算量 6.75 万亿元，同比增长 34.37%，所占市场份额稳居第一，中国银行境内机构服务的跨境人民币业务客户数较上年增长近 10%。不过，国际结算这块利润丰厚的市场正在面临着越来越多竞争者的瓜分。根据《中国贸易金融行业发展报告（2018）》，2016 年至 2018 年间，11 家商业银行的国际结算量分别为 6.9 万亿美元、7.2 万亿美元和 7.6 万亿美元，国际结算业务三年来持续保持稳定增长。同时，2018 年中国建设银行、中国银行、中国工商银行、中国农业银行、交通银行在 11 家机构所占市场份额超过 80%；中信银行、招商银行、中国民生银行、浦发银行、中国光大银行和国家开发银行所占市场份额不足 20%。

二、国际结算方式不断创新

近年来随着国际贸易竞争的日趋激烈，贸易结算方式发生了明显的变化。一方面，传统的信用证结算方式虽然风险小，但是费用较高，手续烦琐，还要在较长时间内占用买方的资金和授信额度。卖方如果坚持采用信用证结算方式，就会在一定程度上削弱自身的市场竞争力，进而丧失潜在销售机会；另一方面，如果单纯采用信用销售方式（货到付款或赊销），卖方又会面临资金占用过高和风险控制减小的风险。企业为了维持市场占有率，扩大销售，不得不在付款条件和结算方式上作出让步，导致收汇风险加大，并且越来越多的营运资金被束缚在应收账款上。因此，企业迫切需要新的结算手段来满足其在贸易融资和风险控制方面的需求。为顺应这一需求，国际结算方式正在不断创新发展。

（一）新型结算方式应运而生

正是由于信用证与赊销等传统结算方式存在缺陷，新的结算方式应运而生。BPO 就是近年兴起的一种新型的贸易结算方式。所谓 BPO，即银行付款义务（bank payment obligation），是由一家银行向另一家银行做出的在特定日期、特定事件发生后进行支付的不可撤销的承诺，在接收行（通常是卖方银行）提交的数据包与交易框架匹配成功后由债务行（通常是买方银行）按照先前约定向接收行付款。BPO 集合了信用证的安全性与赊销的快捷，具有业务自动化操作、无纸化处理、便捷、高效、低成本、低风险等特点。

BPO 是国际商会银行委员会与环球同业银行金融电讯协会为应对大数据的挑战、适应全球供应链发展的需要和全球赊销结算占比持续上升的现实，共同合作创造的国际结算新渠道。关于这一结算方式，会在本书第六章专门介绍。

（二）国际结算与信贷融资密不可分

在当代国际间进出口贸易日趋激烈的竞争中，企业迫切需要金融业提供贸易融资和风险控制方面的业务，进出口贸易融资业务就是顺应了这种时代的潮流而迅速发展起来的，且与国际结算相融合，使得银行更好地发挥信用保证和资金融通的作用，同时也创造出更多更新的国际融资结算方式。国际保理就是其中之一，目前这一融资结算方式已经在美国、英国、法国、意大利、日本等国家普遍盛行。保理业务在我国的发展速度也很快，但保理业务规模与我国这个大经济体相比，还是比较小的，我国保理业务的发展有巨大的潜力。

（三）国际担保融入国际结算

20 世纪 60 ～ 70 年代以来，由于国际贸易内容变化，国际担保（如保函）由于较为灵活而被普遍运用于国际结算。目前，国际担保更是越来越多地被运用到国际贸易和国际承包工程结算中，特别是银行保函和备用信用证由于信用程度高、运用范围广泛、针对性强等特点而越来越多地被引入金融、贸易、劳务和经济活动中，并发挥着重要的保证作用，使国际结算手段更灵活，资金划拨更快捷，安全更有保障。

（四）政策性金融支持伴随着国际结算

在世界市场和国际贸易的激烈竞争中，各国政府纷纷利用政策性金融手段支持本国出口商开拓国际市场，除了传统的优惠贷款方式等，其中最典型的是出口信贷和出口信贷担保——政府支持出口融资的重要工具；出口信用保险——为出口结算收汇保驾护航。目前世界上大多数国家都成立了自己的出口信贷机构，在信贷方式上也出现了卖方信贷、买方信贷、福费廷等出口信贷新方式。

（五）混合结算方式日趋增多

国际结算方式的多元化选择或混合选择是指多种结算方式相结合或综合运用，如部分货款采用信用证结算，部分货款采用验货（特别是大型设备货物）后电汇付款；或部分货款采用信用证结算，部分货款（尤其是超出信用证金额部分）采用托收结算；或部分货款采用 T/T 预先付款结算，部分货款采用信用证结算等。采用混合国际结算方式的优点在于使买卖双方分摊一些结算风险和成本，有利于达成双方均可接受的结算方式协议。因此，混合国际结算方式日益受到青睐。

（六）跨境电商的飞速发展赋予国际结算新要求和新内涵

在传统进出口贸易增速不断下降的同时，伴随互联网技术成长起来的跨境电商成为进出口贸易发展的新增长点。而在此过程中，作为"连接器"的跨境支付行业也迎来发展风口。在跨境电商模式下，多数交易金额小、交易频率高，所以成本相对较高的信用证和托收方式不太适用，因而采用网络化、电子化的支付方式。比如常用的有信用卡、网上银行转账、支付宝、PayPal 等。数据显示，2016 ～ 2020 年，中国第三方跨境支付市场规模从 2437 亿元增长至 1.12 万亿元，年复合增长率达 35.6%。而预计 2020 ～ 2025 年，中国第三方跨境支付行业市场规模将以较高水平的年复合增长率继续增长。

扫码学习移动支付
助力人民币国际化

三、国际结算方式中商业信用的比重加大

在过去卖方市场条件下，信用证结算方式盛行，是国际贸易中最主要的结算方式，这种情形一直持续到 20 世纪 70 年代初期。之后，卖方市场向买方市场转变，非信用证等传统的融资结算方式所占比重越来越大，约占国际年进出口总额的 60% 以上。而且越是发达国家这个比例就越高，如在欧共体各成员国之间的贸易中，这个比例超过 80%。几乎伴随而行的是，从 20 世纪 80 年代末开始，随着其他国际贸易结算方式的兴起，全球贸易国际结算中信用证的使用占比开始持续减少，2010 年前后，其占比约为 40%，2018 年，该数值下降到 20% 以下。随着汇付方式越来越多，在传统结算方式中，商业信用开始挑战银行信用。

四、国际结算的汇率风险不断增大，助推人民币国际化

在我国，一方面，人民币尚未实现完全可自由兑换，汇率形成机制不健全，在政府有管制的浮动汇率机制下，国际结算所使用的货币兑换成本和风险较大；另一方面，外汇汇率的市场化机制在逐步完善中，汇率的浮动幅度在逐步增大，随着货币增值或贬值的不确定性增强，同时不断蔓延的全球金融危机也在冲击各国的经济稳定和金融安全环境，国际结算货币的汇率风险必然随之增大。在这一形势下，推进人民币国际化成为一种较好的选择。在政府的推动和各方的努力下，人民币在国际上使用的范围和规模逐步扩大。环球银行金融电信协会（SWIFT）发布的数据显示，2022 年 9 月，在基于金额统计的全球支付货币排名中，人民币继续维持全球第五大活跃货币地位。在人民币国际化进程中，特别是人民币成为国际结算的主要币别以及被国际认可的外汇储备资产之一，对我国稳定对外金融秩序，减少国内经济波动具有重要的影响。另外，随着人民币国际化进程的逐步推进，人民币跨境支付系统（CIPS）的使用范围也越来越广，正深度融入全球金融市场。

扫码学习有关案例

五、国际结算的电子化程度越来越高

国际交易中的电子化支付越来越普遍，国际结算的电子化程度越来越高。目前，全球有 80% 的跨境支付交易信息传递要通过 SWIFT 网络进行，我国开展国际结算业务的商业银行都已经加入 SWIFT 网，每天不停运转的计算机系统具有自动加押、核押等安全功能，因此，国际结算的安全性和效率不断提高。

根据 2021 年国际清算银行（BIS）对各国央行的调查显示，全球 86% 的央行正

在积极研究国际结算的潜力，60% 国际结算正在进行试验央行电子货币（CBDC），而 14% 则开始试用。❶ 目前，数字人民币在我国正在试点阶段，从长期来看，数字人民币应用场景的覆盖范围将超过第三方支付服务范围，并在跨境支付中发挥重要作用，是我国人民币国际化的有益探索。

随着区块链、物联网、人工智能和其他数字化技术的发展，正在使企业、金融服务提供商、金融科技服务商等机构受益。数字贸易交易的便利性，将显著降低交易成本，有效改善中小企业交易环境。2021 年 10 月 1 日，国际商会（ICC）发布了《数字贸易交易统一规则（URDTT）1.0 版》（Uniform Rules for Digital Trade Transactions VERSION 1.0），这为推动全球贸易数字化转型奠定了重要基础，从此全球开展贸易交易全流程数字化 / 电子化有了规则和依据，为科技赋能全球贸易交易和不断增长的非银行金融服务提供了实践指导，为全球应对 COVID-19 疫情影响保持贸易交易和贸易融资提供了快速响应的非接触线上交易措施。

扫码学习移动支付这么方便，
为什么还需要数字人民币

六、跨境支付标准的统一化持续推进

首先是金融通信国际标准 ISO 20022 有望在 SWIFT 大额支付领域得到运用。据 SWIFT 统计，截至 2019 年，全球有 70 多个国家的本地市场基础设施已采纳了 ISO 20022 标准，主要集中在支付和证券业务领域。SWIFT 预估，未来 5 年内，ISO 20022 在大额支付、实时支付市场以及证券、外汇和投资基金等业务领域中将占据主导地位。

另外，为了改善客户跨境支付体验，SWIFT 组织于 2015 年 12 月牵头发起 SWIFT GPI（Global Payments Innovation Initiative，全球支付创新项目），该项目通过与参加行一起制定新的跨境支付标准协议（SLA），提高跨境支付的速度、透明度和可预见性。

七、科技赋能，助力国际结算智能化变革

数字经济的浪潮使商业银行进入金融科技转型期，移动互联网、大数据、云计算、区块链、5G 技术、物联网使金融业从未像今天这样进入快速变革的时代，传统银行存、贷、汇、结算业务在新科技的带动下不断升级。

区块链作为一项新的信息技术，具有去中心化、信任共识、信息不可篡改及开放性等特点。将区块链技术与现代支付技术有机结合，能够大幅节省银行业务资源，降低跨境支付风险，提高跨境支付效率。区块链技术支持下的跨境支付摒弃了中转银行，可实现点到点快速且成本低廉的跨境支付。绕过中转银行可以实现全天候支付、瞬间

---

❶ 国际结算市场份额 2021 国际结算行业前景及现状分析，中研网资讯，2021 年 9 月 22 日。

到账，在加快交易进度的同时节省了大量的手续费。此外，区块链去中心化、信息不可篡改、匿名性等特点，加强了跨境支付的安全性、透明性，降低了风险性。

区块链不仅是设想，更在逐步走向现实。区块链技术具有不同层次的跨境支付解决方案。小到利用数字货币充当外汇兑换的中介，大到通过向银行提供技术支持与底层协议，建设去中心化的全球汇款系统，代替传统的成本高昂的SWIFT 通道。

扫码学习"区块链＋保函"：工银"e 企保"

本章小结

本章是学习国际结算的基础。

国际结算，是指处于两个国家的当事人为清偿债权债务关系或实现资金的转移通过银行办理的货币收付业务。

根据不同的标准，可以把国际结算划分为不同的类型。根据背景或产生原因，国际结算可以分为国际贸易结算与国际非贸易结算；根据清偿债务是否直接使用现金，国际结算可分为现金结算与非现金结算；根据用户开展跨境结算的主要渠道，国际结算可以分为银行结算、专业汇款公司结算、国际信用卡结算与第三方支付结算。

国际结算是以国际贸易、国际金融和货币银行学为基础形成的，是从微观的角度来研究国际间货币运动的实务问题，具有很强的实务性和可操作性，属于商业银行的一项中间业务。

结算是清算的前提，清算是结算的继续和完成。不通过银行间债权债务的清算，国际结算根本无法实现。办理国际清算必须具备三个条件，即自由兑换货币、建立可自由调拨的账户和建立代理关系。

目前，世界上有四大电子清算系统，分别是 CHIPS、CHAPS、TARGET 和 FXYCS。另外，世界上绝大多数国家（或地区）的银行都加入了为支付与清算提供通信服务的 SWIFT。随着跨境人民币业务的快速增长，中国央行推出了人民币跨境支付系统（CIPS）。

在当代，随着国际贸易的发展，国际结算也在悄然改变，出现了一些新动向，值得我们关注。

思考题

（1）简述办理国际清算的基本条件。

（2）为什么银行能成为当代国际结算的中心？

（3）作为一个学科，国际结算主要研究哪些内容？

（4）国际结算的发展方向如何？

案例讨论

宜家的人民币跨境支付实践

宜家集团于 1943 年在瑞典成立，目前是世界上最大的家居用品零售商。据 2019 年 8 月 31 日数据，宜家在全球 50 个市场共有 433 家门店，宜家全年净销售额首次突破 400 亿欧元大关，同比增长 6%，至 413 亿欧元，其中线上净销售额同比大涨 43%，至 29 亿欧元。宜家集团视中国为其最重要和最具潜力的市场之一，自 1981 年从中国采购至今，宜家集团已经在中国设立 33 家商场，业务范围除涉及零售商场外，还囊括采购服务、物流分拨、产品研发、制造等。宜家集团于 2007 年在上海设立的宜家（中国）投资有限公司，成为整个集团在中国的投资平台，并行使了诸多亚太地区的管理职能。

宜家是跨境人民币支付变革中的先行者。2009 年年初，宜家（中国）投资有限公司成为第一批上海十大人民币跨境贸易结算试点企业之一。由于宜家（中国）投资有限公司的跨境贸易的对手方是宜家境外公司，宜家总部的大力支持是该试点进展顺利的基础。经过充分的沟通，宜家总部决策层得出共识，用人民币代替美元作为对中国的跨境贸易结算货币既是大势所趋，也将对宜家在中国的长期发展具有积极深远的意义。

作为大型跨国企业，宜家集团内部物流、定价、财务系统相当复杂，可谓牵一发而动全身。在总部的大力支持下，由宜家（中国）投资有限公司财务部牵头，对内协调资金、关务、物流、定价部门，将所涉发票系统、物流及存货管理系统、报关系统全面升级，加入人民币币种；对外和结算银行、相关税局、上海海关积极沟通，最终宜家（中国）投资有限公司首笔人民币跨境贸易结算（出口）于 2009 年 9 月顺利完成。虽然金额只有 20 万元，但其影响深远。宜家集团从此开始跨境人民币结算的崭新旅程，不仅结算金额逐年迅速增加，而且结算种类、结算用途也越来越广泛。

思考题：

使用人民币结算给宜家带来了哪些好处？

关键术语

国际结算（international settlement）

国际贸易结算（international trade settlement）

国际非贸易结算（international non-trade settlement）

环球同业银行金融电讯协会（SWIFT）

人民币跨境支付系统（CIPS）

第二章

国际结算工具——票据

扫描二维码，获取
本章配套教学课件

本章学习目标

（1）理解票据的概念、特征、功能和分类。

（2）理解票据流通的一般程序，票据流通过程中主要当事人的权责及汇票、本票和支票三种信用工具的性质、作用。

（3）掌握汇票、本票和支票的概念、种类及主要区别。

（4）熟练掌握汇票的必要项目，在正确理解汇票基本内容的基础上掌握缮制商业汇票的基本技能，为开立托收和信用证项下汇票打下基础。

| 引导案例 |

早先意大利有一个商人 A，他在同别人做生意时一直像其他商人一样使用现金结算，但是困扰他多时的一个问题就是现金交易存在风险大、费用高、携带不便等诸多缺陷。一次，当他打算从英国的商人 B 处进口一批机织布匹时，偶然发现本国另一商人 D 正准备向英国的商人 C 出口一批等值的货物，突然灵机一动，想出了一个好办法，即由 B 开立一张以 A 为付款人的汇票，转让给 C；C 买入汇票，付款给 B；C 将汇票寄给 D；D 向 A 提示汇票；A 付款给 D（图 2-1）。转让中，付款人不变，收款人改变了。这样，通过一张小小的汇票使两国间的两笔债权债务得以了结。既销售了商品，又避免了运送现金所产生的风险和麻烦，还节约了时间、费用，真是一举多得！

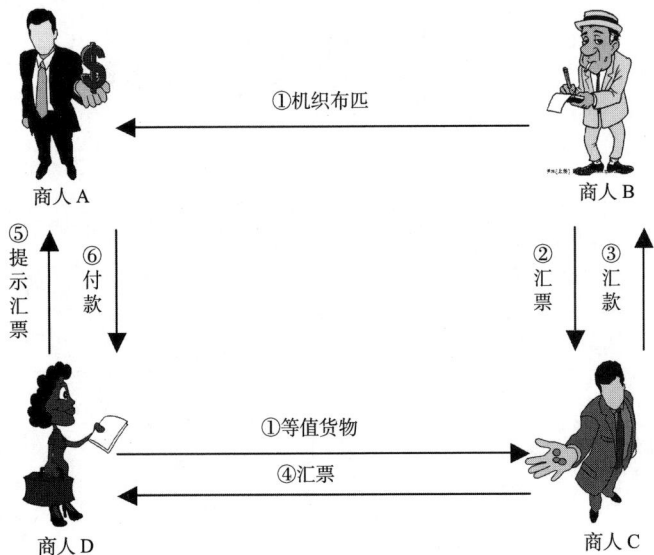

图 2-1　早期国际结算过程

在国际结算中，票据是重要的工具，出口企业需要通过票据来收取货款，而提供中介服务的银行则需要借助票据来体现其所代表客户的权利并最终完成清算。

第一节 票据概述

一、票据的含义

票据有广义和狭义之分。广义的票据是指商业上的权利单据（document of title），即用来表明某人对不在其实际控制下的资金或物资所有权的书面凭证。例如股票、债券、仓单、提单、保险单、汇票、本票、支票等。

狭义的票据是指资金单据（financial document），是由出票人签发，约定自己或命令他人在一定日期内无条件支付确定金额的书面凭证。它是以支付金钱为目的的特定凭证。约定由出票人自己付款的是本票，命令第三者付款的则是汇票或支票。

国际结算中的票据是指狭义的票据，它能够代替货币现金起流通和支付作用，从而抵销和清偿国际债权债务，或者完成资金转移，因而是国际结算的重要工具。《中华人民共和国票据法》中规定的"票据"就是这种狭义的票据，即汇票、本票和支票。现代国际结算是以票据为基础的非现金结算。票据概念的图解如图 2-2 所示。

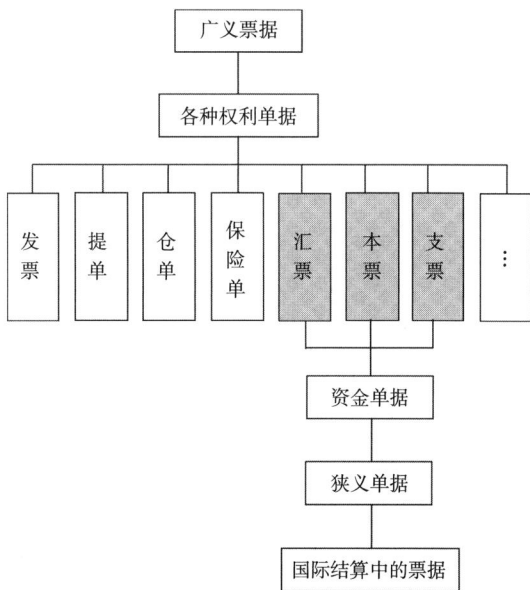

图 2-2 票据概念

二、票据的特性

票据作为非现金结算工具，之所以能够代替货币现金起流通和支付作用，是因为票据具有以下特点。

（一）流通性（negotiability）

流通性是票据的基本特性，表现在以下几个方面。

（1）票据权利是通过背书或凭交付进行转让，这是票据权利的两种转让方式。根据票面上"抬头人"的形式，采用相应的转让方式。经过背书或凭交付受让人即可合法转让与流通。

（2）票据转让不必通知票据上的债务人，债务人不能以未接到转让通知为由而拒绝清偿。

（3）受让人获得票据后，就享有票据规定的全部法律权利，如未实现票据的权利，有权起诉票据上的所有当事人。

（4）以善意并已支付对价获得的票据，受让人权利可不受前手权利缺陷的影响。票据的流通性保护受让人的权利，受让人甚至可以得到转让人没有的权利。

概念辨析

让与、转让与流通转让

在英美法中，转让有三种类型：让与、转让与流通转让。三个法律术语的含义是有区别的。

让与（assignment）：指的是一般债权的让与，如合同的转让。这种债权让与必须以通知原债务人为条件，受让人的权利会受到转让人权利缺陷的影响。例如，A 与 B 签订了一份贸易合同，A 是卖方，他将合同的应收货款转让给了 C。如果 A 的货物有问题或者根本没有交货，B 可以对 C 拒付货款。

转让（transfer）：是指物权凭证的转让。这种物权凭证如提单、保险单、仓单等，可以仅凭交付或加上适当背书而转让，无须通知债务人。但是，受让人的权利不能优于出让人。如果出让人的权利有缺陷，则受让人所取得的也只是一种有缺陷的权利。例如，甲窃取了乙的一份提单，并把它转让给丙，即使丙是善意的、支付了对价的受让人，由于甲对该提单无合法的权利，丙也不能对该提单取得合法权利。一旦乙发现提单被窃，有权要求丙返还提单。

流通转让（negotiation）：这是票据的基本特性。许多国家在票据法中都规定，票据仅凭交付或适当背书即可转让，无须通知债务人。善意的、支付了对价的受让人可以取得优于其前手的权利，不受其前手权利缺陷的影响。例如，A 将从 B 处偷来的票据转让给了 C，C 因不知情且对票据支付了对价，B 就不能以 A 是以偷窃方式获得此票据为理由，要求 C 归还票据。

（二）无因性（non-causality）

票据是一种不用过问票据产生原因的债权凭证，这里的"原因"是指产生票据权利义务关系的原因，分为两方面内容：一是出票人与受票人之间的资金关系；二是出票人与收款人、票据背书人与被背书人之间的对价关系。

票据的成立与否不受原因关系的影响，票据当事人的权利义务也不受原因关系的影响。持票人行使票据权利时，可不明示原因，只要能出示票据，就可以根据票面所载明的文义向受票人请求支付票据金额。而对受让人而言，无须调查票据的原因关系，只要票据记载符合法律规定，他就能取得票据文义载明的权利——向受票人要求支付票据金额，或者在被拒付时，向其转让人直至出票人追索。

扫码学习有关案例

票据的无因性使得基础原因关系上的瑕疵不会影响票据关系人之间根据票据记载所产生的权利义务关系，从而便利票据的流通。

（三）要式性（solemnity）

票据的成立虽不究其当事人之间基本关系的原因，却非常强调它的形式和内容，即常说的要式不要因。所谓的要式性，主要是指票据的做成必须符合规定，票据上所记载的必要项目必须齐全且符合规定，处理票据的行为如出票、背书、提示、承兑、追索等的方式、程序、手续也须符合法律规定，这样票据才能发生效力。

扫码学习有关案例

（四）提示性（presentment）

票据的提示性是指票据的持票人请求受票人履行票据义务时，必须在法定期限内向受票人出示票据，以表明占有这张票据，经确认后才能要求承兑或者付款。无提示的票据是无效的。对此，受票人没有履行付款的义务。

（五）返还性（returnability）

票据的返还性是指持票人收到票款后，应将票据交还付款人，作为付款人已付清票款的凭证，并自此停止该票据的流通过程。由此看来，票据与货币现金不同，其流通是有期限的，而且不可往复使用。这体现了票据的局限性。

三、票据的功能

票据是金融工具的一种，它是商业信用的载体。票据具有多种功能，一般可归纳为以下几个方面。

（一）汇兑功能

汇兑功能是票据最原始的功能。它是指票据是代替异地输送现金的良好的汇兑工具。用汇票汇款，通常是汇款人将款项交付银行，由银行作为出票人将签发的汇票寄往或交汇款人寄往异地，持票人在异地银行凭票据兑取现金或办理转账。与现金汇兑相比，票据既方便安全，又节约费用。

（二）支付功能

汇票、本票作为汇兑工具的功能形成后，在交易中票据又形成了支付功能而代替现金使用。以票据作为支付工具，可以节省通货，减少国家的货币发行量，还可以减少不必要的携带和点检现金的麻烦，达到资金运转安全、迅速、准确的目的，从而提高资金的使用效率。

（三）结算功能

结算功能即债务抵销功能。在经济交往中，当双方当事人互为债权人和债务人时，可运用票据进行债务抵销，手续更简便、迅速和安全。比如，简单的结算时互有债务的双方当事人各签发一张本票，待两张本票都到期时可以相互抵销债务。若有差额，由一方以现金支付。

（四）信用功能

这是票据作为商业信用工具的体现。现代经济条件下，生产经营的周期性和季节性，决定了商业信用产生的必然性。信用交易中，接受信用双方的权利和义务关系需要通过一定的载体体现出来。这是票据产生的缘由。更由于票据法规定了对票据债务人抗辩的种种限制和票据债权人的严密保护，使票据成为一种可靠的信用工具。特别是远期票据，还可以使付款人凭信用调剂资金的暂时短缺，使经营活动不受时间影响而得以及时顺利进行。对收款人来说，一则在规定时间内可凭票据兑取现金或转账，使其债权有了保障；二则如票据没有到付款期而需要履行债务，同样可以将票据背书转让他人。因此，双方当事人都可以利用票据的信用功能来满足各自的需要。此外，以往信用欠佳的人也可利用信用较好的人所签发、承兑或保证的票据支付，从而使经济活动得以顺利进行。

（五）融资功能

票据的融资功能是指票据未到期时，权利人可向银行办理贴现而融得资金。贴现还有转贴现和再贴现。

不同种类的票据，其功能的侧重点会有所不同。汇票的主要功能是汇兑，支付、信用、流通的功能也很重要；本票的主要功能是作为信用工具，也常被当作汇兑、支付和流通的工具；支票的主要功能是用作支付手段，也可用于异地汇兑或充当流通工具，支票的信用功能也正在逐渐被人们利用。

扫码学习

票据的两大法系

第二节 汇票

汇票是国际结算中使用最广泛的一种支付工具与信用工具。在信用证、托收或票汇等结算方式中，通常都需要提示汇票。

一、汇票的定义

英国《票据法》第 3 条关于汇票的定义是：A bill of exchange is an unconditional order in writing, addressed by one person to another, signed by the person giving it, requiring the person to whom it is addressed to pay on demand or at a fixed or determinable future time a sum certain in money to or to the order of a specified person or to bearer.

翻译：一人向另一人签发的，要求他在即期或定期或可以确定的将来时间向某人或某指定人或持票人，无条件支付一定金额货币的书面命令。

上述汇票定义指出的要项是：出票人、付款人、付款期限、收款人、无条件支付的要求（或命令）、一定金额货币及书面形式。

英国《票据法》还规定，必要项目的填写不符合法律定义的票据不是汇票。英国《票据法》的汇票定义为世界各国所普遍引用和参照。

根据《中华人民共和国票据法》的规定，汇票是出票人签发的，委托付款人在见票时或者在指定日期无条件支付确定的金额给收款人或者持票人的票据。

二、汇票的记载项目

汇票是一种要式凭证，注重在形式上应具备必要项目。根据其性质和重要性的不同，汇票记载项目可以分为绝对必要记载事项、相对必要记载事项和任意记载事项三类。汇票式样及通常记载项目如附式 2-1 所示。

（一）绝对必要记载事项

绝对必要记载事项是汇票必须记载的事项，如果缺项，会影响票据的效力。根据我国票据法的规定，汇票必须记载的有 7 项内容。

1. "汇票"字样

汇票上必须标明"汇票"（bill of exchange，exchange 或 draft）字样，这样可使人

易于识别它的性质，方便实务上处理。

附式 2-1　汇票式样及记载项目

```
                                    Due 18 Oct., 20xx
   Exchange for USD5000.00          Hong Kong 10 July.20xx.
        ①           ③                      ⑦
   At 90 days after sight pay to the order of  A bank              Accepted
        ⑤                    ②                    ⑥               20 July, 20xx.
   the sum of five thousand US dollars                            Payable at
        ③                                                            C Bank Ltd.
                                                                  London
   To B Bank,                                                        For
   London.                          For C Company                 B Bank , London
        ④                           Hong Kong.                       signed
                                         ⑧
                                     signature
```

注　①"汇票"字样；②无条件支付命令；③确定的金额；④付款人名称；⑤付款期限；⑥收款人名称；⑦出票地点和日期；⑧出票人签字。

2. 无条件支付命令 ❶

（1）汇票是一项支付命令。汇票是一项支付命令，而不是付款请求。必须用祈使句，不能用表示请求的虚拟句。例如：

Pay to A Company or order the sum of five thousand pounds only.——有效汇票

I should be pleased if you pay to the order of B Company the sum of five thousand pounds only. ——无效汇票

（2）汇票的支付命令是无条件的。汇票的支付命令是无条件的，即出票人要求受票人的付款必须是无条件的，付款人的支付不能以收款人履行某项行为或事件为前提条件。否则，该汇票无效。例如：

Pay to ABC Company or order the sum of five thousand pounds only providing the goods supplied in compliance with contract ...——无效汇票

Pay to ABC Company or order the sum of five thousand pounds from our account No.1 with you ...——无效汇票

但下列说明不能作为有条件支付的记载：

①注明汇票起源交易，即出票条款（drawn clause），不构成支付命令的条件。例如：

Pay to A Company or order the sum of five thousand pounds. Drawn under Midland Bank，London L/C No.3456 dated 1st June 20. ——有效汇票

---

❶《中华人民共和国票据法》中没有用"命令"一词，用的是"委托"，无本质区别。

②注明汇票付款后如何取得偿付的，不构成支付命令的条件。例如：

Pay to Robert Brown the sum of one hundred pounds and debit our a/c with you. ——有效汇票

③注明"对价收讫"或"对价已收"的汇票有效。例如：

Pay to A Company or order the sum of five thousand pounds only for value received ... ——有效汇票

3. 确定的金额

（1）以确定的货币表示。汇票的支付标的必须是金钱，其金额必须是可以确定的。任何有选择的或者浮动的记载或未定的记载，都将使汇票无效。例如：

① GBP1000 or GBP2000.

② between GBP1000 and GBP2000.

③ about GBP1000.

汇票金额必须是任何人根据汇票上的规定能准确计算出来的。

（2）大写和小写。汇票的金额包括两部分，货币名称和货币金额，金额同时以大小写表示。一般来说，"Exchange for"后面填小写金额，"the sum of"后面填大写金额。

如果大小写金额不一致，英国《票据法》和《日内瓦统一票据法》都规定以大写金额为准。《中华人民共和国票据法》规定，票据金额大小写必须一致，大小写金额不符，票据无效，银行以退票处理。

扫码学习有关案例

（3）利息条款。汇票上注明按一定的利率或某一日市场利率加付利息，是允许的，但利息条款须注明利率、起算日和终止日。例如：

Pay to ABC Company or order the sum of five thousand pounds plus interest ...——无效汇票

Pay to ABC Company or order the sum of five thousand pounds plus interest calculated at the rate of 6% per annum from the date hereof to the date of payment ...——有效汇票

（4）分期付款。分期付款的条款必须具体、可操作。例如：

Pay to the order of ABC Company the sum of five thousand US dollars by installments. ——无效汇票

At 60 days after date pay to the order of ABC Company the sum of five thousand US dollars by 5 equal consecutive monthly installments. ——有效汇票

（5）支付等值其他货币。支付等值其他货币是指按一定的或可以确定的汇率折算后付款。例如：

Pay to the order of ABC Company the sum of five thousand US dollars converted into sterling equivalent at current rate of exchange. ——有效汇票

现时汇率即按照付款日当天的汇率折算成英镑，任何人按此汇率都能算出相同的金额。因此，该汇票可以接受。之所以这么规定，也是体现了票据法中冲突的行为地原则：在票据的付款地实行严格的外汇管制，而票据上是以外汇表示金额时，就必然有货币兑换的问题。票据行为必须尊重付款地点的国家法律。

4. 付款人名称

付款人（payer）是接受命令的人，所以也称受票人（drawee）。受票人只有对汇票作出承兑或付款，才成为承兑人或付款人。受票人在汇票上通常表述为"To（drawee）"。

受票人的记载应有一定的确定性，以便持票人向其提示要求承兑或付款。英国《票据法》规定，可有两个或两个以上受票人，同时要求他们之间为并列关系。例如受票人可以是 A、B 和 C，但不能是 A 或 B 或 C，也不能是先 A 后 B 再 C。

5. 收款人名称

收款人（payee）也称抬头人，是汇票出票时记载的债权人，有以下三种情况。

（1）限制性抬头。限制性抬头的汇票不得转让他人，只有票面上的收款人才有权取得票款。例如：

① pay to John Smith only.

② pay to John Smith not transferable.

③ Not transferable.

（2）指示性抬头。指示性抬头的汇票可通过背书或交付的方式转让。这种抬头在实际中较多见。例如：

① pay to the order of A Co..

② pay to A Co. or order.

③ pay to A Co..

（3）空白抬头。空白抬头也称为来人抬头，该汇票不需背书，持票人凭交付即可转让汇票的权利。例如：pay to bearer / holder。有时尽管有具体的名称，但只要有"bearer"出现，即为空白抬头。例如：pay to ABC Co. or bearer 等于 pay to bearer。这种汇票是认票不认人，因此在商业法规不完善、治安不好的地方要少用。

6. 出票日期

出票日期是指汇票签发的具体日期，有以下作用。

（1）决定出票人的行为能力。如出票时法人已宣告破产清理，已表明他丧失相应的行为能力，则票据不能成立。

（2）决定汇票提示期间。比如《中华人民共和国票据法》规定，见票即付的汇票，自出票日起 1 个月内向付款人提示付款。

（3）决定汇票的到期日。对于出票后若干天（月）（At ××× days after date）付款的汇票，付款到期日的确定就取决于出票日。

（4）决定利息的起算日。例如支付指定人 USD1000，并按 ×% 支付利息，这时出票日为起息日，付款日为到期日。

（5）决定汇票的有效期。汇票的流通有时效性，即有效期，其起算日为出票日期。没有注明出票日期的汇票无法判定有效期。持票人如不在规定时间内要求票据权利，票据权利自动消失。《日内瓦统一票据法》规定，即期汇票的有效期是从出票日起的 1 年时间；《中华人民共和国票据法》规定，见票即付的汇票有效期为 2 年。

7. 出票人签字

汇票上要有出票人签名，以确认出票人对汇票的债务责任。《中华人民共和国票据法》规定，票据上的签字为签名或盖章或签名加盖章，英国《票据法》则规定必须手签。目前按照国际惯例，涉外票据应采用手签方式。

如果出票人是代理其委托人（公司、银行等）签字，应在委托人名称前面加注"for""on behalf of""for and on behalf of"等字样，并在个人签字后注明职务的名称。例如：

For ABC Co.

John Smith

General Manager

这样，ABC 公司受到个人 John Smith 签名的约束，汇票不是由 John Smith 个人开出的，而是代理公司开出的。

如果汇票上没有出票人签字、伪造签字或代签名的人未获得授权，则不能认为是出票人的签名，这样的汇票不具备法律效力。

（二）相对必要记载事项

相对必要记载事项也很重要，但不记载该事项不会影响票据的效力，因为此类项目如不记载可根据法律推定其含义。

1. 出票地点

出票地点事关汇票的法律适用问题，也具有十分重要意义。因为依照国际惯例，票据成立与否采用行为地法律的原则，汇票是否完善有效就以出票地的法律为依据。出票地点应与出票人的地址相同。《日内瓦统一票据法》规定，若汇票上未载明地点，则以出票人姓名旁边的地点为出票地点；《中华人民共和国票据法》规定，汇票上未记载出票地的，以出票人的营业场所、住所或者经常居住地为出票地。

2. 付款地点

付款地点是持票人出示汇票、请求付款的地点。付款地点并非必要项目，但为了便于提示，在汇票上最好写明地址。根据《中华人民共和国票据法》的规定，汇票上未记载付款地的，付款人的营业场所、住所或者经常居住地为付款地。

3. 付款日期

汇票的付款日期即付款期限可以分为两大类，即期付款和远期付款。

（1）即期付款。即期付款（at sight, on demand, on presentation）也叫见票即付，提示汇票的当天为付款日，无须承兑。若汇票上未标明付款期限，也为即期。其有关文句如附式 2-2 所示。

附式 2-2

Exchange for USD1000.00   New York 20 Dec., 2021

At sight pay to ourselves or order the sum of US dollars one thousand only...

（2）远期付款。在远期付款（at a determinable future time，time/ usance / term bill）方式下，持票人向受票人初次提示汇票时，受票人只对汇票进行承兑（承诺付款），付款行为发生在将来可以确定的时间。

远期付款的规定形式有以下 5 种情况。

①见票后若干天（月）付款（bills payable at___days/months after sight）。这种汇票须由持票人向受票人提示要求承兑并从承兑日起算确定的付款到期日。这样，出票人就不可能自行确定付款日，付款日期取决于受票人承兑汇票的日期。其有关文句如附式 2-3 所示。

附式 2-3

Exchange for USD1000.00   New York 20 Dec., 2021

At 2 months after sight pay to ourselves or order the sum of US dollars one thousand only...

---

②出票后若干天（月）付款（bills payable at___days/months after date）。这种汇票虽然可以直接根据汇票的记载计算出付款的日期，但为了落实受票人对该汇票的态度和让受票人对到期付款有所准备，持票人还应在到期前向受票人提示要求承兑。其有关文句如附式 2-4 所示。

附式 2-4

Exchange for USD1000.00   New York 20 Dec., 2021

At 20 days after date pay to ourselves or order the sum of US dollars one thousand only...

---

③预定日期后若干天（月）付款（bills payable at___days/months after stated date）。这种汇票尽管到期日明确，也须提示要求承兑，以明确承兑人的付款责任及让受票人做好付款准备。其有关文句如附式 2-5 所示。

附式 2-5

Exchange for USD1000.00   New York 20 Dec., 2021

At 20 days after 21 Dec., 2010 pay to ourselves or order the sum of US dollars one thousand only...

---

④板期付款（bills payable on a fixed future date）。在汇票中具体指明付款的年月日，即定期。这种汇票也须提示要求承兑，以明确受票人的付款责任。其有关文句如附式 2-6 所示。

附式 2-6

Exchange for USD1000.00 　　　　　　　　　　　New York 20 Dec., 2021
On 30 Mar., 2022 fixed pay to ourselves or order the sum of US dollars one thousand only...

⑤延期付款（bills payable at___days/months after shipment/the date of B/L）。这是指装运日/提单日后若干天（月）付款。虽然对照提单签发日期可以确定汇票的付款时间，但为了落实受票人对付款的态度和让其做好付款准备，还是事先提示受票人承兑为好。汇票上的有关文句如附式 2-7 所示。

附式 2-7

Exchange for USD1000.00 　　　　　　　　　　　New York 20 Dec., 2021
At 30 days after B/L date（15 Dec., 2021）pay to ourselves or order the sum of US dollars one thousand only...

到期日的计算有以下 3 种情况。

①对于见票后或出票后某一日期付款的汇票采取"算尾不算头"的方法，也就是说，不包括见票日或出票日，但必须包括付款日。

附式 2-1 中到期日的计算：

7 月 21～31 日　　　　　　11 天　　所述日之次日为起算日

8 月 1～31 日　　　　　　 31 天

9 月 1～30 日　　　　　　 30 天　　至此 72 天

10 月 1 日～18 日　　　　 18 天

10 月 18 日末尾一天计算到期日是 90 天的最后一天，即第 90 天。因此，10 月 18 日是汇票到期日。

附式 2-4 中到期日的计算：

12 月 21～31 日　　　　　11 天

1 月 1～9 日　　　　　　　9 天　　至此，共 20 天

因此，1 月 9 日是汇票到期日。

②星期六、星期日及法定节假日均被解释为非营业日。当汇票到期日为这些日子时，则应顺延到下一个营业日。例如刚提到的到期日是 1 月 9 日，这一天是星期日，所以应相应顺延到 1 月 10 日。

③汇票规定出票日或见票日后一个月或数个月付款时，其到期日是在应该付款的那个月的相应日期，避免了一个月是 30 天还是 31 天的计算。若没有相应日期，则以该月的最后一天为到期日。

附式 2-3 中到期日的计算：

若见票日是 31 Dec.，则付款日为 28 Feb.。

（三）任意记载事项

任意记载事项指的是不发生票据法上效力的事项，是除以上记载事项以外的其他事项。这些事项是否记载不会影响票据的效力，未记载也无须根据票据法推定其含义。但是这些事项如被当事人接受，也会产生法律上的约束力。

1. 出票条款

汇票上的出票条款（drawn clause）是表明起源交易的文句。通常行文是 "Drawn under..." "Drawn against..."，注明买卖双方的合约号或银行开出的信用证号。

2. "付一不付二" 条款

出口商通过银行向进口商收款时开出的是一式二份的成套汇票（a set of bill）。两张汇票内容完全相同，且具有同等的法律效力。两张汇票分不同航班邮寄，先到的那张如起作用，后到的就自动失效。所以在第一张上印有 "同样金额、期限的第二张不付款" [pay this first bill of exchange（second of the same tenor and date being unpaid）] 字样，第二张上印有 "同样金额、期限的第一张不付款" 字样，即付一不付二或付二不付一。

这样可避免付款人对同一笔金额两次付款，又可避免由于意外事故的发生使单据遗失。

3. 需要时的受托处理人

在托收结算方式中，为了防止在货到后进口商的拒绝承兑或拒绝付款，造成出口商的被动，出口商有必要在进口商所在地委托一家公司作为需要时的受托处理人（referee in case of need）。当汇票遭拒付时，持票人可向需要时的受托代理人联系，求助于他。若他愿意，即可参加承兑，到期日参加付款，又称预备付款人。

4. 担当付款行

在当今买方市场下，为方便进口商，出票人（出口商）可根据与付款人（进口商）的约定，出票时载明付款人的开户银行作为担当付款行（a banker designated as payer）。担当付款行只是推定的受委托付款人，不是票据的债务人，对票据不承担任何责任。

除了上述项目之外，汇票的任意记载项目还包括利息与利率、免做退票通知、放弃拒绝证书以及免于追索等。

三、汇票的当事人及其责任

（一）基本当事人

出票人、受票人和收款人是汇票的必要当事人，也是汇票进入流通领域之前的基本当事人。

1. 出票人（drawer）

出票人是开出并交付汇票的人。从法律上看，汇票一经签发，出票人就负有担保承兑和担保付款的责任，直到汇票完成历史使命。如果出票人因汇票遭拒付而被追索，应对持票人承担偿还票款的责任。

在汇票被承兑前，出票人是汇票的主债务人；在汇票被承兑后，承兑人成为主债务人，出票人是汇票的从债务人。因此，在即期汇票付款前，或远期汇票承兑前，出票人是汇票的主债务人。

2. 受票人（drawee）

受票人是按汇票上记载的接受别人的汇票且要对汇票付款的人，在实际支付了汇票规定的款项后也称为付款人（payer）。他是接受付款命令的人（addressee）。受票人在汇票上签名之前，可承兑，也可拒付，他不是必然的汇票债务人，并不必然承担付款责任。

受票人承兑了汇票，即在汇票上签名，表示他接受出票人发出的到期无条件支付一定款项的命令，从此受票人成为承兑人，要对汇票承担到期付款的法律责任，是汇票的主债务人。

3. 收款人（payee）

收款人，也称受款人，是收取票款之人，即汇票的受益人，也是第一持票人（holder），是汇票的主债权人，可向付款人或出票人索取款项。具体地说，收款人可以要求付款人承兑或付款；遭拒付时有权向出票人追索票款；由于汇票是一项债权凭证，他也可将汇票背书转让他人。

（二）其他当事人

1. 背书人（endorser）

背书人是收款人或持票人在汇票背面签字，并将汇票交付给另一人，表明将汇票上的权利转让的人。

一切合法持有票据的人均可成为背书人。收款人或持票人可以通过背书成为背书人，并可以连续地进行背书转让汇票的权利。背书人就成为其被背书人和随后的汇票权利被转让者的前手，被背书人就是背书人和其他更早的汇票权利转让者的后手。其中，收款人是第一背书人。

例如，一张票据的出票人是 A，收款人是 B，A 开立后交付给 B，B 凭背书或单纯性的交付转让给 C，C 再转让给 D。如果 D 不再转让，D 便成了最后持票人。则 B 是

A 的后手、C 和 D 的前手，C 是 D 的前手、A 和 B 的后手，A、B、C 均是 D 的前手。如图 2-3 所示。

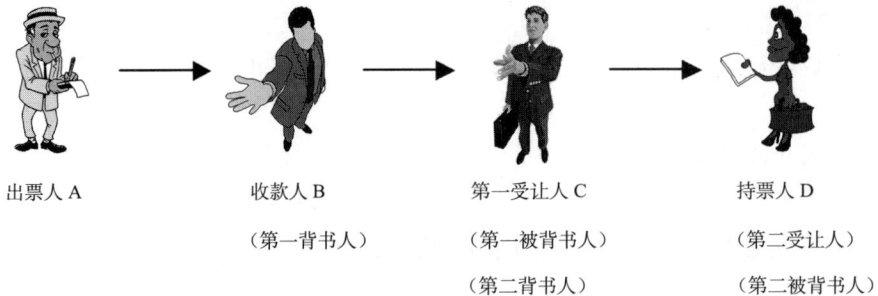

出票人 A	收款人 B	第一受让人 C	持票人 D
	（第一背书人）	（第一被背书人）	（第二受让人）
		（第二背书人）	（第二被背书人）

图 2-3　票据转让关系

可见，背书的作用在于传递票据，并保证汇票是完美的、无缺陷的。经过背书，收款人或持票人变成背书人，从债权人变成债务人，即背书人是汇票上的债务人。背书人对汇票承担的责任与出票人相同，但对其前手以至出票人享有追索权。

2. 被背书人（endorsee）

被背书人即接受背书的人。当他再转让汇票时，就成为另一背书人。若不转让，则将持有汇票，就成为第二持票人。因此，他是汇票的债权人，最后被背书人必须是持票人（holder）。他拥有向付款人和前手背书人直至出票人要求付款的权利。

3. 承兑人（acceptor）

受票人同意接受出票人的命令并在汇票正面签字，就成为承兑人。承兑人只存在于远期汇票关系中，本票和支票由于没有承兑行为，也就没有承兑人。

票据一经承兑，出票人退居从债务人的地位，而由承兑人成为主债务人。承兑人必须保证对其所承兑的文义付款，而不能以出票人不存在、出票人伪造签字或出票人没有签发票据的能力或授权等为借口拒付。在票据法中规定，"禁止承兑人翻案"。如果承兑人到期拒付，持票人可直接向法院起诉，也可向前手追索。

4. 保证人（guarantor）

保证人是一个第三人对于出票人、背书人、承兑人等票据债务人做出保证行为的人，做"保证"签字的人就是保证人。保证人与被保证人承担相同责任。为出票人、背书人保证时，保证人应负担保承兑及担保付款之责；为承兑人保证时，保证人应负付款之责；在票据被拒付时，保证人也承担被追索的责任。

5. 持票人（holder）

持票人指收款人或被背书人或来人，是现在正在持有汇票的人。他是票据权利的主体，享有以下权利。

（1）付款请求权。持票人享有向汇票的承兑人或付款人提示汇票要求付款的权利。

（2）追索权。持票人在汇票得不到承兑或付款时，享有向前手直至出票人、保证人等要求清偿票款的权利。

（3）票据转让权。持票人享有依法转让其汇票的权利。

上述汇票当事人之间的关系见如图 2-4 所示。

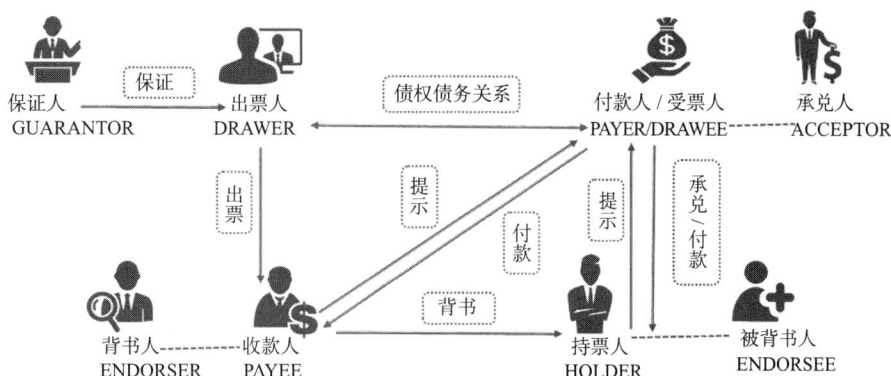

图 2-4　汇票主要当事人关系

6. 对价持票人（holder for value）

对价持票人，是英美票据法中特有的概念。英美票据法把持票人分为持票人、对价持票人和正当持票人。对价持票人是持有已经付过对价（不论持票人自己是否付过对价）票据的持票人。赠与取得就是一种典型情况。例如，甲为清偿乙的债务开出汇票一张并交与乙，乙作为礼物赠送给丙。乙为该汇票的取得付出了对价，而丙取得汇票时虽并未付出对价，但仍是对价持票人。另外一种情况是受委托取款，或持有抵押票据的人，也可以成为对价持票人。对价也是英美法中特有的概念。所谓对价，是指一方所得收益相当于对方同等收益的交换。这种交换不一定是等价交换，对价可以以货物、劳务、金钱等形式体现。

7. 正当持票人（holder in due course）

正当持票人，也叫善意持票人，是指经过转让而持有汇票的人。根据英国《票据法》规定，持票人符合以下条件的，才能成为正当持票人。

（1）持有的汇票票面完整正常，前手背书真实且未过期。

（2）持票人对于持有的汇票是否曾被退票不知情。

（3）持票人善意地付过出价而取得汇票。

（4）接受转让时，未发现前手对汇票的权利有任何的缺陷。

正当持票人的权利优于其前手，不受前手权利缺陷的影响，且不受汇票当事人之间债务纠葛的影响，能够获得十足的票据金额。

扫码学习有关案例

概念辨析

正当持票人与对价持票人的不同

正当持票人与对价持票人不仅取得票据的方式不同，持票人权利也不同，如表2-1所示。

表2-1　正当持票人与对价持票人比较

比较项目	正当持票人	对价持票人
票据取得方式	只能付出对价经转让取得	可以受赠取得
持票人权利	可优于其直接前手	不能优于直接前手
追索权	退票后，可向其任何前手追索	只能向收受对价的当事人追索

可以看出，正当持票人一定是对价持票人，而对价持票人不一定是正当持票人。

另外，票据上任何原始受款人，只能是对价持票人，不能成为正当持票人，因为成为正当持票人的条件之一是持票人必须付出对价，经转让取得票据。

四、票据行为

一张票据从开立、正当付款到最后注销，需要经历一定的环节和步骤，我们把这些环节和步骤称为票据行为。票据行为有狭义和广义之分。

狭义的票据行为是以负担票据上的债务为目的所做的必要形式的法律行为，包括：出票、背书、承兑、参加承兑、保证。其中出票是主票据行为，其他行为都是以出票为基础而衍生的附属票据行为。

广义的票据行为除上述行为外，还包括票据处理中有专门规定的行为，如提示、付款、参加付款、退票、行使追索权等行为。票据行为与票据形式和内容一样具有要式性，必须要符合票据法的规定。

（一）出票（issue）

1. 出票的含义

出票是指出票人签发汇票并将其交付给收款人的票据行为。出票是主票据行为，离开它就不可能有汇票的其他行为。一个有效的出票行为包括两个动作：

（1）制成汇票并签字（to draw a draft and to sign it）。

（2）将制成的汇票交付给收款人（to deliver the draft to payee）。

这两个动作缺一不可。出票创设了汇票的债权，收款人持有汇票就拥有债权，包括付款请求权和追索权。

交付（delivery）是指实际的或推定的从一个人拥有转移至另一人拥有的行为。汇票的出票、背书、承兑等票据行为在交付前都是不生效的和可撤销的，只有将汇票交付给他人后，出票、背书、承兑行为才能生效且不可撤销。

汇票的开立可以是单张或多张。国内汇票多为单张汇票（sola bill）。国外汇票是一式多份，如一式两份的"付一不付二""付二不付一"的汇票。若两份汇票都经背书人或承兑人不经意的背书或承兑，且落入正当持票人之手，则背书人或承兑人应同时对这两张汇票负责。

2. 出票的影响

汇票的出票行为一旦完成，就确立了汇票承兑前出票人的主债务人地位和收款人的债权人地位，出票人要担保所开立的汇票由付款人承兑和付款；而付款人对于汇票付款并不承担必然责任，他可以根据提示时与出票人的资金关系来决定是否付款或承兑。因为汇票不是领款单，而是出票人担保的信用货币，收款人的债权完全依赖于出票人的信用。

（二）背书（endorsement）

1. 背书的含义

背书是指持票人在票据背面签字，以表明转让票据权利的意图，并交付给被背书人的行为。它是指示性抬头的票据交付转让前必须完成的行为。

背书包括两个动作：

（1）在票据背面或粘单上记载有关事项并签名，根据《中华人民共和国票据法》的规定，背书必须记载签章、背书日期、被背书人名称等事项。

（2）交付给被背书人或后手。

2. 背书的种类

（1）记名背书。记名背书（special endorsement），又称为特别背书或正式背书。即持票人在背书转让时注明了被背书人的名称。背书内容完整、全面。如附式 2-8 所示。

附式 2-8

（汇票背面）
Pay to XYZ Co. or order
　　　　For ABC Import and Export Company, Fuzhou
　　　　　　Li Hua（General Manager）

被背书人作为持票人可以继续进行背书转让汇票，如图 2-5 所示。

顺　序	1	2	3	4	5
背书人	A（PAYEE）	B	C	D	E
被背书人	B	C	D	E	F（HOLDER）

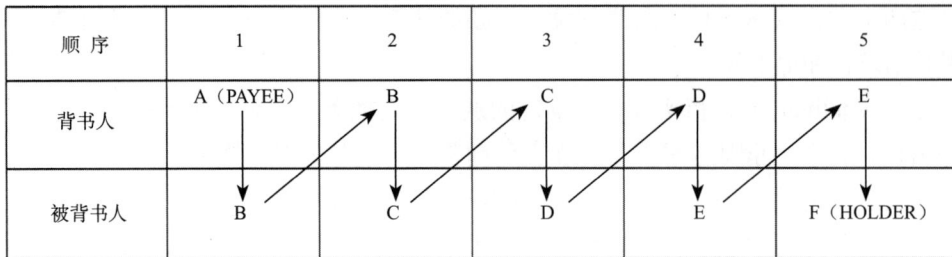

图 2-5　特别背书的连续性

（2）空白背书。空白背书（blank endorsement），又称不记名背书。即背书人仅在背面签名，而不注明被背书人。做此背书后，被背书人如再转让，无须背书，只需交付即可。如附式 2-9 所示。

附式 2-9

（汇票背面）
　　　　　　For ABC Import and Export Company, Fuzhou
　　　　　　Li Hua（General Manager）

指示性抬头的汇票经过空白背书后使汇票成为来人抬头式汇票，受让人获得可以仅凭交付来转让票据的权利。已做空白背书的指示性抬头汇票，任何持票人均可将空白背书转变为记名背书，只要在背书人名称与签字上加注"付给×××或指定人"即可。此后的被背书人可以继续空白背书或记名背书。

值得注意的是，由空白背书转变成的来人抬头汇票与原来就是来人抬头的汇票是有区别的，前者可以继续恢复成指示性抬头（记名背书），而后者即使再做成记名背书也还是来人汇票。

（3）限制性背书。限制性背书（restrictive endorsement），是指背书人在票据背面签字、限定某人为被背书人或记载了"不得转让"字样的背书。如附式 2-10 所示。

附式 2-10

（汇票背面）
Pay to John Smith only（or not transferable or not negotiable）
　　　　　　　　　　　　　　　　　　　　Li Hua

经过限制性背书后，指示性抬头的汇票成为限制性抬头的汇票，就不能继续背书转让其权利，同时，只有限制性背书的被背书人才能要求付款人付款。

对于限制性背书的被背书人的转让权利，各国票据法有不同的规定。英国《票据法》认为，限制性背书的被背书人无权再转让票据权利；《中华人民共和国票据法》规定，限制性背书的票据仍可由被背书人进一步转让，但原背书人即做限制性背书的背书人只对直接后手负责，对其他后手不承担保证责任。

（4）有条件背书。有条件背书（conditional endorsement），是指"交付给被背书人"的指示是带有条件的，即只有在满足所附条件时才把汇票交付给被背书人。该条件仅对背书人和被背书人起约束作用，与付款人、出票人承担的责任无关。如附式 2-11 所示。

附式 2-11

```
（汇票背面）
                    Pay to the order of B Co.
                   On delivery of B/L No.123
                        For A Co., London
                                    （signed）
```

由于汇票是无条件支付命令，因而多数国家包括我国的《票据法》规定：有条件背书的背书行为是有效的，但背书条件无效。即这些条件不具有法律效力。因此，有条件背书的受让人在行使票据权利或再转让票据时，可以不理会前手所附加的条件。但英国《票据法》规定，汇票的开立不能有条件，但允许背书附加条件。

（5）托收背书。托收背书（endorsement for collection），是指背书人在背书时记载"委托收款（for collection）"字样委托被背书人以代理人的身份行使汇票权利的背书。如附式 2-12 所示。

附式 2-12

```
（汇票背面）
    Pay to the order of Bank of China, New York Branch for collection
                   For ABC Import and Export Company, Fuzhou
                           Li Hua（General Manager）
```

托收背书的目的是委托被背书人收款，背书人只是赋予被背书人以代理权。被背书人虽持有汇票，但不能进行背书转让汇票权利，只能继续进行委托收款背书。可见，托收背书并非所有权的转让，汇票的所有权仍属于原背书人。

背书的类型及范例如表 2-2 所示。

表2-2　背书类型及范例

背书类型	范例	被背书人的地位	
		英美法	大陆法
记名背书	Pay to George Washington [signed] Benjamin Franklin （付给乔治·华盛顿 [签字] 本杰明·富兰克林）	持票人	持票人
空白背书	[signed] Abraham Lincoln （[签字] 亚伯拉罕·林肯）	持票人	持票人
限制性背书	Pay to Harry Potter only [signed] Ron Weasley （仅付给哈利·波特 [签字] 罗恩·韦斯莱）	持票人	无权对抗背书人
有条件背书	Pay to Muhammad Ali on condition he delivers 1 pair of boxing gloves to me in 1 week [signed] George Foreman （在穆罕默德·阿里一周内向我交付一副拳击手套后付款 [签字] 乔治·福尔曼）	在条件满足前不得对抗背书人	在条件满足前不得对抗背书人
托收背书	For collection only [signed] Eleanor Roosvelt （仅用于托收 [签字] 埃莉诺·罗斯福）	背书人的托收代理人	背书人的托收代理人

3. 背书的法律效力

（1）明确了前后手的关系。如图2-3所示，经过背书，B、C、D分别有1、2、3个前手。在付款人拒付时，B、C、D作为后手可以依次向自己的前手行使追索权。

（2）明确了背书人的责任。背书人在背书后必须保证被背书人能得到全部的票据权利，担保汇票能及时承兑与付款，并对后手保证前手签名的真实性和票据的有效性。

（3）确立了被背书人的债权人地位。被背书人接受票据后即成为持票人，获得了票据上的全部权利，享有相当于收款人的付款请求权和追索权，从而使其成为债权人。对于被背书人来说，前手背书的人越多，表明愿意对汇票承担责任的人越多，票据的质量就越高，他也就越安全。

（三）提示（presentation）

1. 提示的含义

提示是指持票人将汇票提交给付款人，要求付款人按汇票指示履行承兑或付款义务的行为。有了提示行为才能实现收款人的收款权利。

2. 提示的形式

提示的形式有提示承兑和提示付款两种类型。

提示承兑是指持票人在票据到期前向付款人出示票据，要求其承兑或承诺到期付款的行为。提示承兑只针对远期汇票，即期汇票、本票和支票没有提示承兑行为。

提示付款是指持票人在即期或远期汇票到期日向付款人出示票据要求其付款的行为。汇票、本票和支票都需要有提示付款行为。

可见，即期汇票、本票和支票只有一次提示，即提示付款；远期汇票则需要两次提示，一次是到期前的提示承兑，另一次是到期时的提示付款。

3. 提示的法律要求

根据票据法的规定，提示汇票应在汇票规定的时限内和规定的付款地点进行。

（1）在规定的时限内提示。各国票据法的规定有较大的不同，如英国《票据法》规定，即期票据必须自出票日起 1 个月、本地支票 10 日内作提示付款；见票后定期付款汇票，自出票日起 1 个月内做提示承兑；远期汇票、本票，自到期日起 10 日内做提示付款。

《日内瓦统一票据法》规定，即期票据必须自出票日后的 1 年内做提示付款；见票后定期付款汇票，自出票日后的 1 年内做提示承兑；远期汇票在到期日及以后两个营业日内做提示付款。

《中华人民共和国票据法》规定，定日或出票日后定期的汇票，应在汇票到期日前做提示承兑；见票后定期的汇票，应自出票日起 1 个月内做提示承兑；即期汇票自出票日起 1 个月内做提示付款；远期汇票自到期日起 10 日内做提示付款。

（2）在规定的付款地点提示。持票人应在票据指定的付款地点提示票据，如果未规定地点，则将付款人或承兑人的营业地址或居住地视为提示地点。由于目前使用的票据大部分以银行为付款人，因此，持票人可以通过银行票据交换所向付款人提示汇票，也可以委托自己的往来银行向付款银行提示。

提示必须在汇票规定的时限内和规定的付款地点做出才有效，否则持票人将丧失对前手的追索权或丧失票据的权利。

（四）承兑（acceptance）

1. 承兑的含义

承兑是指远期汇票的受票人在票面上签字以表示同意按出票人的指示到期付款的行为。受票人通过在汇票正面签字，确认了到期付款的责任，受票人承兑汇票后成为承兑人。承兑行为的完成包括两个动作：写成和交付。

（1）写成。付款人在票面上作承兑有以下做法。

①仅有付款人的签名。

②加注"承兑（Accepted）"字样并签名。

③付款人签名并加注承兑日期。

④加注"承兑（Accepted）"字样、签名并加注承兑日期（参见附式 2-1）。例如：

> John Smith（付款人签名）

> Accepted（"承兑"字样）
> John Smith（付款人签名）

> John Smith（付款人签名）
> 28 Mar.，2021（承兑日期）

> Accepted（"承兑"字样）
> John Smith（付款人签名）
> 28 Mar.，2021（承兑日期）

可见，受票人签名是承兑的必要内容，"承兑"字样的记载则可有可无，承兑日期的记载可视情况而定，如见票后定期付款的汇票就必须记载。

（2）交付。承兑的交付有两种：实际交付和推定交付，前者即受票人在承兑后将汇票退还给持票人；后者即受票人在承兑后将所承兑的汇票留下，而以承兑通知书的方式通知持票人汇票已作承兑并告知承兑日期。根据国际银行业的惯例，180天以内的远期汇票承兑后，由承兑银行专门缮制承兑通知书给持票人，用承兑通知书代替已承兑的汇票，完成交付。

2.承兑的影响

承兑构成承兑人在到期日无条件的付款承诺，在汇票承兑后，承兑人是该票据的主债务人，要对所承兑的票据的文义负责，到期履行付款责任。出票人则由汇票被承兑前的主债务人变为从债务人。

对于持票人而言，汇票承兑后，其收款就有了肯定的保证，汇票的流通性增强了。因此，经承兑的汇票具有了贴现融资的可能。

3.承兑的种类

（1）普通承兑（general acceptance）。普通承兑，是指付款人对出票人的指示毫无保留地予以确认的承兑。正常情况下的承兑都是普通承兑。

（2）保留承兑（qualified acceptance）。保留承兑又称限制承兑，是指付款人在承兑时对汇票的到期付款附加某些保留条件，从而改变了出票人所企图达到的目的和票面上的记载。常见的类型有以下几种。

①带有条件的承兑（conditional acceptance），即承兑人的付款依赖于承兑时所提条件的完成。例如：

Accepted

10 Dec. 2020

Payable on delivery of B/L

For ABC Company

John Smith

根据我国《票据法》的规定，承兑附有条件的，视为拒绝承兑。所以持票人有权拒绝带有条件的承兑，把这样的承兑当成受票人的拒付。

②部分承兑（partial acceptance），即承兑人仅承诺支付票面金额的一部分。例如，汇票的票面金额为 USD10 000.00，而做如下承兑：

Accepted

10 Dec. 2020

Payable for amount of nine thousand US dollars only

For ABC Company

John Smith

③限定地点承兑（local acceptance），即承兑时注明只能在某一特定地点付款。例如：

Accepted

10 Dec.，2020

Payable on the counter of Bank of China，New York and there only

For ABC Company

John Smith

注意：加注付款地点的承兑仍然是普通承兑，除非它表明仅在某地付款而不是在别处。如上例中若没有"and there only"字样的限制，则成为普通承兑。

④限制时间承兑（qualified acceptance as to time），即修改了票面上的付款期限。例如，汇票上记载的付款时间是出票后 30 天付款（payable at 30 days after date），而做如下承兑：

Accepted

10 Dec.，2020

Payable at 60 days after date

For ABC Company

John Smith

汇票持票人如对上述保留承兑予以拒绝，就认为承兑人做出的保留承兑为拒绝承兑。若持票人接受了上述的保留承兑，而出票人或其前手背书人并未授权，事后也不同意，则持票人以后不能向他们行使追索权。

（五）付款（payment）

付款是指即期票据或到期的远期票据的持票人向付款人提示票据时，付款人支付票款以消除票据关系的行为。付款人必须按正常程序付款（payment in due course）以后，才能免除其付款责任。所谓正常程序付款是指：

（1）由付款人或承兑人支付，而非出票人或背书人支付，否则汇票上的债权债务不能视为最后清偿。

（2）要在到期日那一天或以后付款，不能超前。

（3）要付款给持票人，前手背书须真实和连续。

（4）善意付款，不知道持票人的权利有缺陷。

付款人按正常程序付款后，付款人及票面上所有的票据债务人的债务责任都得以解除，汇票流通过程得以终结，汇票上所列明的债权债务最终得到清偿。

（六）退票（dishonor）

持票人提示汇票要求承兑时，遭到拒绝承兑或持票人提示汇票要求付款时，遭到拒绝付款，均称为退票，也称拒付。某些有条件承兑、拒绝付款、拒绝承兑或付款人死亡、破产、失去支付能力、避而不见等都要退票。

持票人在遭遇退票时，可以把被付款人拒付的情况通知前手，做成退票通知（notice of dishonor）；还可以通过公证机构做成拒绝证书（protest）。

1.退票通知

做成退票通知的目的是让汇票的债务人及早了解拒付事实，以便做好被追索的准备。发出退票通知的方法有两种：

（1）持票人在退票后的一个营业日内以书面或口头的形式将拒付事实通知前手背书人，前手背书人再通知他的前手，依此类推，直至通知到出票人。

（2）由持票人将退票事实对其前手（包括出票人）逐个通知，如图2-6所示。

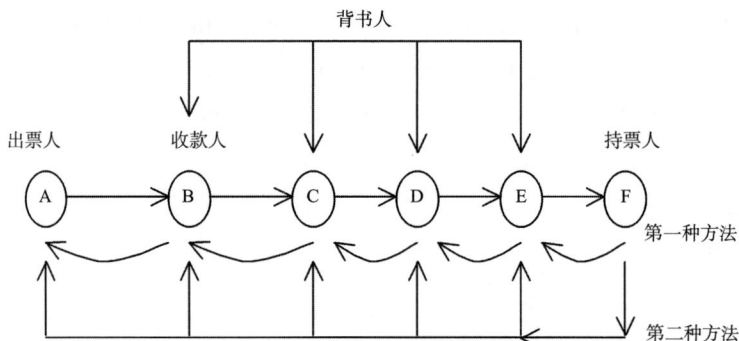

图2-6　退票的通知方法

注　第一种方法即持票人将退票事实通知前手，前手再通知其前手直至出票人。第二种方法即持票人将退票事实通知全体前手。

2.拒绝证书

拒绝证书是由拒付地点的法定公证人做出的证明拒付事实的法律文件。英国《票据法》规定，外国汇票在拒付后，持票人须在退票后一个营业日内做成拒绝证书。

具体地，持票人应先交汇票，由公证人持汇票向付款人再做提示，若仍遭拒付，则由公证人按规定格式做成拒绝证书，其中说明做成拒绝证书的原因、向付款人提出的要求及其回答。持票人凭拒绝证书及退回汇票向前手行使追索权。

（七）追索（recourse）

追索是指汇票遭拒付时，持票人要求其前手背书人或出票人或其他票据债务人偿还汇票金额及费用的行为。持票人所拥有的这种权利就是追索权（right of recourse）。

追索权和付款请求权共同构成汇票的基本权利。持票人要行使追索权，须具备以下三个条件。

（1）必须在法定期限内向受票人提示。英国《票据法》规定，在合理时间内向付款人提示汇票，未经提示，持票人不能对其前手追索。

（2）必须在法定期限内做成退票通知。英国《票据法》规定，在退票日后的次日，将退票事实通知前手直至出票人。

（3）外国汇票遭退票必须在法定期限内做成拒绝证书。英国《票据法》规定，退票后一个营业日内由持票人请公证人做成拒绝证书。

只有满足以上三个条件，持票人才能保留和行使追索权。但追索权必须在法定保留期限内行使方为有效。《中华人民共和国票据法》规定的法定保留期限为自被拒绝承兑或被拒绝付款之日起 6 个月，《日内瓦统一票据法》规定为 1 年，英国《票据法》规定为 6 年。

扫码学习参加承兑

行使追索权时，追索的票款包括汇票金额、利息、做成退票通知和拒绝证书的费用及其他必要的费用。

（八）保证（guarantee/aval）

保证是非票据的债务人对于出票、背书、承兑、参加承兑等行为所发生的债务予以保证的附属票据行为。汇票的出票人、背书人、承兑人、参加承兑人都可以作为被保证人，由第三者（如大银行、金融担保公司等）担当保证人对其保证，即在票面上加具"Guaranteed"或"Per Aval"字样，如此可提高这张汇票的信誉，使其能够更好地流通。例如：

Guaranteed

For account of

ABC Import and Export Company，Fuzhou（被保证人名称）

Guarantor A Bank（保证人名称）

signature

保证人与被保证人负相同的责任。为承兑人保证，负付款之责；为出票人、背书人保证，负担保承兑或担保付款之责。经过保证后，票据的可接受性增强。

扫码学习有关案例

概念辨析

保证与参加承兑的区别

保证和参加承兑都是非票据债务人为了特定债务人的利益和票据的信用出面担保，都属于附属票据行为，但二者仍存在实质的区别，主要有以下几方面。

（1）目的不同。参加承兑的目的是防止追索权的行使，维护票据的信用；而保证的目的是增强票据的信用，担保票据债务的履行。

（2）担保对象不同。参加承兑维护的是特定票据债务人（出票人和背书人）的利益；而保证担保的对象可以是任何票据债务人，汇票的出票人、背书人、承兑人、参加承兑人都可以作为被保证人。

（3）责任不同。参加承兑人不是票据的主债务人，只是在票据拒付时，承担偿还义务；保证中的被保证人和保证人所负责任完全相同，保证人对合法取得汇票的持票人所享有的汇票权利独立承担保证责任。持票人可以自己决定是否首先向被保证人或保证人索要票款。

（4）行为作出时间不同。参加承兑行为是在遭到拒绝承兑时作出的；而保证则是在尚未出现拒绝承兑事实前作出的。

（5）是否需要持票人同意不同。第三人参加承兑须经持票人同意，持票人可以拒绝，也可以允许；而票据保证是一种单方的法律行为，不需要持票人的同意即可成立。

（6）适用汇票类型不同。参加承兑行为只适用于远期汇票。因为见票即付的即期汇票没有确定的到期日，故而不存在到期日前行使追索权的问题；而保证则不存在此种限制，既可适用于远期汇票，也可适用于即期汇票。

五、汇票的种类

（一）按照是否附有货运单据，汇票可分为光票和跟单汇票

光票（clean bill）即不附带货运单据的汇票。在国际贸易结算中一般用于贸易从属费用、货款尾数、佣金等的收取或支付。

跟单汇票（documentary bill）即附带货运单据的汇票。与光票相比，跟单汇票除了票面上当事人的信用以外，还有相应物资做保障，因此该类汇票的流通转让性能较好。

（二）按照承兑人的不同，汇票可分为银行承兑汇票和商业承兑汇票

银行承兑汇票（banker's acceptance bill）是指由银行承兑的远期汇票，它建立在银行信用基础之上。

商业承兑汇票（trader's acceptance bill）是指由个人商号承兑的远期汇票，它建立在商业基础之上。

由于银行信用高于商业信用，因此，银行承兑汇票在市场上更易于贴现，流通性更强。注意：银行承兑汇票不一定是银行汇票，它可能是银行汇票，也可能是商业汇票。

（三）按照付款时间的不同，汇票可分为即期汇票和远期汇票

即期汇票（sight bill or demand draft）即见票即付的汇票，它包括：票面上记载 "at sight / on demand" 字样的汇票，提示汇票即是 "见票"；出票日与付款日为同一天的汇票，当天出票当天到期，付款人应于当天付款；票面上没有记载到期日的汇票，各国一般认为其提示日即到期日，也就是见票即付。

远期汇票（time bill / usance bill）即规定付款到期日在将来某一天或某一可以确定日期的汇票。它可分为出票后定期付款汇票、见票后定期付款汇票、在其他事件发生后定期付款汇票、定日付款汇票和延期付款汇票 5 种情况。

（四）按照出票人的不同，汇票可分为银行汇票和商业汇票

银行汇票（banker's bill）指出票人是银行的汇票，一般为光票。

商业汇票（commercial bill）指出票人是公司或个人的汇票，可能是光票，也可能是跟单汇票。由于银行的信用高于一般的公司或个人的信用，所以银行汇票比商业汇票更易于流通转让。

（五）按照流通领域的不同，汇票可分为国内汇票和国际汇票

国内汇票（domestic bill）是指汇票的出票人、付款人和收款人三个基本当事人的居住地同在一个国家或地区，汇票流通局限在同一个国家境内。

国际汇票（international bill）是指汇票的出票人、付款人和收款人的居住地中至少涉及两个不同的国家或地区，尤其是前两者不在同一国，汇票流通涉及两个国家或地区。国际结算中使用的汇票多为国际汇票。

（六）按照票面标值货币的不同，汇票可分为本币汇票和外币汇票

本币汇票（domestic money bill）即使用本国货币标值的汇票。国内汇票多为本币汇票。

外币汇票（foreign money bill）即使用外国货币标值的汇票。

（七）按照承兑地点和付款地点是否相同，汇票可分为直接汇票和间接汇票

直接汇票（direct bill）即承兑地点和付款地点相同的汇票。国际贸易中使用的汇票大部分是直接汇票。

间接汇票（indirect bill）即承兑地点和付款地点不同的汇票。承兑人在承兑时须写明付款地点。

（八）按照收款人的不同，汇票可分为来人汇票和记名汇票

来人汇票（bearer bill）即收款人是来人抬头的汇票。

记名汇票（order bill）即收款人是指示性抬头或限制性抬头的汇票。

（九）按照同一份汇票张数的不同，汇票可分为单式汇票和多式汇票

单式汇票（sola bill）是指同一编号、金额、日期只开立一张的汇票，用于银行汇票。

多式汇票（set bill）是指同一编号、金额、日期开立一式两份甚至多份的汇票，用于逆汇项下的商业汇票。

汇票有多种分类方法，但并不意味着一张汇票只具备一个特征，它可以同时具备几个特征，如远期外国跟单汇票。

第三节　本票

本票也属于票据的一种，同样是一种重要的国际结算工具，除了具有与汇票一样的票据共同特性外，还有其自身的特征。

一、本票的法律定义

英国《票据法》对本票所下的定义是：A promissory note is an unconditional promise in writing made by one person to another signed by the maker，engaging to pay on demand or at a fixed or determinable future time，a sum certain in money to or to the order of a specified person or to bearer.

翻译：本票是一人（债务人）向另一人（债权人）签发的，保证即期或定期或在可以确定的将来时间向某人或其指示人或持票人无条件支付一定金额的书面承诺。

与汇票定义相比，有三处明显的不同：

（1）本票是"保证自己"，汇票是"要求他人"。

（2）本票是"承诺"，汇票是"命令"，即本票是一人向另一人签发并保证自己付款的承诺，而汇票是一人要求第三者付款的命令。

（3）本票只有两个基本当事人：制票人（同时兼任受票人/付款人）和收款人，而汇票则有三个基本当事人：出票人、收款人和受票人（付款人）。

英国《票据法》规定，以"我"为付款人的汇票为对己汇票或者己付汇票，即本票。

《中华人民共和国票据法》规定，本票是出票人签发的，承诺自己在见票时无条件支付确定的金额给收款人或者持票人的票据。需要注意的事，《中华人民共和国票据法》只承认即期银行本票。

二、本票的必要项目

根据《日内瓦统一票据法》的规定，本票必须具备以下项目：

（1）表明其为"本票（promissory note）"的字样。

（2）无条件付款承诺。

（3）收款人或其指定人。

（4）出票人签字。

（5）出票日期和地点（未载明出票地点者，以出票人名称旁边的地点为出票地点）。

（6）付款期限（未载明期限者为见票即付的即期本票）。

（7）一定金额货币。

（8）付款地点（未载明地点者，出票地视为付款地）。

《中华人民共和国票据法》规定，本票的绝对必要记载事项有6个，即表明"本票"的字样、无条件支付的承诺、确定的金额、收款人名称、出票日期和出票人签章。可以看出，本票比汇票少了一个绝对必要项目——付款人，而是由出票人承担付款责任，即由"我"签发，"我"保证在指定日期支付一定金额给"你"的承诺书，可以看成是"我欠你"的借据。本票的式样如附式2-13所示。

附式 2-13　本票式样及要项

Promissory Note for USD1000.00　　　　　　　　　　　　New York, 5 Jan., 2020
　（1）　　　　　　　　　（7）　　　　　　　　　　　　　　　　（5）
At 60 days after date　　we promise to pay　　A Co. or order
　（6）　　　　　　　　（2）　　　　　　（3）
the sum of one thousand US dollars only
　　　　　　（7）

　　　　　　　　　　　　　　　　　　　　　For Bank of America, New York
　　　　　　　　　　　　　　　　　　　　　　signature（4）

三、本票与汇票的异同

本票与汇票之间既有相同点，也有不同点，其异同如表2-3所示。

表 2-3　本票与汇票的异同

项目		汇票	本票
不同点	性质不同	无条件的支付命令	无条件的支付承诺
	基本当事人不同	出票人、付款人、收款人	出票人/付款人、收款人
	有否承兑行为	有	没有
	提示的形式不同	有提示承兑和提示付款两种形式	只有提示付款
	主债务人不同	出票人在承兑前是主债务人，在承兑后成为从债务人	出票人在票据流通期间始终是主债务人
	退票时是否需要做成拒绝证书	需要	不需要

续表

项目	汇票	本票
相同点	①都以无条件支付一定金额为目的； ②出票人都是票据的债务人； ③对收款人的规定相同； ④对付款期限的规定相同； ⑤有关出票、背书等行为相同	

四、本票的种类

（一）商业本票和银行本票

按签发人身份的不同，本票分为商业本票和银行本票。

商业本票（trader's note）是以商号或工商企业作为制票人，用以清偿制票人自身债务的本票。它建立在商业信用基础上。由于本票的制票人对本票金额负有绝对的付款责任，而制票人的付款能力又缺乏有效的保证，所以其使用范围渐渐缩小。现在中小企业很少签发本票。

商业本票按期限可分为远期本票和即期本票。目前在国际贸易中，远期商业本票一般用于出口买方信贷，当出口国银行把资金贷放给进口国的商人以支付进口货款时，往往要求进口商开立分期付款的本票，经进口国银行背书保证后交贷款银行收执，这种本票不具有流通性，仅作为贷款凭证。

银行本票（banker's note）是由商业银行签发即期付给记名收款人或者付给来人的本票，它可以作为现金交给提取存款的客户。银行本票建立在银行信用基础上。银行本票也可以分为即期和远期两种，但远期银行本票使用得较少。即期银行本票是指一上柜面即能取现的本票。它能代替现钞作为支付工具，可用于大额现金交易。即期银行本票的发行在一定意义上会增加货币投放量，因此各国对它的发行量有限制。

《中华人民共和国票据法》所称本票仅限于银行本票，且为了维护正常的经济秩序，有利于国家实行有效的金融管理和宏观调控，还特别规定，银行本票的出票人资格必须由中国人民银行审定。

扫码学习有关案例

（二）旅行支票

旅行支票（traveler's cheque）是由银行、非银行金融机构或旅行服务机构发行的不指定付款地点、具有固定票面金额、专供旅游者使用的信用工具。购买人可在其他地点凭票兑付现款或直接用于支付。从付款人就是该票的发行机构来看，旅行支票带有本票的性质。

由于发行人都是信誉卓著的大银行或大旅行社，所以旅行支票易被世界各地银行、商号、饭店接受。大银行或大旅行社签发旅行支票是有利可图的，首先，在一定时间内可无息地占用旅行者购买旅行支票的资金；其次，可利用旅行者使用旅行支票，为自己做无成本的广告宣传；最后，可收取购买手续费，为旅行者提供安全、方便的支付服务。另外，兑付旅行支票的代理行可获得兑付费等手续费收入。

购买者可以安全、方便地使用旅行支票。在购买旅行支票时，购买人要当着银行职员的面留下初签，然后将旅行支票带到国外旅行。在兑付取现或消费时，购买人进行复签，付款代理机构以初签与复签一致作为支付的条件。然后，代理机构与发行机构结算所兑付的旅行支票。旅行者结束旅行后，若旅行支票尚有剩余，也可向发行者兑回现金。旅行支票样本如附式 2-14 所示。

附式 2-14 旅行支票样本

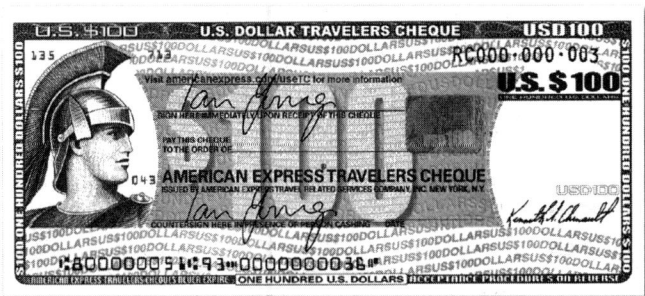

随着计算机技术与网络的不断发展，旅行支票的使用受到了挑战。国际信用卡因具有更安全方便、手续更简化等特点而成为旅行支票的替代品，这就使得旅行支票使用数量呈现下降趋势。

第四节 支票

一、支票的法律定义

英国《票据法》对支票所下的定义是：Briefly speaking, a cheque is a bill of exchange drawn on a bank payable on demand. Detailed speaking, a cheque is an unconditional order in writing addressed by the customer to a bank signed by that customer authorizing the bank to pay on demand a sum certain in money to or to the order of a specified person or to bearer.

翻译：简言之，支票是以银行为付款人的即期汇票。具体地说，支票是客户对银行签发的授权该行对某人或其指定人或持票人即期无条件支付一定金额的书面命令。

《中华人民共和国票据法》规定，支票是出票人签发的，委托办理支票存款业务的银行或者其他金融机构在见票时无条件支付确定的金额给收款人或者持票人的票据。

与汇票的定义相比，支票的付款人一定是银行或其他金融机构，期限一定是即期的。除此之外，与汇票无本质的不同。所以凡适用于即期汇票的规定也适用于支票。

二、支票的必要项目

根据《日内瓦统一票据法》的规定，支票必须具备以下项目：

（1）表明其为"支票（cheque）"的字样。

（2）无条件支付命令。

（3）付款银行名称和地址。

（4）出票人名称和签字。

（5）出票日期和地点（未载明出票地点者，以出票人名称旁边的地点为出票地点）。

（6）写明"即期"字样，未写明"即期"字样者，仍被视为见票即付。

（7）一定金额货币。

（8）收款人或其指定人。

《中华人民共和国票据法》规定，支票的绝对必要记载事项有6个，即表明"支票"的字样、无条件支付的委托、确定的金额、付款人名称、出票日期和出票人签章。不过，支票上的金额可以由出票人授权补记。

支票的式样如附式2-15所示。

附式2-15　支票式样及要项

31 Jan., 2020	Cheque　　　　　　　London, 31 Jan., 2020 No.537890			
	（1）　　　　　　　　　　　（5）			
	BANK OF EUROPE			
Tianjin Economic &	LONDON			
Development Corp.	（3）			
	Pay to　Tianjin Economic & Development Crop. or order			
GBP500.00	（2）（6）　　　　　　　　　（8）			
	the sum of five hundred pounds		GBP500.00	
	（7）		（7）	
537890	For Sino-British Trading Co. London			
	signature			
	（4）			
	537890	60…2153	02211125	0000500000
票根	支票编号磁性编码	付款行代号磁性编码	出票人在付款行的支票专户账号磁码	根据支票面额加编的磁码

扫码学习有关案例

三、支票的划线制度

划线是一种附属的支票行为，是其他票据（除银行即期汇票外）流通中所没有的。

（一）非划线支票与划线支票

1.非划线支票

非划线支票（open cheque），又称敞口支票，即一般没有划线的支票。它既可提取现金，又可转账划拨。

2.划线支票

划线支票（crossed cheque），又称平行线支票，即票面上有两条平行划线的支票。它只能通过银行转账划拨。

（二）普通划线支票与特别划线支票

划线支票可分为普通划线支票（general crossing cheque）和特别划线支票（special crossing cheque）。

1.普通划线支票

普通划线支票是指任何一家银行都可以代收转账的支票，如附式 2-16 所示。

附式 2-16　普通划线支票

——————	& Co ——————
（1）	（2）
banker ——————	A/C payee ——————
（3）	（4）
Not Negotiable ——————	
（5）	

附式 2-16 中，（1）支票在票面上仅有两条平行线，无任何标记。（2）和（3）支票分别在平行线中加注了"& Co."和"banker"字样，这是早期银行习惯保留的印记，本身没有特别的含义。（4）支票在平行线中加注"A/C payee"字样，表示要求代收银行将票款收进收款人的账户。（5）支票在平行线中加注"Not Negotiable"字样，这里"不可流通"不是一般意义上的绝对禁止流通或转让，只是转让后受让人不能成为正当持票人，其权利不能优于其前手。总之，未在支票上写明银行名称，其划线表明该支票只能用于转账，但未指定办理转账的银行，即持票人可委托任何银行办理收款转账。

2. 特别划线支票

特别划线支票是指票面上两条平行线中间加注了某一家银行的名称，只有这家银行可以作为票款的代收银行，如附式 2-17 所示。

附式 2-17　特别划线支票

_____	_____
Midland Bank Ltd.	Midland Bank Ltd.
	A/C Payee
_____	_____
（6）	（7）

_____
Midland Bank Ltd.
Not Negotiable
_____
（8）

附式 2-17 中（6）（7）（8）支票中，都规定了只有米德兰（Midland）银行才可以作为代收行。（7）（8）除了规定只有米德兰（Midland）银行作为代收行外，还规定款项收妥后只能入收款人的账户。

由于特别划线支票只能通过线内指定银行转账，因此约束性强。如果收款人不在线内指定的银行开户，于是被指定的银行可以再做特别划线给另一家银行代收票款，若再添平行线并填上 EF BANK，则意味着请 EF BANK 协助收款。

（三）划线支票受票行的责任

划线支票和非划线支票的受票行的责任不同。划线支票只能通过银行转账而不能提取现金，而非划线支票既可以取现，又可以通过银行代收转账。因此，划线支票要求受票行将票款付给真正的所有人，或按照划线中的指示付款。非划线支票则无此项规定。

非划线支票可通过划线或加注银行名成为普通划线支票或特别划线支票。划线支票只有在出票人签名授权后才能转变为非划线支票。因为非划线支票向划线支票转变限制了流通的范围，不会给出票人或其他当事人带来不利，所以票据法不禁止划线的加注。但划线支票向非划线支票的转变，放宽了流通范围，加大了各有关当事人承担的风险，所以一定要由出票人授权。

（四）支票划线的作用

出票人、背书人或持票人均可在支票上划线，其目的在于防止支票丢失和被盗时被人冒领。

对于非划线支票，只要提示的票据是合格的，支票的付款银行就得立即支付，难以确定持票人是否就是支票的真正所有人。因此，如果支票落入非正当持票人手中，票款便很容易被骗取。但划线支票不同，它限制了支票票款受领人的资格，只能通过银行或其他金融机构转账，而不能由持票人直接提取现款。如果支票被冒领，由于是代收行收账，易查支付线路。票款真正所有人有权从窃贼那里讨还款项，这一追索权自付款日起6年内有效。因此，划线支票保护了持票人的权利，增强了支票的安全性。

四、支票与汇票的不同

支票是汇票的一种，它与汇票有许多共性。但支票作为现代经济活动中一种重要的支付工具，又具有许多不同于汇票的特殊性，如表2-4所示。

表2-4　支票与汇票的不同

项目	汇票	支票
性质不同	委托书	出票人对受票行的付款授权书
出票人、受票人身份是否受限制	没有限制	出票人只能是银行的存款客户，受票人只能是吸收存款的银行
有否承兑行为	有	没有
提示的形式不同	提示承兑、提示付款	只有提示付款
主债务人不同	出票人在承兑前是主债务人，在承兑后成为从债务人	出票人在票据流通期间始终是主债务人
付款期限不同	有即期和远期之分，因此必须有到期日的记载	只有即期付款，没有到期日的记载
是否有保付行为	没有，但可以有第三方的保证行为	可以有账户银行的保付行为
能否止付	不能，在被承兑后，承兑人必须付款	可以止付

扫码学习有关案例

五、支票的种类

（一）依收款人记载的不同，可分为来人支票和记名支票

来人支票（cheque payable to bearer）又称不记名支票，其收款人是来人。凭单纯性交付即可转让。银行对持票人获得支票是否合法不负责任。

记名支票（cheque payable to order）的收款人是记名当事人，经有关当事人背书后便可进行流通与转让。

（二）依使用方式的不同，可分为非划线支票和划线支票

非划线支票（open cheques）又称敞口支票，即一般没有划线的支票。它既可取现，又可转账划拨。

划线支票（crossed cheques）又称平行线支票，即票面上有两条平行划线的支票。它只能通过银行转账划拨。

（三）依出票人的身份不同，可分为银行支票和私人支票

银行支票（banker's cheque）即出票人是银行，表明出票银行作为客户在另一家银行开立账户而开出的支票。

私人支票（personal cheque）即出票人是私人的支票。

（四）依账户银行对出票人资信掌握而给予出票人的不同支持，可分为保付支票和不保付支票

保付支票（certified cheque）即由付款行在支票上加盖"保付（CERTIFIED）"戳记并签字的支票。这时付款行就成为保付行，持票人可以不受付款提示期的限制，保付行承担绝对的付款责任，其他债务人可以一概免责。保付支票相当于得到付款行的付款确认，具有更好的信誉，更便于流通。

不保付支票即普通的未经银行保付的支票。

六、支票的拒付与止付

（一）支票的拒付

支票的拒付是指付款银行对持票人作出"请与出票人再联系"的表示。退票的理由有以下几种。

（1）出票人签字不符。

（2）奉命止付。

（3）存款不足。

（4）大小写金额不一致。

（5）支票开出不符规定。

（6）支票过期或逾期提示。

（7）重要项目有涂改，需出票人确认。

（二）支票的止付

银行存款户对银行提出要求，是出票人请银行注意，要求停止付款，要有书面通知才有效。此后该支票被提示时，付款人在支票上注明"Orders not to pay"（奉命止付）字样并退票。

本章小结

本章介绍了国际结算的工具——票据。

票据有广义和狭义之分。国际结算中的票据是指狭义的票据，即资金单据，是由出票人签发，约定自己或命令他人在一定日期无条件支付确定金额的书面凭证。《中华人民共和国票据法》中规定的"票据"也是这种狭义的票据，即汇票、本票和支票。现代国际结算是以票据为基础的非现金结算。

票据作为非现金结算工具，之所以能够代替货币现金起流通和支付作用，是因为票据具有流通性、无因性、要式性、提示性与返还性。

票据是金融工具的一种，它是商业信用的载体。票据具有多种功能：汇兑功能、支付功能、结算功能、信用功能、融资功能。

汇票、本票、支票都是以货币表示的、无条件支付一定金额的书面债务凭证，但这三种票据有各自不同的特点，如表2-5所示，在使用时，要注意甄别。汇票是国际结算中使用最广泛的一种支付工具与信用工具。在信用证、托收或票汇等结算方式中，通常都需要提示汇票。

表 2-5 汇票、本票与支票比较

类别	性质	当事人	付款时间
汇票	无条件的书面支付命令	出票人 / 付款人 / 受款人	分远期 / 即期，远期需承兑
本票	无条件的书面支付承诺	出票人 / 受款人	分远期 / 即期，远期不需承兑
支票	无条件的书面支付命令	出票人 / 付款人（银行）/ 受款人	只有即期，没有远期

思考题

（1）票据有哪些特性？

（2）请写出英国《票据法》中汇票的英文定义。

（3）试述汇票的要项及有关内容。

（4）汇票上的出票日期有何作用？

（5）汇票上的付款时间有哪些不同的规定？

（6）汇票上的抬头人有哪些不同的表示？

（7）汇票上的基本当事人有哪些？

（8）成为正当持票人应具备哪些条件？

（9）试述汇票的票据行为及内容。

（10）简述本票、支票与汇票的不同。

（11）普通划线支票与特别划线支票、划线支票与非划线支票各有何不同？

案例讨论

背景资料：出票人 A Co. 在 2021 年 6 月 8 日于北京签发一张远期汇票，如附式 2-18 所示，命令纽约的米德兰银行（Midland Bank Ltd.）在见票后 20 天付款给 C Co. 或其指定人，金额为 USD100000.00，C Co. 于 6 月 10 日获得上述银行的承兑。

附式 2-18

Exchange for _____   _____, _____ 2021

_____   Pay this first Bill of Exchange

（ Second of same tenor and date unpaid ）to the order of _____

_____   the sum of

_____

Drawn _____

To _____   For _____

_____   （ signature ）

Space for endorsement:

思考题：

（1）分析以上汇票格式是否符合规范，是否具备一份有效汇票应当具备的内容和项目。

（2）用英文开出汇票并做承兑。

（3）计算并写出到期日。

（4）代收款人做空白背书。

关键术语

票据（bill）　　　　　　　　　　　汇票（bill of exchange/draft）

本票（promissory note）　　　　　支票（check/checque）

第三章

国际结算方式——汇款

扫描二维码，获取
本章配套教学课件

本章学习目标

（1）了解国际结算方式的概念和类别。

（2）理解汇款方式在国际经贸往来中的具体应用。

（3）掌握汇款方式的概念、当事人及种类。

（4）熟练掌握汇款业务的流转程序及银行间头寸的划拨办法。

| 引导案例 |

　　一位澳大利亚客人 S 向我们订了一批总值为 15 万美元的货物，已付 50% 的订金，其余是后 T/T（电汇）见提单传真件后两周内支付。这批货我们提早一个多星期就交到了香港货代的手里。香港到澳大利亚墨尔本的船运时间一般是 18 天左右，可是客人确认收到提单传真件两个多星期了，还没有汇款进来。当香港办事处的经理打电话通知我此事时，已经过了二十几天了，估计船已经到了墨尔本。我连发了两张 URGENT抬头的传真及邮件给客人，客人均没有回复。打电话给 S 的公司，小姐说老板出国参展去了，并说老板如有电话回来会告之此事的，让我们不用着急。我想在这时，如果你身临其境的话可能会感受到那种无形的压力。虽然此时老板及总经理都没有吭声，虽然此单在收到客人订金的时候老板还打电话来说做得很好，但是问题出来的时候，大家还是大眼瞪小眼，像看怪物一样，因为此客人基本上跟我是单线联系，而且公司已经把余款付给工厂了。更关键的是，客人的葫芦里到底卖的是什么药？客人不可能白白付出几万美元订金而不要货了，除非他是疯子。经过多方联系和努力，终于搞明白，原来客人这样做的目的就是想在心理上把我们拖垮，然后提出要我们打折，这是国际上惯用的一种手段。

　　国际结算要顺利完成，除了要运用一定的结算工具，比如汇票、本票或支票外，还需要通过一定的方式，比如汇款、托收或信用证才能得以实现。这就是我们今后几章（第三～第六章）将要学习的内容。

第一节　国际结算方式与汇款概述

一、国际结算方式的概念

　　国际结算方式又称为国际支付方式，通常是指在一定的条件下，通过银行实现一定金额货币预期转移的方式。

　　国际结算方式的具体内容包括以下几个方面。

　　（1）买卖双方为了保证买方可靠地获得代表货物所有权的单据及卖方安全地收汇，

所采取的交单与付款方式。

（2）结算过程中，买方、卖方和相关银行之间各自权责的确定。

（3）订明具体的付款时间、使用货币、所需单据和凭证。

（4）相关银行之间的汇款头寸划拨安排。

（5）交易双方为了加速资金的周转，提高经营效益，结合结算方式，争取银行融资的安排。

二、国际结算方式的分类

国际结算方式可以从多种角度进行分类。

（一）顺汇法和逆汇法

从汇兑的方向考察，国际结算方式可划分为顺汇法与逆汇法。

顺汇法（remittance）又称汇付法，它是付款人主动将款项交给银行，委托银行采用某种结算工具将款项支付给收款人的结算方式。在这种结算方式下，资金的流动方向与结算工具的传递方向相同，故称顺汇法，具体如汇款方式。其基本流程如图 3-1 所示。

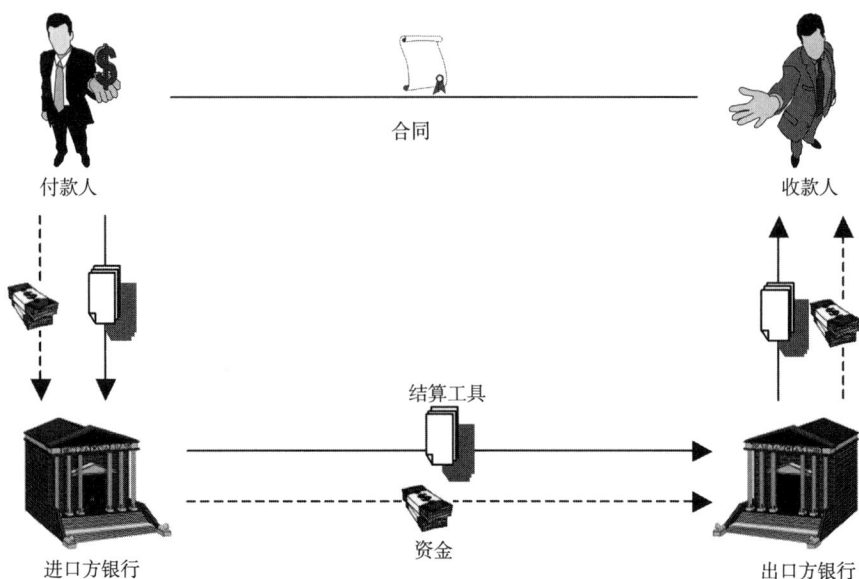

图 3-1　顺汇法基本流程

逆汇法（reverse remittance）又称出票法，是由收款人（债权人）出具汇票，委托银行向国外的付款人（债务人）收取一定金额的结算方式。在这种结算方式下，资金的流动方向与结算工具的传递方向相反，故称逆汇法，具体如托收方式和信用证方式。其基本流程如图 3-2 所示。

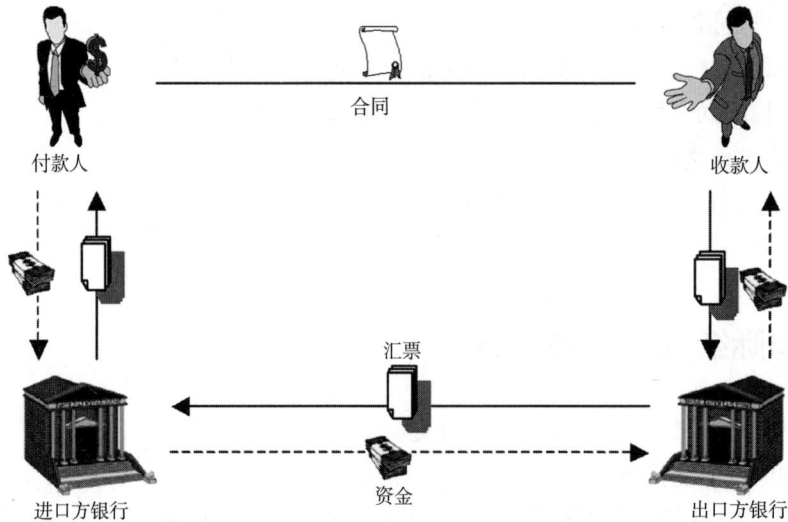

图 3-2 逆汇法基本流程

（二）以商业信用为基础的结算方式和以银行信用为基础的结算方式

从提供信用的角度，国际结算方式可分为以商业信用为基础的结算方式和以银行信用为基础的结算方式。

以商业信用为基础的结算方式是指银行对结算中的收付双方均不提供信用保证的结算方式，银行只是接受委托，办理款项的收付，如汇款方式和托收方式。

以银行信用为基础的结算方式是指银行为交易提供信用保证的结算方式，如信用证方式和银行保函方式等。主要结算方式比较如表 3-1 所示。

表 3-1 主要结算方式比较

分类	信用类型		资金与结算工具流向是否一致	
	银行信用	商业信用	一致（顺汇）	不一致（逆汇）
汇款	否	是	是	否
托收	否	是	否	是
信用证	是	否	否	是

（三）传统结算方式和新型结算方式

按产生时间的先后，国际结算方式可分为传统结算方式和新型结算方式。

长期以来，汇款、托收与信用证一直是国际贸易结算中最为常用的三种传统的结算方式。近年来，随着国际贸易竞争的日趋激烈，贸易结算方式发生了明显的变化。企业迫切需要新的结算手段来满足其在贸易融资和风险控制方面的需求。因此，保函、备用信用证、国际保理、福费廷以及 BPO 等新型国际结算方式应运而生，并因其运用范围广泛、针对性强、顺应时代潮流等特点而越来越多地被用于贸易、劳务和经济活动中。

关于各种结算方式，本教材将在之后的章节中详细介绍。

三、汇款的概念

汇款作为一种重要的国际结算方式，由于手续简单、银行手续费较低的特点，已日益成为国际贸易和非贸易结算的一种重要结算方式。

汇款（remittance），也称汇付，是汇出行（remitting bank）应汇款人（remitter）的要求，以一定的方式，把一定的金额，通过其国外联行或代理行作为汇入行（paying bank），付给收款人（payee）的一种结算方式。汇款是顺汇方式。可单独使用，也可与其他结算方式结合使用。既适用于贸易结算，也适用于非贸易结算，凡属外汇资金的调拨都采用汇款方式。所以它是基本的结算方式，是银行的主要外汇业务之一。

办理汇款业务时，汇款人需要向汇出行提交汇款申请资料，汇出行按申请书的指示，使用某种通信和操作系统（如 SWIFT 系统、电传、电报、汇票等）通知汇入行，汇入行按照收到的指示，办理向收款人的解付入账手续。汇款的一般业务流程如图 3-3 所示。

图 3-3　汇款概念（一般业务流程）

四、汇款方式的当事人

汇款方式的当事人包括汇款人、收款人、汇出行以及汇入行。

（一）汇款人

汇款人（remitter）即付款人，是指向银行交付款项并委托银行将该款交付给收款人的人。在国际贸易中，汇款人即进口商。其责任是填写汇款申请书、提供汇出的款项并承担相关费用。汇款申请书是汇款人与汇出行之间的契约，也是汇款人的委托指示，要求汇款人填写明确、清楚。

汇款申请书的主要内容有：

（1）汇款种类的选择。

（2）收款人姓名、地址。

（3）开户行名称、地址、账户。

（4）汇款人姓名、地址。

（5）汇款金额及币别。

（6）汇款附言。

按照我国目前的外汇管理规定，汇款人需要向汇出行提交证明其交易真实性的商业单据和有效凭证，银行按照真实性和一致性原则审核无误后方可办理汇款手续。2006年，国家外汇管理局对国际收支申报系统进行了升级，将各家银行的汇出汇款申请书的格式予以统一，包括境外汇款申请书（附式3-1）和境内汇款申请书。前者用于办理外汇资金的跨境支付，后者用于外汇资金的境内划拨。

附式 3-1　汇出汇款申请书

境 外 汇 款 申 请 书
APPLICATION FOR FUNDS TRANSFERS (OVERSEAS)

致:
TO: THE BANK of TOKYO-MITSUBISHI, LTD

日期: 2019-8-15
DATE:

发电等级 Priority: ☑电汇 T/T □票汇 D/D □信汇 M/T　☑普通 Normal □加急 Urgent

申报号码 BOP Reporting NO.			
20 银行业务编号 Bank Transac.ref.no.		收电行/付款行 Receiver/Drawn on	
32A 汇款币种及金额 Currency & Interbank Settlement Amount	[USD] [258000]	金额大写 Amount in Words	USD TWO HUNDRED AND FIFTY EIGHT THOUSAND ONLY
其中 现汇金额 Amount in FX	[ ] [ ]	账号 Account NO./Credit Card NO.	
购汇金额 Amount of Purchase	[USD] [258000]	账号 Account NO./Credit Card NO.	6101001442621
其他金额 Amount og Others		账号 Account NO./Credit Card NO.	

50a 汇款人名称及地址 Remitter's Name & Address:
RIQING EXPORT AND IMPORT COMPANY
P.O.BOX 1589. NAGOYA.JAPAN

☑对公 组织机构代码 Urut Code　000144262　□对私　个人身份证件号码 Individual ID No.
□中国居民个人 Resident individual □中国非居民个人

54/56a 收款银行之代理行名称及地址 Correspondent of Beneficiry's Bank Name & Address

57a 收款人开户银行名称及地址 Beneticiary's Bank Name & Address:
收款人开户银行在其代理行账号 Bene's Bank A/C NO.
BANK OF CHINA
170 People Avenue. Shanghai. China

59a 收款人名称及地址 Beneticiary's Name & Address:
收款人账号 Bene's A/C NO. 6101001442597
AIGE IMPORT & EXPORT COMPANY
ROOM 2501, JIAFA MANSION, BEIJING WEST ROAD, SHANGHAI 200001, P.R.CHINA

70 汇款附言 Remittance Information　只限140个字位 Not Exceeding 140 Characters

71A 国内外费用承组 All Bank's Charges if Any Are To Be Borne By
☑汇款人 OUR □收款人 BEN □共同 SHA

收款人常驻国家(地区)名称及代码 Resident Country/Region Name & Code CHINA 142

请选择: ☑现付货款 Advance Payment □货到付款 Payment Against Delivery □退款 Refund □其他 Other 最迟装运日期

交易编码 BOP Transac Code	101010	相应币种及金额 Currency & Amount [USD] [258000]	交易附言 Transac.Remark

是否为进口核销项下付款 □是 □否　合同号　发票号

外汇局批件/备案表号　报关单经营单位代码

报关单号	报关单币种及总金额	本次核注金额
报关单号	报关单币种及总金额	本次核注金额

银行专用栏 For Bank Use Only	申请人签章 Applicant's Signature	银行签章 Bank's Signature
购汇汇率 Rate	请按照贵行背页所列条款代办以上汇款并进行申报 Please Effect The Upwards Remittance,Subject To The Conditions Overleaf:	
等值人民币 RMB Equivalent		
手续费 Commission		
电报费 Cable Charges		
合计 Total Charges	申请人姓名 Name of Applicant　RIQING EXPORT AND IMPORT COMPA/	核准人签字 Authorized Person
支付费方式 In Payment of the Remittance	□现金 by Cash □支票 by Check □账户 from Account	日期 Date
	电话 Phone No.　81-3-932-3588	
核印 Sig. Ver.	经办 Maker	复核 Checker

填写前请仔细阅读各项背面条款及填报说明
Please read the conditions and instructions overleat before filling in this application

（二）收款人

收款人或受益人（payee /beneficiary），是指被汇款人委托银行交付汇款的对象。在国际贸易中，收款人即出口商，其权利是凭证取款。

（三）汇出行

汇出行（remitting bank），它是受汇款人的委托汇出汇款的银行。通常是汇款人所在地的银行或进口方银行。进口方银行办理的是汇出汇款业务（outward remittance），其职责是按汇款人的要求通过一定的途径将款项汇交收款人。

（四）汇入行

汇入行（paying bank）或解付行，汇入行是受汇出行的委托办理汇款业务的银行，而将款项解付给受益人的银行是解付行。当收款人与汇入行在同城时，汇入行和解付行可能是同一家银行；当收款人与汇入行不在同城时，汇入行可能委托其与收款人同城的联行充当解付行。汇入行或解付行是收款人所在地的银行或出口方银行。出口方银行办理的是汇入汇款业务（inward remittance），其职责是证明汇出行的委托付款指示的真实性，通知收款人取款并付款，同时也有权在收妥头寸后再解付款项。

第二节　汇款方式的种类与业务流程

按照汇款使用的支付工具不同，汇款可以分为电汇（T/T）、信汇（M/T）与票汇（D/D）三种，如图3-4所示。在目前的实际业务操作中，信汇已经很少使用，主要采用电汇方式，而票汇一般用于小额支付。电汇、信汇与票汇虽然同属汇款方式，但业务流程却不完全相同。

一、电汇

（一）电汇业务流程与特点

电汇（telegraphic transfer，T/T）是汇出行应汇款人的申请，用加押电报（cable）、电传（telex）或通过SWIFT给在另一个国家的分行或代理行（汇入行）指示解付一定金额给收款人的一种汇款方式。使用电传和SWIFT的居多。该方式最大优点是资金调拨速度快、安全，目前使用最普遍。在进出口贸易中，电汇业务流程如图3-5所示。

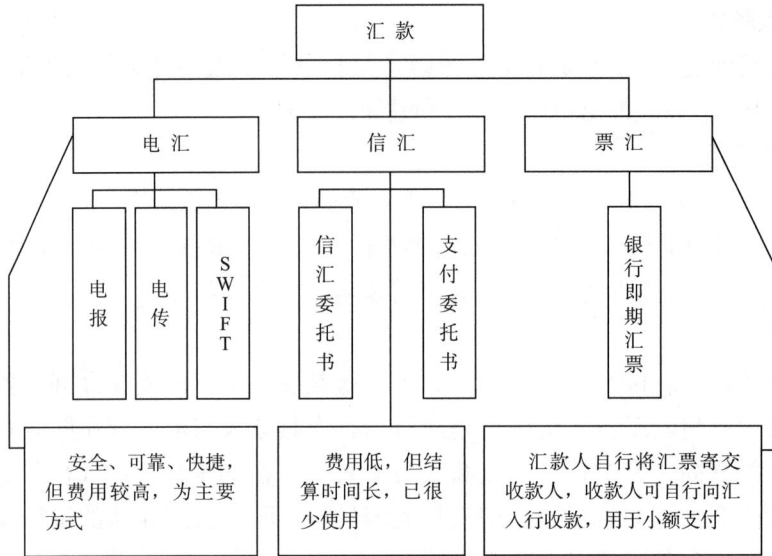

图 3-4　三种汇款方式

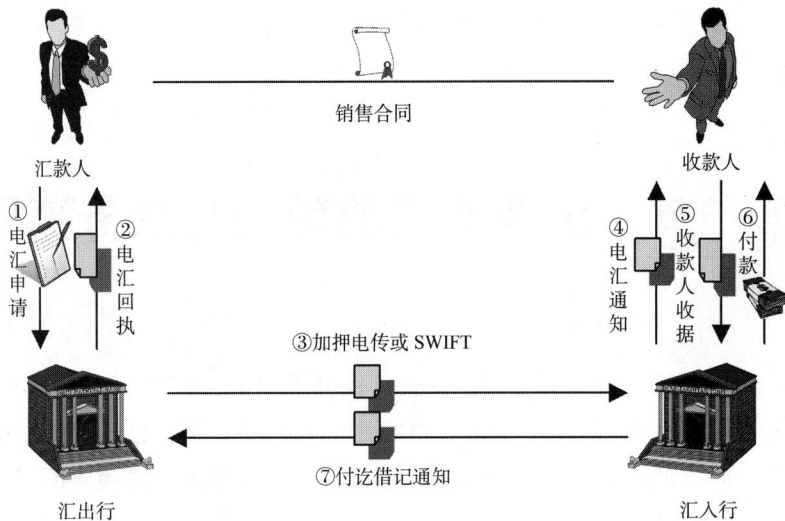

图 3-5　电汇业务流程

　　其中，流程①代表汇款人填写汇款申请书，交纳款项、汇费，并在申请书上说明使用电汇方式；流程②代表汇出行审核后，汇款人取得电汇回执；流程③代表汇出行发出加押电报 / 电传 /SWIFT 给汇入行，委托汇入行解付款项给收款人；流程④代表汇入行收到核对密押后，缮制电汇通知书，通知收款人收款；流程⑤代表收款人收到电汇通知书后在收据联上盖章，提示汇入行；流程⑥代表汇入行借记汇出行账户，并解付款项给收款人；流程⑦代表汇入行将付讫借记通知书寄给汇出行，通知汇出行款项已解付完毕。

（二）采用电报或电传的电汇方式

采用电报或电传方式汇款的格式如下：

FM：（汇出行名称）

TO：（汇入行名称）

DATE：（发电日期）

TEST：（密押）

OUR REF. NO.（汇款编号）

NO ANY CHARGES FOR US   （我行不负担费用）

PAY（AMT）VALUE（DATE）TO   （付款金额、起息日）

（BENEFICIARY）   （收款人）

MESSAGE   （汇款附言）

ORDER   （汇款人）

COVER   （头寸拨付）

例如：

FM：BANK OF ASIA，FUZHOU

TO：THE HONGKONG AND SHANGHAI BANKING CORP.，HONGKONG

DATE：21TH MAY

TEST 2356 OUR REF. 208TT0737 NO ANY CHARGES FOR US PAY HKD10 000. VALUE 21TH MAY TO HKABC100 QUEEN'S ROAD CENTRAL ORDER FUZHOU LIGHT IMP. AND EXP. CORP. MESSAGE COMMISSION UNDER CONTRACT NO.1001 COVER DEBIT OUR ACCOUNT.

（三）采用 SWIFT 系统的电汇方式

为了安全有效地传递客户信息、清算资金头寸，SWIFT 系统为各种各样的金融信息设计了一整套标准化的统一格式。SWIFT 把报文分为十类。每一类（category）包含若干组（group），每一组又包含若干格式（type）。每个电报格式代号由三位数字组成。汇款属于第一类（客户汇款与支票）。以 MT103 单笔客户汇款为例，其报文格式代号如图 3-6 所示。单笔客户汇款 MT103 报文格式如表 3-2 所示。

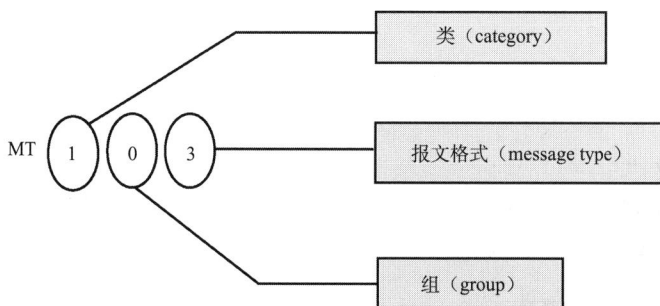

图 3-6　MT103 SWIFT 报文格式代号

表 3-2　MT103 Customer Transfer（单笔客户汇款）

Status（状态）	Tag（项目编号）	Field Name（项目名称）
M	20	Sender's Reference（发报行业务编号）
M	23B	Bank Operation Code（银行操作代码）
O	23E	Instruction Code（指示代码）
M	32A	Value Date/Currency/Interbank Settled Amount（起息日/币种/金额）
O	33B	Currency/ Instructed Amount（汇款人实际汇款币种/金额）
O	36	Exchange Rate（汇率）
M	50a	Ordering Customer（汇款人）
O	52A	Ordering Institution（汇款行）
M	53B	Sender's Correspondent（发报行的代理行）
O	56A	Intermediary Institution（中间行）
O	57A	Account With Institution（账户行）
M	59	Beneficiary Customer（收款人）
O	70	Remittance Information（汇款信息）
M	71A	Details of Charges（费用细则）
O	71F	Sender's Charges（发报行费用）
O	71G	Receiver's Charges（收报行费用）
O	72	Sender to Receiver Information（发报行给收报行的信息）

注　M = Mandatory（必选项目）；O = Optional（可选项目）。

例如，FRANZ CO. LTD. 指示 OESTERREICHISCHE LAENDERBANK, VIENNA 向 JANSSEN CO. LTD. 在 ALGEMENE BANK NEDERLAND, AMSTERDAM 开立的荷兰盾账户支付 NLG1，958.47（假设该两家银行之间有直接的荷兰盾账户关系）。

SWIFT 报文：

MT103

TRANSACTION REFERENCE NUMBER　　　　　: 20：494931/DEV

VALUE DATE/CURRENCY CODE/AMOUNT　　　: 32A：210527

NLG1958，47

ORDERING CUSTOMER　　　　　　　　　　: 50a：FRANZ CO. LTD.

BENEFICIARY CUSTOMER　　　　　　　　　: 59a：JANSSEN CO. LTD.

LEDEBOERSTERAAT 27

AMSTERDAM

SWIFT 报文如图 3-7 所示。

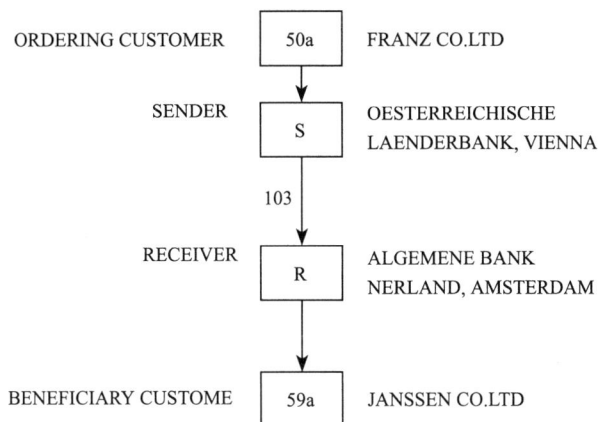

ORDERING CUSTOMER	50a	FRANZ CO.LTD
SENDER	S	OESTERREICHISCHE LAENDERBANK, VIENNA
	103	
RECEIVER	R	ALGEMENE BANK NERLAND, AMSTERDAM
BENEFICIARY CUSTOME	59a	JANSSEN CO.LTD

图 3-7　MT103 SWIFT 报文

二、信汇

（一）信汇业务流程与特点

信汇（mail transfer，M/T）是汇出行应汇款人的要求，以航邮方式将信汇委托书（M/T advice）或支付委托书（payment order）寄给汇入行，授权其解付一定金额给收款人的一种汇款方式，其速度慢、费用低，目前实务中很少使用。在进出口贸易中，信汇业务流程如图 3-8 所示。

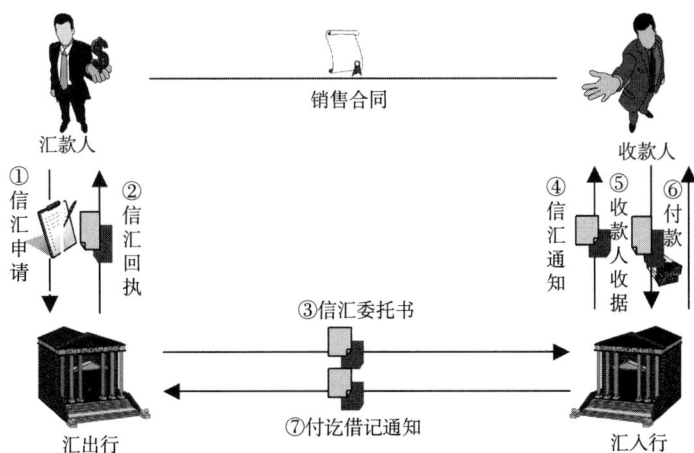

图 3-8　信汇业务流程

其中，流程①代表汇款人填写汇款申请书，交款项、汇费，并在申请书上说明使用信汇方式；流程②代表汇出行审核后，汇款人取得信汇回执；流程③代表汇出行根据汇款申请书缮制信汇委托书或支付委托书，邮寄给汇入行；流程④代表汇入行收到委托书后，核对印鉴无误，将信汇委托书的第二联信汇通知书及第三、四联收据正副本一并通知收款人；流程⑤代表收款人凭收据取款；流程⑥代表汇入行借记汇出行账户，并解付款项给收款人；流程⑦代表汇入行将付讫借记通知书寄给汇出行，通知汇出行款项已解付完毕。

可以看出，信汇业务程序与电汇基本相同，仅在第三步不同：汇出行邮寄信汇委托书或支付委托书给汇入行，而不是采用电讯方式授权。

（二）信汇业务的结算工具

信汇业务的结算工具有两种：信汇委托书（mail transfer advice）（附式 3-2）和支付委托书（payment order）（附式 3-3）。

附式 3-2　信汇委托书

中国银行广州分行

BANK OF CHINA, GUANGZHOU BRANCH

下列汇款，请即照解，如有费用请内扣。　　　　　日期
我行已贷记你行账户。　　　　　　　　　　　　GUANGZHOU

此致
TO:

敬礼

Please advise and effect the following
payment less your charge if any. In cover, we have
CREDITED your A/C with us.

信汇号码	收款人	金额
No. of Mail transfer	To be paid to	Amount

大写金额

Amount in words

汇款人　　　　　　　　　　　　　　　附言

By order of　　　　　　　　　　　　Message

中国银行广州分行

BANK OF CHINA, GUANGZHOU BRANCH

附式 3-3 支付委托书

中国银行支付委托书
BANK OF CHINA
PAYMENT ORDER
GUANGZHOU

		此致 TO 敬礼

支付委托书号码 No. of payment order	收款人 To be paid or credited to	金额 Amount

大写金额
Amount in words: _____
汇款人   附言
By order of   Remarks

☐ You are authorized to debit
   our account with you.
☐ We have credited your A/C with us.

中国银行广州分行

三、票汇

（一）票汇的概念及业务流程

票汇（remittance by banker's demand draft, D/D）是汇出行应汇款人的申请，代汇款人开立以其分行或代理行为解付行的银行即期汇票（banker's demand draft），支付一定金额给收款人的一种汇款方式，其特点是方便、灵活。票汇业务流程与电汇和信汇稍有不同，如图 3-9 所示。

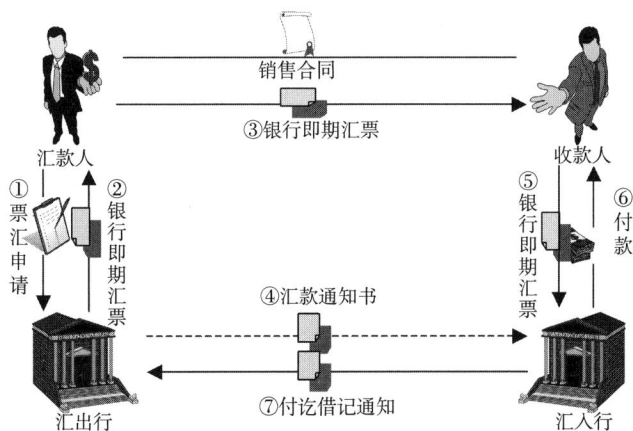

图 3-9 票汇业务流程

其中，流程①代表汇款人填写汇款申请书，交款项、汇费，并在申请书上说明使用票汇方式；流程②代表汇出行作为出票行，开立银行即期汇票交给汇款人；流程③代表汇款人将汇票寄给收款人；流程④代表汇出行将汇款通知书，又称票根，即汇票一式五联中的第二联寄给汇入行。汇入行将此联与收款人提交的汇票正本核对。近年来，银行为了简化手续，汇出行已不再寄汇款通知书，汇票从一式五联改为一式四联，取消汇款通知书联；流程⑤代表收款人出示银行即期汇票要求付款；流程⑥代表汇入行借记汇出行账户，并解付款项给收款人；流程⑦代表汇入行将付讫借记通知书寄给汇出行，通知汇出行款项已解付完毕。

（二）票汇与电汇、信汇业务的不同

（1）业务流程的第二步不同，电汇、信汇开出的是回执，票汇开出的是银行即期汇票，如附式 3-4 所示。

附式 3-4　银行即期汇票

```
Not Negotiable                BANK OF CHINA
                                                          NO. _____
                         This draft is valid for one
                         year from the date of issue      AMOUNT _____

      TO: _____                       ___ , ___
      PAY TO _____
      THE SUM OF _____
          PAY AGAINST THIS DRAFT TO THE
          DEBIT OF OUR ACCOUNT
                                        BANK OF CHINA, BEIJING
```

（2）业务流程的第五步不同，票汇中收款人主动提示汇票，要求银行付款。

（3）由于银行即期汇票是可以转让流通的，所以票汇项下的收款人是不确定的；而后两者的收款人可以确定。

（三）票汇业务的特点

1. 取款灵活

电汇、信汇的收款人只能向汇入行一家取款；而票汇项下，汇票的持票人可以将汇票卖给任何一家汇出行的代理行，只要该行有汇出行的印鉴，能核对汇票签字的真伪，确认签字无误后，就会买入汇票。汇票可以由汇款人自行携带或邮寄，并在有效期内随时可以取款。

2. 手续简便

汇入行不负通知债权人取款之责，不必花时间、人力去通知收款人，简化了手续。

3. 风险较大

自行携带或邮寄使汇票遗失或损毁的可能性增加，背书转让又可能引起纠纷，这

一切都增加了风险。

4. 银行可无偿占用资金

因汇票的出票、邮寄、携带或者转让需要一定时间，银行在此期间可以无偿占用客户的资金。

扫码学习有关案例

四、电汇、信汇、票汇三种汇款方式比较

（一）使用支付工具比较

电汇使用电报、电传或通过 SWIFT 方式，用密押证实；信汇使用信汇委托书或支付委托书，用印鉴或签字证实；票汇使用银行即期汇票，用印鉴或签字证实。

（二）汇款人的成本比较

电汇因使用现代化通信设施且银行不能占用客户资金，所以成本较高；而信汇、票汇费用较电汇低。需要指出的是，在电汇的几种通信方式中，同样多的内容，SWIFT 的费用只有 TELEX（电传）的 18% 左右，只有 CABLE（电报）的 2.5% 左右。

（三）安全性比较

电汇因在银行间直接通信，能在短时间内迅速到达对方，减少了中间环节，其安全性较高；信汇必须通过银行和邮政系统来完成，信汇委托书有可能在邮寄途中遗失或延误，影响款项的及时性；票汇虽有灵活的优点，但有丢失或毁损的风险，背书转让会带来一连串的债权债务关系，容易陷入汇票纠纷，汇票遗失以后，挂失或止付的手续比较麻烦。因此，信汇、票汇的安全性不及电汇。

（四）汇款速度比较

电汇因使用现代化手段且优先级较高，一般均当天处理，交款迅速，是最快捷的汇款方式。尽管其费用较高，但可用缩短的资金在途时间的利息来抵补。目前实务中，电汇在整个汇款业务笔数中有比例增大的趋势；信汇方式由于资金在途时间长、手续多而日显落后，在实务中已基本不用；票汇的速度不及电汇，但灵活简便，所以使用量仅次于电汇。

扫码学习西联汇款与速汇金

电汇、信汇、票汇三种汇款方式比较如表 3-3 所示。

表 3-3　电汇、信汇、票汇三种汇款方式比较

项目	电汇	信汇	票汇
使用支付工具	电报、电传或 SWIFT，用密押证实	信汇委托书或支付委托书，用印鉴或签字证实	银行即期汇票，用印鉴或签字证实
成本	高	低	低
安全性	高	次于电汇	有丢失或毁损的风险
汇款速度	最快捷	慢	次于电汇

第三节　汇款头寸的划拨与退汇

汇出行在办理汇款时，只有通过划拨行为才能最终解付给汇入行。而汇款在解付前还可能因汇款人或收款人某一方的要求而发生退汇。

一、汇款头寸的划拨

汇款作为取代运送现金的一种结算方式，汇出行委托汇入行解付汇款不是无条件的。汇出行在办理汇出业务时，应及时将汇款金额拨交给其委托付款的汇入行，这种行为称为汇款的偿付（reimbursement of remittance cover），俗称"拨头寸"。每笔汇款都必须注明拨头寸的具体指示。根据汇出行和汇入行账户的开设情况，头寸的拨付方式分为以下几种。

（一）汇出行与汇入行有账户关系

1. 汇入行在汇出行开有账户（主动贷记）

汇出行在委托汇入行解付款项时，应在信汇委托书或支付委托书上注明拨头寸的指示："In cover ，we have credited the sum to your a/c with us."（"已贷记"或"主动贷记"）汇入行收到信汇委托书或支付委托书，表明汇款头寸已拨入自己的账户，即可使用头寸解付给收款人，如图 3-10 所示。

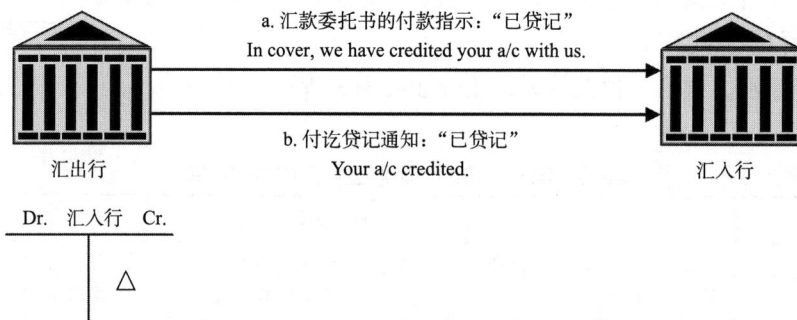

图 3-10　主动贷记方式头寸拨付流程

2. 汇出行在汇入行开有账户（授权借记）

汇出行在委托汇入行解付款项时，应在信汇委托书或支付委托书上注明拨头寸的指示："Please debit our a/c with you." 或 "In cover, we authorized you to debit the sum to our a/c with you."（"请借记"或"授权借记"）汇入行收到信汇委托书或支付委托书，即被授权凭借记汇出行账户，同时可以拨付头寸解付给收款人，并以借记报单（注明"your a/c debited"）通知汇出行。此笔汇款业务即告完成，如图 3-11 所示。

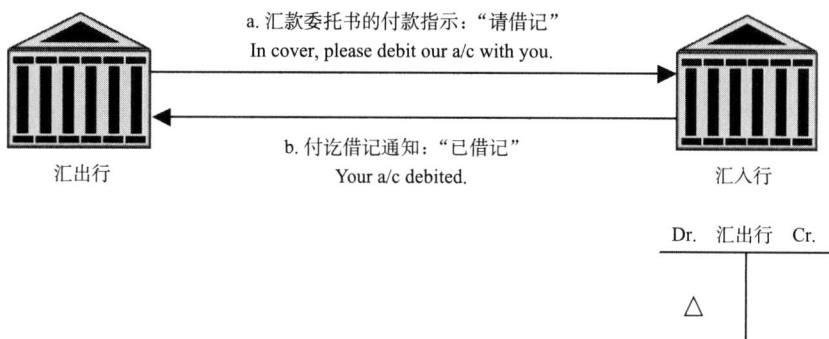

图 3-11 授权借记方式头寸拨付流程

在汇出行和汇入行双方互开账户的情况下，汇出行会选择第二种方式。因为从汇出行收到付款人支付的款项到汇入行借记汇出行的账户，其间的资金被汇出行占用，对汇出行有利，所以在实务中，"请借记"或"授权借记"这种方式较多用。

（二）汇出行与汇入行没有直接的账户关系

1. 共同账户行转账

汇出行与汇入行有共同的账户行，即双方在同一家银行开有账户，可通过该银行进行转账。为了偿付款项，汇出行一方面向汇入行发出委托解付汇款的通知，其中拨头寸指示为："In cover，we have authorized X Bank to debit our a/c and credit your a/c with them."另一方面向共同账户行发出银行转账通知书（bank transfer），要求其先借记汇出行的账户，然后贷记汇入行的账户，将头寸拨付汇入行在该账户行开立的账户。汇入行收到汇出行的电汇拨头寸指示及 X 账户行的贷记报单，即可解付给收款人。这种方式手续较前者复杂，一笔业务需要有两个信息传递时间，如图 3-12 所示。

2. 各自账户行转账

汇出行和汇入行没有共同的账户行，即双方在不同银行开有账户，必须通过两家或两家以上的银行进行转账。为了偿付，汇出行在汇出汇款时，主动通知其账户行将款项拨给汇入行在其他代理行开立的账户。同时汇出行向汇入行发出委托解付汇款的通知，其中拨头寸指示为："In cover, we have instructed X Bank to pay / remit the proceeds to your a/c with Y Bank."汇入行在收到 Y 账户行贷记报单后，即可解付，如图 3-13 所示。

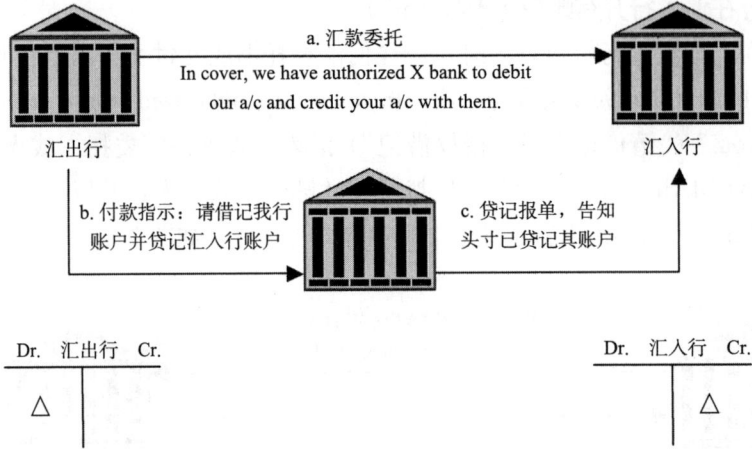

图 3-12　共同账户行头寸拨付流程

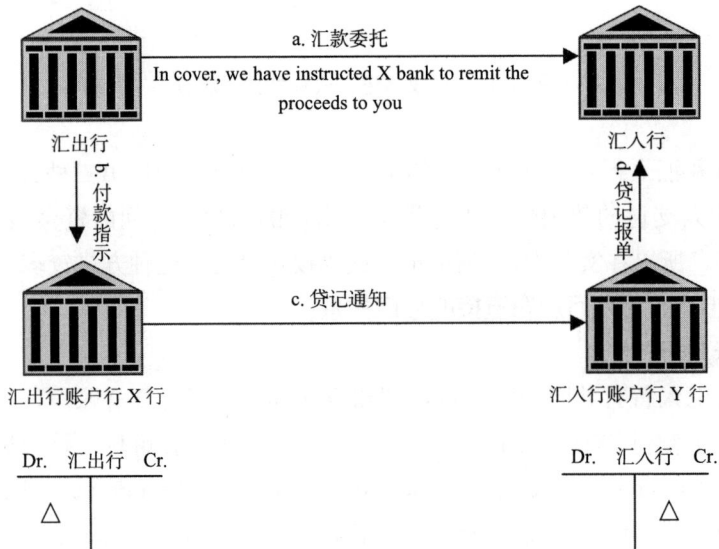

图 3-13　各自账户行头寸拨付流程

二、汇款的退汇

退汇是指汇款在解付以前的撤销。退汇可能由收款人提出，也可能由汇款人提出。

（一）收款人退汇

收款人退汇比较方便，在电汇、信汇时，只要他拒收电汇、信汇，通知汇入行，汇入行就可以将汇款委托书退回汇出行。必要时说明退汇的原因，然后由汇出行通知汇款人前来办理退汇，取回款项。在票汇时，收款人退汇，只要将汇票寄给汇款人，然后汇款人到汇出行办理退汇手续。

（二）汇款人退汇

汇款人退汇处理手续比较复杂。退汇的原则是须在汇入行解付款项之前。票汇方式下，汇票已寄给收款人或估计汇票已在市场上流通，则汇款人就要直接找收款人交涉。汇款人退汇较为常见，其程序如图 3-14 所示。

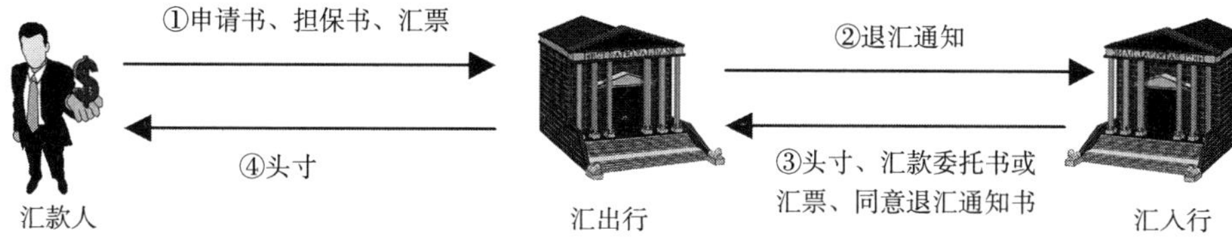

图 3-14　退汇程序

（1）汇款人向汇出行提交退汇申请书，详细说明退汇理由，必要时提交担保书（票汇下出具，担保若发生重付，由汇款人负责）。如果票汇退汇，须将汇票背书后交汇出行。

（2）汇出行对申请书进行审查，确认退汇理由合理后，向汇入行发出退汇通知，并要求退回汇款时已划拨的头寸。

（3）汇入行核对退汇通知书的印押，查清汇款确未付款后，退回汇款头寸，并寄回汇款委托书、汇票等，且一并附上退汇通知书。

（4）汇出行收到退回头寸后，将其退给汇款人。有关汇票上加盖退汇图章，注销汇票。

（三）汇入行退汇

在电汇和信汇方式下，若收款人迟迟不来取款，过了一定时期，汇入行有权主动通知汇出行注销，办理退汇。

第四节　汇款方式在国际贸易中的应用

在国际贸易中，使用汇款方式结清买卖双方债权债务，主要有预付货款、货到付款和交单付现三种方式。

一、预付货款

预付货款（payment in advance）是指买方先将货款通过银行汇交卖方，卖方收到货款后，根据买卖合同规定，在一定时间内或立即将货发运至进口商的一种汇款结算方式。在采用电汇方式时，预付货款又俗称"前 T/T"。预付货款是对进口方而言的，对出口方来说，就是预收货款，又称"先结后出"。

这种方式对卖方最为有利，他甚至可以无偿占用进口商的资金，做一笔无本生意，根本没有什么风险，掌握了货物出口的主动权。

但对进口商是不利的，不仅资金被占用，会造成利息损失，影响自身资金周转；而且付款后要承担不能按时、按量、按质收到合同规定的货物的风险。

因此，进口商有时为了保障自身利益，规定汇入行解付汇款的条件，如卖方收取货款时，必须提供银行保函，由银行担保卖方如期履行交货义务，保证提供全套装运单据，否则担保行要退还预收货款，并加付利息等。

进口商之所以愿意采用这种方式，原因在于：

（1）出口商的商品是国内外市场上的紧俏商品，进口商迫切需求取得商品并赚取高额利润。

（2）进出口商双方关系十分密切，有的买方是卖方在国外的联号。

（3）出口商的货物旺销，进口商为了保证购到货物，以预先付款为附加条件来吸引出口商成交。

（4）在成套设备、大型机械、大型运输工具如飞机、船舶等，或者在工程承包交易中，或者在专为进口商生产的特定商品交易中，出口商往往要求交纳一定比例的预付货款（down payment）作为定金（earnest money），或采用分期付款方式，定金和分期支付的款项采用汇款方式。

概念辨析

预付款与定金的区别

预付款，英文为 down payment，是某宗交易成交之后的首期付款（a partial payment made at the time of purchase, with the balance to be paid later）。

定金，英文为 earnest money，是与预付款完全不同的概念，有时译为诚意金或保证金。签订合同时支付定金，用以确保交易顺利安全地进行（money paid in advance as part payment to bind a contract or bargain）。

扫码学习有关案例

二、货到付款

货到付款（payment after arrival of the goods）是出口商先发货，进口商收到货物后，立即或在一定期限内将货款汇交出口商的一种汇款结算方式。它实际上是属于赊账交易（open account transaction，简称 O/A），具有延期付款（deferred payment）性质。在采用电汇方式时，货到付款又俗称"后 T/T"。

对进口商有利：

①进口商不承担风险，货不到或货不符合要求就不付款，在整个交易中占据主动。

②往往在收到货后过一段时间再付款，所以可以占用出口商的资金。

对出口商不利：

①先发货，要承担买方不付款的风险。

②货款往往不能及时收回，资金被占用，造成一定损失。

货到付款在国际贸易中有售定和寄售两种方式。

（一）售定

售定是买卖双方签订合同，在合同中明确规定货物的售价及付款时间等条款，进口商按实收货物数量将货款汇交出口商的一种汇款结算方式。

售定在我国是对中国港澳地区出口鲜活商品时一种特定的结算方式，由于鲜活商品出口时间性较强或以实收货物数量结算，出口商就采取先发货，出口单据随同货物直接交给进口商，待收到货物时，进口商按实收货物数量、约定的价格和期限将货款通过银行汇交出口方，所以售定方式又称"先出后结"（Payment after Delivery of Goods or Documents）。

（二）寄售

寄售（consignment）是指出口方（委托人，寄售方）将货运交给进口国的约定代销人（受托人），暂不结算货款，仅委托其按照双方约定的条件和办法代为销售的方式。当商品售出后，所得货款由代销人扣除佣金和其他费用后交给寄售方，这种方式的货价和付款时间均不确定。出口商承担的风险很大，能否收回货款取决于国外受托人的营销能力。因此，采用寄售时必须十分重视受托人的资信和经营能力。一般寄售方式只适用于推销新产品、处理滞销品或一些不看实物难以成交的商品。

扫码学习有关案例

三、交单付现

（一）交单付现的概念

交单付现（cash against documents，CAD）又称凭单付汇，是进口商通过银行将款项汇给出口商所在地银行（汇入行），并指示该行凭出口商提交的货运单据付款给出口商的一种结算方式。

（二）交单付现的特点

1. 有条件的汇款

一般汇款都是无条件的，而交单付现是有条件的汇款，即买方汇付货款，卖方收取货款以装运交单为前提条件。

2. 风险较均衡

对于预付货款的买方和货到付款的卖方，一旦付了款或发了货就失去了制约对方的条件，届时，买方能否顺利地收到符合合同规定的货物，或卖方能否顺利地收回货款，完全取决于对方的信用。所以在预付货款和货到付款下，买卖双方风险的承担是极不平衡的。

而交单付现下，由于卖方交单后才能收取货款，所以对进口商而言，可以防止在预付货款下可能出现的出口商支取货款后不及时交货的风险；对出口商而言，只要及时交货，便可立即支取全部货款，避免了在货到付款下可能出现的发了货却收不回款的风险。所以这种结算方式对买卖双方都有一定的保证作用，对进出口商都显公平，易被双方接受。

（三）交单付现的影响

对于进口商来说，交单付现相当于预付货款，会造成资金占用；同时，要防止出口商以假单据、假货进行诈骗的风险。因此，加强对交易对方的资信调查是必要的。

对于出口商来说，交单即可收汇。但汇款是可撤销的，在汇款尚未被支取之前，汇款人随时可以通知汇款行将汇款退回，所以出口商在收到银行的汇款通知后，应尽快发货，尽快交单收汇。

扫码学习有关案例

四、汇款方式的风险防范

由于汇款方式属于商业信用，而且对于付了款或发了货的一方就丧失了制约对方的条件，存在很大的风险，因此，如何防范汇款方式下的风险成为买卖双方共同关心的问题。

汇款方式应用的增多有其特殊的原因。因为其他结算方式如信用证结算方式等是以社会经济结构稳定、经济秩序良好、银行体系完善、企业经营正常为前提的。在上述前提不满足时，

扫码学习有关案例

即缺乏银行信用时，只能使用商业信用。这一现象在最近几年来的中俄贸易中比较突出。在这些年的中俄贸易中，信用证的使用可谓凤毛麟角。1991 年后，俄罗斯处在经济转轨时期，市场经济还不成熟、不完善，银行信用体系存在缺陷，特别是 1998 年 8 月金融危机爆发后，俄罗斯最大的几家商业银行突然破产，致使银行信用更加下降，

以银行信用为基础的信用证业务难以开展起来。而同中国往来的大部分是中小企业，其资力有限，难以开出信用证，所以更多地使用汇款结算方式。

从贸易角度来看，如果双方缺乏信任，则采用该方式的风险很大。因此，企业对汇款风险的防范首先在于加强信用风险管理；同时，为了保障其权益，减少风险，可以在买卖合同中规定保障条款，以获得银行信用担保或第三方商业信用的加入。例如：在买卖合同中可约定，卖方收取货款时必须提供银行保函，由银行担保卖方如期履行交货义务，保证提供全套装运单据等。

从银行角度来看，国际间资金偿付作为银行的基本业务，在整个业务流程中环节较多、涉及面广，加强风险防范与控制是一项非常重要的基础工作。银行收到付款指示时，由计算机系统自动识别与控制，对指示行所有的付款指示在确认已收妥相应的头寸后方可予以解付，以避免头寸风险的发生。对于经常发生头寸风险问题的国外汇款银行，应格外注意。当退汇时，银行要注意按国际惯例办事，防范头寸风险。

本章小结

国际结算方式可以从多种角度进行分类。从汇兑的方向考察，可分为顺汇法和逆汇法。

汇款作为一种重要的国际结算方式，由于手续简单，银行手续费较低，已日益成为国际贸易和非贸易结算的一种重要结算方式。汇款属于顺汇。

汇款方式的当事人包括汇款人、收款人、汇出行以及汇入行。

按照汇款使用的支付工具不同，汇款可以分为电汇（T/T）、信汇（M/T）与票汇（D/D）三种。在目前的实际业务操作中，信汇已经很少使用，主要采用电汇方式，而票汇一般用于小额支付。

汇出行在办理汇出业务时，应及时将汇款金额拨交给其委托付款的汇入行，这种行为称为汇款的偿付，俗称"拨头寸"。

在国际贸易中，使用汇款方式结清买卖双方债权债务的方式，主要有预付货款、货到付款和交单付现三种。

思考题

（1）什么是顺汇法？什么是逆汇法？

（2）什么是汇款方式？其主要当事人有哪些？

（3）汇款方式的种类有哪些？在目前实务中最常用的汇款方式是哪一种？有何特点？

（4）汇款的头寸划拨是如何进行的？在汇出行和汇入行互开账户的情况下，有关银行会选择哪种方式拨付头寸？为什么？

（5）有关银行如何处理退汇？

（6）汇款在国际贸易中的运用方式有哪几种情况？

（7）阐述三种汇款方式的不同。

案例讨论

外贸公司 A 拟汇出一笔押金 GBP1000.00 给英国某商人 B，A 委托广州中国银行代为办理。

（1）广州中国银行拟以伦敦的 X 银行作为解付行。因为广州中国银行在该行开有 GBP 账户。

（2）汇入行为 Y 行，由于双方无直接账户关系，头寸通过伦敦中国银行划拨。

（3）汇入行为 Z 行，由于广州中国银行与 Z 行无直接账户关系，广州中国银行通过其联行伦敦中国银行将头寸划到 Z 行的代理行 Midland Bank Ltd.。

思考题：

请分析以上三种情况下的关系人名称，并代表广州中国银行发付款指令。

关键术语

国际结算方式（mode of international settlement）　　顺汇（remittance）

逆汇（reverse remittance）　　电汇（T/T）

票汇（D/D）

第四章

国际结算方式——托收

扫描二维码，获取
本章配套教学课件

本章学习目标

（1）了解托收项下的国际惯例 URC522 的相关条款。

（2）理解托收方式的风险及防范方法。

（3）掌握跟单托收方式的概念、种类、当事人及流程。

（4）熟练掌握即期付款交单托收业务、远期付款交单托收业务、承兑交单托收业务的流程及托收项下银行间头寸的划拨方法。

| 引导案例 |

我外贸公司与某美籍华人客商做了几笔顺利的小额交易，付款方式为预付。后来客人称销路已经打开，要求增加货物数量，可是，由于数量太多，资金一时周转不开，最好将付款方式改为 D/P AT SIGHT。当时我方考虑到采用 D/P AT SIGHT 的情况下，如果对方不去付款赎单，就拿不到单据，货物的所有权归我方所有。结果，未对客户的资信进行全面调查，就发出了一个 40 尺货柜的货物，金额为 3 万美元。事情发展极为不顺。货物到达目的港后，客户借口资金紧张，迟迟不去赎单。10 天后，各种费用相继发生。考虑到这批货物的花色品种是客户特别指定的，拉回来也是库存，便被迫改为 D/A 30 天。可是，客户将货提走之后，就再也没有音信了。到涉外法律服务处与讨债公司一问才知道，到美国打官司费用极高，于是只好作罢。

托收，也是国际贸易中较为常用的一种结算方式，它实质上是为交易双方提供的一种介于延期付款和预付货款之间的一种结算方式。尽管同汇款一样也属于商业信用，但由于在托收业务中，结算工具的传递方向与资金的流动方向相反，因此又不同于汇款，而属于逆汇。

第一节　托收概述

一、托收的定义

根据国际商会的《托收统一规则》（URC522），托收（collection）是指银行根据所收到的指示处理金融单据或商业单据，其目的是：

（1）取得付款和 / 或承兑。

（2）或者凭付款和 / 或承兑交付单据。

（3）或者按其他条款和条件交单。

所谓金融单据（financial documents），是指汇票、本票、支票或其他用于取得付款的类似凭证；商业单据（commercial documents）是指发票、运输单据、物权单据或其他类似单据，或者一切不属于金融单据的其他单据。

URC522 对托收的定义是对托收方式的广义概括，适用于国际贸易结算和非贸易结算。本章主要介绍国际贸易项下的托收方式。

概括来说，托收是由债权人（出口商）提交凭以收款的金融票据或商业单据，委托银行（出口国的银行）通过其在国外的分行或代理行，向债务人（进口商）收回款项的一种国际结算方式。

从该定义可以看出，银行在托收业务中只是受托代理人，只提供完善的服务，并不保证收回货款。所以托收方式与汇款方式一样，都是基于商业信用，能否收回货款，完全靠买卖双方的商业信用。但同样是商业信用，汇款方式因银货无法当面两讫而存在较大风险，而跟单托收方式项下，出口商将作为物权凭证的货运单据（商业单据）与汇票（金融单据）一起，通过银行向进口商提示，进口商必须在付款之后或向银行书面表示负责付款，即承兑后才能掌握货权。所以托收方式实际上是一手交钱一手交货的交易形式，大大降低了交易的风险。

托收是国际结算的基本方式之一，其业务流程如图 4-1 所示。

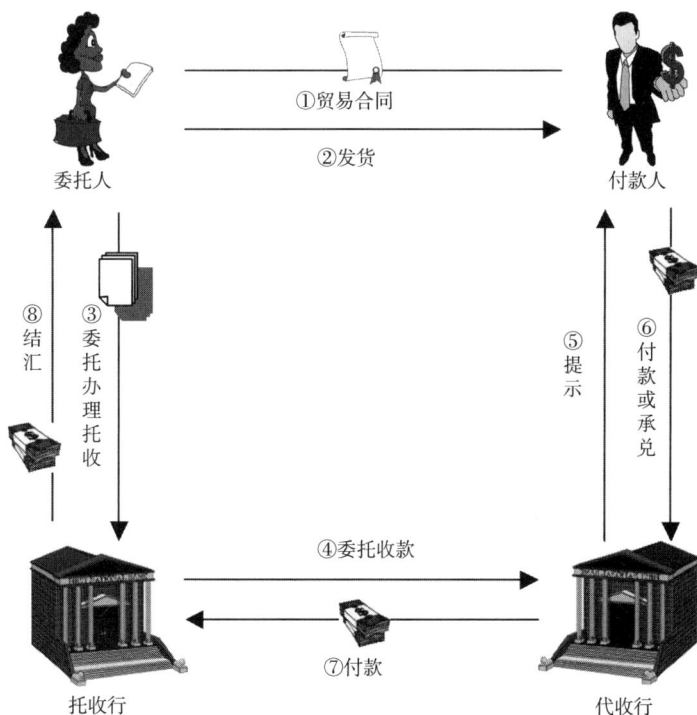

图 4-1　托收业务基本流程

扫码学习
URC522 与 eURC

在托收业务中，资金的流动方向与结算工具的传递方向相反，因此，托收是逆汇方式。托收的业务流程比汇款复杂，所费时间也更长。

二、托收方式的当事人

（一）委托人

委托人（principal）是指将单据委托银行向国外付款人收款的人，即委托银行办理托收业务的当事人。他要受两个合同的约束：作为出口商，他应履行与进口商签订的贸易合同的责任；作为委托人，他应履行与托收行签订的委托代理合同的责任，如向托收行提出明确的托收指示、提交相关的单据以及向托收行交付所应承担的托收费用等。他可能是出口商（exporter）、卖方（seller）、出票人（drawer）、托运人（shipper），也可能是托收汇票上的收款人（payee）。

（二）托收行

托收行（remitting bank）又称为寄单行，是指受委托人的委托而办理托收的银行，它是出口方银行（exporter's bank）。托收行一方面受委托人委托，受理托收业务；另一方面通过寄单委托其国外联行或代理行，代向付款人收款，它可以作为托收汇票的收款人，也可以作为托收汇票的被背书人。

（三）代收行

代收行（collecting bank）是指受托收行的委托，参与办理托收业务的银行，也是受委托向付款人收取款项的银行。代收行是进口方银行（importer's bank）。它可以是托收汇票的收款人，也可以是托收汇票的被背书人。

（四）付款人

付款人（drawee）是指代收行接受托收行的委托向其收取款项的人，也是委托人开立汇票的受票人。在他未兑付托收业务中的汇票票款之前，是汇票的受票人。在国际贸易中，他还是进口商（importer）、买方（buyer）。

（五）提示行

提示行（presenting bank）是指向付款人提示汇票和单据的银行。它也是进口方银行。若代收行与付款人有直接的账户往来，则提示行与代收行是同一家银行。这种情况在实务中常见。如果代收行使用它选择的一家银行作为提示行，这时提示行与代收行分别是两家银行。

（六）需要时的代理人

需要时的代理人（customer's representative in case of need）是指委托人指定的在付款地的代理人。托收结算方式对于出口商来说意味着先发货后收款，一旦受票人对代收行提示的汇票拒付，货物到达目的港后就可能会因无人照料而受损（如因延长在进口国海关仓库存放时间而增加仓储费用等）。为避免这一情况的发生，出口商可以在付款地事先指定一代理人，由代理人在发生拒付事件后代为料理货物存仓、投保、运回或转售等事宜。委托人在向托收行提交托收申请书时必须注明此代理人的权限。一般出口商直接请代收行作为需要时的代理人。

在托收方式的有关当事人中，委托人与托收行之间的关系是委托代理关系，托收行与代收行同样也是委托代理关系。其间存在两个合同关系如图 4-2 所示：

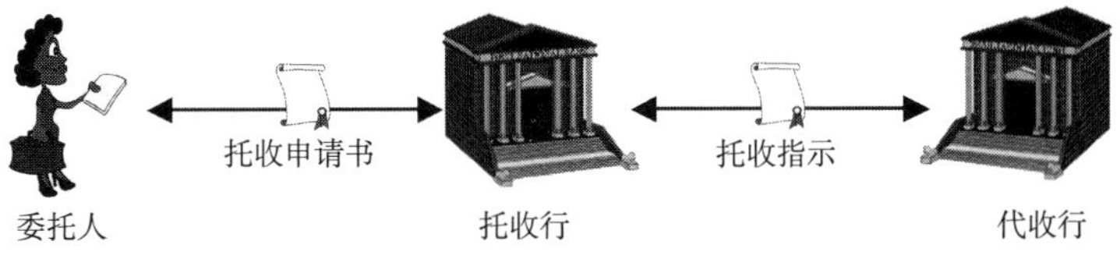

图 4-2　托收业务当事人之间的合同关系

（1）委托人与托收行之间以托收申请书（如附式 4-1 所示[1]）为代表的合同关系。托收申请书是委托人对托收行的指示，构成了委托人与托收行之间的委托代理合同，其指示力求明确具体。

（2）托收行与代收行之间原先订立代理业务关系。具体的业务办理以相关的托收指示为约定，托收申请书是托收指示的依据，托收指示在内容上必须与托收申请书一致。

附式 4-1　托收委托书

中国银行 BANK OF CHINA

托收委托书

COLLECTION ORDER

致：中国银行　　　　日期：2011-08-31

托收行（Remitting Bank）；
中国银行
上海市人民大道170号

代收行（Collecting Bank）：
名称：THE BANK of TOKYO-MITSUBISHI, LTD.
地址：2-10-22 Kayato Bldg 4F, Akebonocho Tachikawa Shi, Tokyo

委托人（Principal）：
艾格进出口贸易公司
中国上海市北京西路嘉发大厦2501室
电话：86-21-23501213

付款人（Drawee）：
名称：RIQING EXPORT AND IMPORT COMPANY
地址：P.O.BOX 1589, NAGOYA, JAPAN
电话：81-3-932-3588

付款交单 D/P　　承兑交单D/A ✓
发票号码：IV0002161
金额：[JPY][4950000]

国外费用承担人：✓付款人　委托人
国内费用承担人：付款人　✓委托人

单据种类	汇票	商业发票	海运提单	航空运单	保险单	装箱单	数量重量证书	健康证	植物检疫证书	品质证书	原产地证	普惠制产地证			
份数	4	4	4		4	4						4			

付款指示：
请将收汇款原币划入我司下列账上：
开户行：中国银行　　　　账号：61010000198601

联系人姓名：张艾格
电话：86-21-23501213　　传真：86-21-23500638　　公司签章

扫码学习有关案例

[1] "托收申请书"在实务中往往叫"托收委托书"。也有的叫"客户交单联系单"，此时除了适用于托收方式外，还可以适用于信用证方式。

第二节　托收的种类与办理

一、托收的种类

托收分为光票托收、跟单托收和直接托收，其中在实际业务中应用最广泛的是跟单托收。

（一）光票托收

光票托收（clean collection）是指金融单据的托收，即卖方仅开立汇票而不附带任何货运单据，委托银行收取款项的一种托收结算方式。它不涉及货权的转移或货物的处理，处理比较简单。一般只用于贸易从属费用和非贸易款项的收取。托收中所使用的汇票示样如附式 4-2 所示。

附式 4-2　托收汇票

```
                        BILL  OF  EXCHANGE
     No. _____
     Documents against PAYMENT/ACCEPTANCE
     For                                        Due date
     At _____ sight of this FIRST Bill of Exchange（SECOND being unpaid）pay
 to  _____


     Value received and charge the same to account


     To _____
        _____          _____
        _____              AUTHORIZED  SIGNATURE
```

（二）跟单托收

跟单托收（documentary collection）是指伴随货运单据的托收，可能使用汇票，也可能因进口商为避免负担印花税而不使用汇票。跟单托收最实质的要件是代表物权的货运单据。国际贸易中货款的托收大多采用跟单托收。

根据银行交单条件的不同，跟单托收可分为付款交单和承兑交单两种。

1. 付款交单

付款交单（documents against payment，D/P）是指被委托的代收行必须在进口商付清票款以后，才能将货运单据交给进口商的一种托收方式。付款交单的特点是先付款后交单，在付款人付款之前，出口商仍然掌握着对货物的支配权，因此其风险较小。

概念辨析

D/P 与 CAD 的区别

D/P 与我们在汇款一章学过的交单付现即 CAD 有相似之处，比如两者都是以交单和付款互为条件而建立在商业信用基础上的付款方式，比较容易混淆。但实质上，二者有着本质的区别，如表 4-1 所示。

表 4-1　D/P 与 CAD 的区别

比较项目	D/P	CAD
前提条件	付款	交单
性　质	托收	汇款
汇兑方向	逆汇	顺汇
汇　票	需要汇票	无须汇票
付款交单地点	进口地	一般在出口地
适用规则	受 URC 约束	不受 URC 约束

CAD 方式是近年来才逐渐流行的一种国际贸易结算实务做法，并为我国很多进出口企业所接受和使用。但事实上，CAD 结算方式本身没有普遍认可的权威定义、没有统一执行的惯例标准，将其作为国际贸易付款术语使用并不严谨规范。因此，进出口企业要尽可能在买卖合同中对 CAD 付款方式做出具体规定，如在合同中增加名词解释条款，以利于促进双方对此的理解和防控与之相关的法律风险。

根据托收汇票付款期限的不同，付款交单又有即期和远期之分。

（1）即期付款交单。即期付款交单（D/P at sight）是指委托人开立即期汇票（向欧洲大陆国家的托收免开汇票，以发票替代），在代收行向付款人提示汇票后，付款人只有立即付清货款才能获得货运单据，其业务流程如图 4-3 所示。

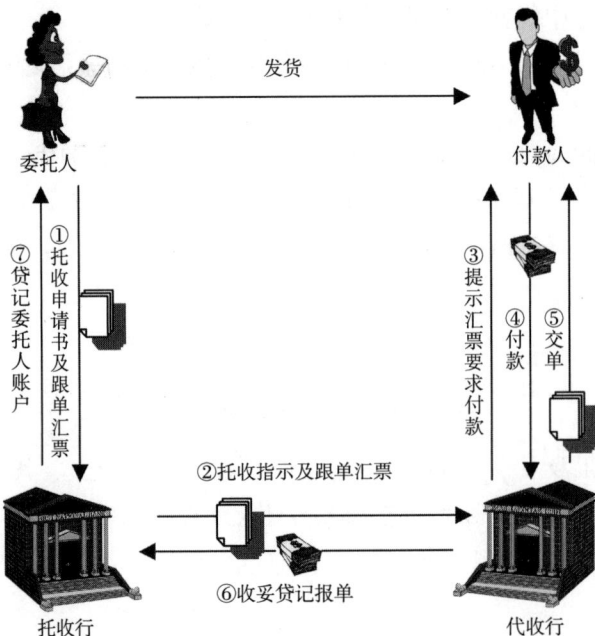

图 4-3　即期付款交单业务流程

（2）远期付款交单。远期付款交单（D/P at ×× days after sight）是指委托人开立远期汇票，代收行在向进口商提示汇票时，进口商立即承兑汇票，代收行收回汇票并掌握货运单据，直至到期日，代收行再提示，进口商付款后，代收行才交出货运单据，其业务流程如图 4-4 所示。

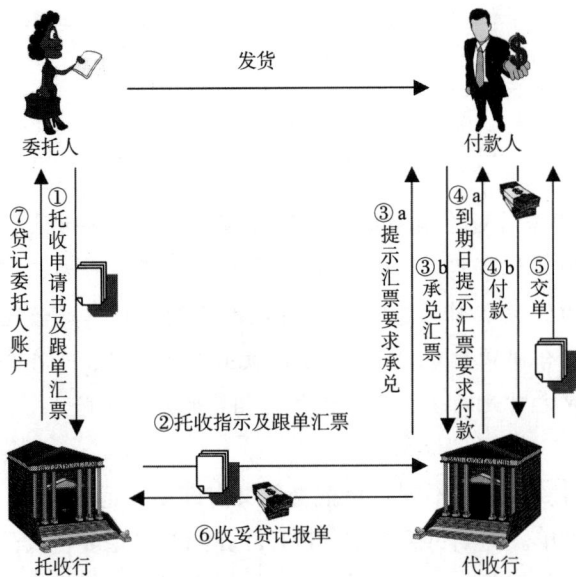

图 4-4　远期付款交单业务流程

　　远期付款交单有其产生的原因——交易双方相距较远，在通常情况下，单据以航空挂号信方式寄送，要比货物以海运或铁路等运输方式提早较多的时间到达进口方。以即期付款方式结算，可能造成进口商资金被占压。于是，进口商为了避免资金被占压，就自然要求推迟付款时间，即采用远期付款交单。但这种交单方式在实务中往往会引起许多问题，例如，货先到而付款期限未到，进口商因不能付款赎单而由此产生由谁负责办理货物的提取、存仓、保险等各种手续和相关费用的支付问题。为此，URC522 第 7 条 a 款规定：托收不应该含有远期付款汇票而同时又指示商业单据需在付款后交给付款人。其第 7 条 c 款进一步指出：如果托收包含在将来日期付款的，以及托收指示注明商业单据凭付款而交出，则单据实际只能凭这样付款才可交出，代收行对因延迟交单产生的任何后果不负责任。可见，国际商会明确表示不赞成远期付款交单的安排。

　　另外，有些国家或地区在法律中规定，将进口远期付款交单以承兑交单方式处理，从而增加了出口商的风险。因此，使用远期付款交单时应十分谨慎，可在托收指示中特别注明"付款后才能交单"（deliver documents only after payment was effected）。

扫码学习有关案例

2. 承兑交单

　　承兑交单（documents against acceptance，D/A）是指被委托的代收行根据托收指示，于付款人承兑汇票后，将货运单据交给付款人，付款人在汇票到期时履行付款责任的一种托收方式。它适用于远期汇票的托收。这种方式因为出口商在进口商承兑汇票后就不能控制单据而风险较大，承兑的期限越长，风险越大。在实际出口业务中，应避免或者严格控制采用承兑交单方式，在不得不使用承兑交单方式（如推销滞销产品或产品竞争力较差等情况）时，应尽可能缩短承兑的期限，其业务流程如图 4-5 所示。

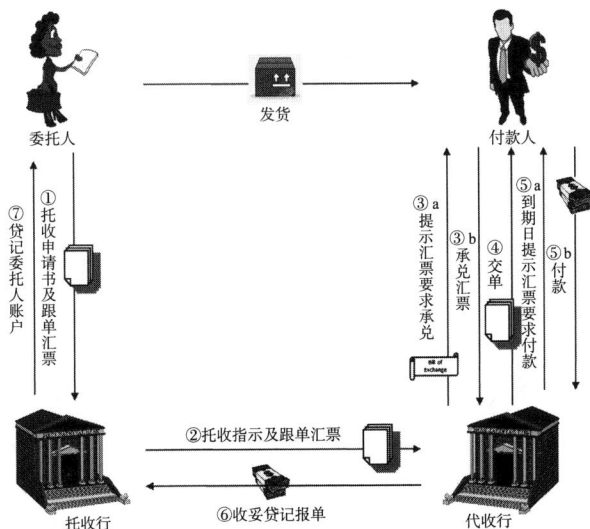

图 4-5　承兑交单业务流程

客户（出口商）向银行提交单据或汇票时，要在银行事先印就的空白的"托收委托书"上填写相关的事项，并交给银行，银行凭此委托书收客户所提交的单据和按客户所选择的结算方式办理相关的业务手续。托收委托书的格式可参见前文附式4-1。

即期付款交单、远期付款交单与承兑交单的比较如表4-2所示。

扫码学习有关案例

表4-2　三种交单方式比较

比较项目	即期付款交单	远期付款交单	承兑交单
英文名称	D/P at sight	D/P after sight	D/A
交单条件	凭付款交单	凭付款交单	凭承兑交单
付款期限	即期	远期	远期
交单时间	即期	远期	即期
有无汇票	可选（有或无）	必选	必选
是否承兑	否	是	是
出口商风险	最小	较小	最大

（三）直接托收

直接托收（direct collection）是指委托人从托收行获得空白的托收指示格式后，自行填制，并连同其他单据直接寄给代收行，由代收行向付款人提示，以代收款项，即绕开托收行办理托收业务。代收行将直接托收项下由委托人直接寄送的单据视同由托收行寄出的单据，即视同为正常的托收业务来处理。从理论上讲，这种托收最大的好处在于缩短了办理托收业务的途径，可节约办理所需的时间。但是，在直接托收方式中存在一系列具体的问题难以解决。

（1）委托人与代收行之间没有代理协议之类的契约，委托人难以把握代收行的资信及代收行与付款人的关系。

（2）许多国家的法律规定都不允许本国企业私自在境外银行开立账户。在直接托收方式下，即使代收行愿意接受委托办理收款，在付款人支付了有关的票款后，代收行也无法直接将所收得的款项贷记委托人账户，而仍然要通过汇款方式，汇交委托人的账户银行才能入账。

（3）直接托收无相应的银行惯例可循，各项跟单托收指示都可以注明"本项业务根据国际商会的《托收统一规则》（URC522）办理"。但是，国际商会第522号出版物不涉及直接托收，这就使在直接托收的指示中，即使也做相应记载，事实上仍无法从国际商会的规则中找到业务办理的依据。这就大大增加了有关各方产生异议时缺乏协商、调解或仲裁基础的风险。事实上，可以认为，国际商会的托收规则不对直接托收做出规定这件事本身就表明国际商会不赞成直接托收的做法。

二、托收指示

（一）托收指示的定义

托收指示（collection instruction）是托收行寄送托收单据给代收行的寄单面函（covering letter）。URC522 要求，托收的所有单据必须伴随托收指示，注明托收受到《托收统一规则》的约束，并做出完全和准确的指示，银行仅被允许根据该项托收指示所做出的各项指示和按照国际商会出版物第 522 号办理。除非托收指示另有授权，代收行将不理会除向其发出托收的一方 / 银行以外的任何一方 / 银行的任何指示。因此，托收行的主要责任就是严格按照委托人的托收申请书缮制托收指示，做到托收指示的内容与托收申请书的内容严格一致。

（二）托收指示的内容

根据 URC522 第四条规定，托收指示应包括下列各项适用的内容。

（1）托收行、委托人、付款人、提示行（如有）的详情，包括全称、邮政地址和 SWIFT 地址（若有）、电传、电话、传真号码。

（2）托收金额及货币种类。

（3）所附单据及每一项单据的份数。

（4）取得付款 / 或承兑 / 取得付款和承兑的条款和条件。据以交单的条件：付款 / 承兑 / 取得付款和承兑；其他条件，并有责任确保交单条件表述清楚、意思明确。

（5）要求收取的费用，并注明是否可以放弃。

（6）如有应收利息，应注明下列内容：利率、计息期、所适用的计息基础，并注明可否放弃。

（7）使用的付款方法及通知付款的方式。

（8）发生拒绝付款、拒绝承兑、与其他指示不符时的指示。

托收指示的样式如附式 4-3 所示。

（三）托收指示的重要性

国际商会《托收统一规则》（URC522）指出，托收指示的重要性主要有以下三点。

（1）所有托收业务都必须附有一个单独的托收指示，每项托收业务离不开该托收指示。

（2）代收行仅被托收指示中载明的指示所引导。

（3）代收行不从其他地方（包括托收委托当事人之外的其他人和托收委托当事人在托收指示之外的其他地方所提出的指示）寻找指示，也没有义务审核单据以获得指示；即使个别单据上带有指示，银行也不予理会。

托收指示应包含 URC522 第四条所规定的内容，同时必须注明"本项托收业务按照国际商会的第 522 号出版物的规定办理（This collection is subject to Uniform Rule for Collection —1995 Revision ICC. Publication No.522）。否则，由于容易引发各当事人之间的异议纠纷，而使对方不愿意接受办理该项托收业务。

附式 4-3　托收指示

三、托收汇票

在即期付款交单方式下，托收汇票不是必要单据。例如，对于欧洲大陆国家的托收，进口商为了避免负担印花税，一般均要求出口商不开立汇票，而以商业发票替代汇票，这时应注意发票上加列交单方式，以便代收行掌握和日后查考。而在远期付款交单和承兑交单方式下，汇票则是必不可少的。

托收汇票通常是跟单的商业汇票，它除了具备一般汇票的必要项目外，还应加注以下内容。

（1）交单条件（在付款期限前注明 D/A 或 D/P）。

（2）出票条款［通常以"Drawn against shipment of（merchandise）for collection"为固定格式］，以表明开立汇票的原因，如附式4-4所示。

附式4-4　出票人为抬头人的汇票

Exchange for USD5000.00　　　　　　　　　　Hong Kong　10 July，2021
At sight pay this first bill of exchange（second unpaid）to the order of ourselves the sum of five thousand US dollars only.
Drawn against shipment of（merchandise）for collection.
To buyer or importer
London.　　　　　　　　　　　　　　　　For seller or exporter
Hong Kong.
signature

托收汇票的出票人是出口商或卖方，付款人是进口商或买方，收款人可以有三种形式表示：出票人抬头、托收行抬头和代收行抬头。

1. 出票人抬头

出票人抬头，即以委托人或出口商为收款人，如附式4-4所示。

（1）委托人向托收行提交全套单据时可做成空白背书，如附式4-5第一部分所示，或以托收行为被背书人的记名背书。

（2）托收行将单据寄给代收行时，应以代收行为被背书人，做成托收背书，如附式4-5第二部分所示。

出票人为抬头人的汇票流通如图4-6所示。

2. 托收行抬头

以托收行为抬头的汇票，如附式4-6所示。

附式 4-5

（汇票背面）
                Seller's name, place
                signature（第一部分）

For collection Pay to the order of
collecting bank, place
                    For remitting bank, place
                signature（第二部分）

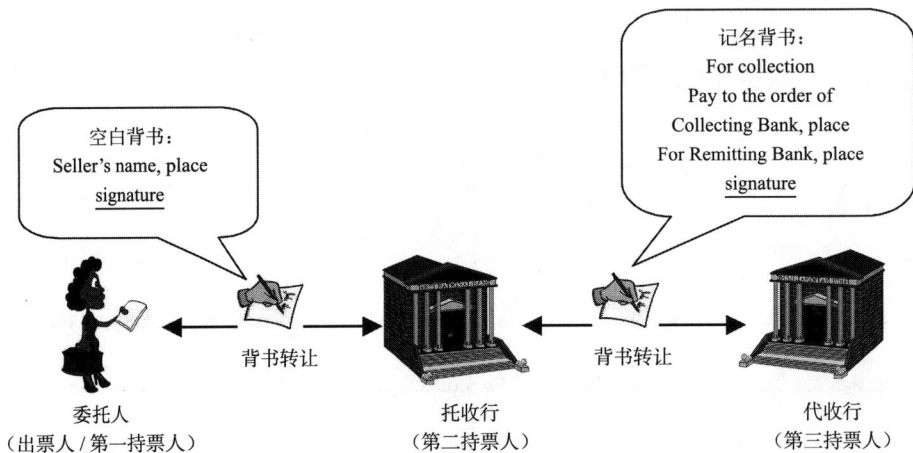

空白背书：
Seller's name, place
signature

记名背书：
For collection
Pay to the order of
Collecting Bank, place
For Remitting Bank, place
signature

委托人
（出票人／第一持票人）　　背书转让　　托收行
（第二持票人）　　背书转让　　代收行
（第三持票人）

图 4-6　出票人为抬头人的汇票的流通

附式 4-6　托收行为抬头人的汇票

Exchange for USD5000.00   Hong Kong 10 July, 2021

D/P At 30 days sight pay this first bill of exchange（second unpaid）to the order of
remitting bank the sum of five thousand US dollars only.

Drawn against shipment of（merchandise）for collection.

To buyer or importer
London.   For seller or exporter
                                            Hong Kong.
                                            signature

寄单时汇票由托收行做成托收记名背书，背书给代收行，如附式 4-7 所示。

附式 4-7

（汇票背面）
For collection Pay to the order of collecting bank，place
　　　For remitting bank，place
　　　　　signature

托收行为抬头人的汇票的流通过程如图 4-7 所示。

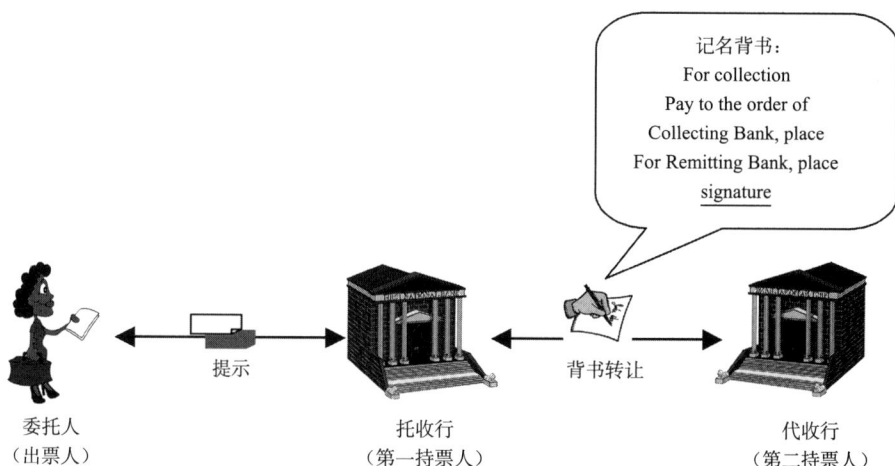

记名背书：
For collection
Pay to the order of
Collecting Bank, place
For Remitting Bank, place
signature

提示　　　　　　　　　　背书转让

委托人　　　　　　　托收行　　　　　　　代收行
（出票人）　　　　（第一持票人）　　　（第二持票人）

图 4-7　托收行为抬头人的汇票的流通

3. 代收行抬头

代收行抬头，即直接以代收行为收款人，如附式 4-8 所示。

附式 4-8　代收行为抬头人的汇票

Exchange for USD5000.00　　　　　　　　　　Hong Kong　10 July，2021

　　D/P　At 30 days sight pay this first bill of exchange（second unpaid）to the order of
collecting bank the sum of five thousand US dollars only.
　　Drawn against shipment of（merchandise）for collection.

To buyer or importer
London.

　　　　　　　　　　　　　　　　　　　　For seller or exporter
　　　　　　　　　　　　　　　　　　　　　Hong Kong.
　　　　　　　　　　　　　　　　　　　　　signature

这种抬头方式可以避免背书。代收行为抬头人的汇票，其流通过程如图4-8所示。

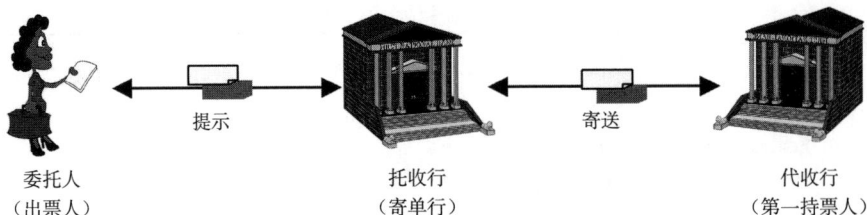

图4-8　代收行为抬头人的汇票的流通

四、托收方式下的运输单据

鉴于托收方式是建立在商业信用基础上的结算方式，银行只是受委托办理有关款项的转移，因此，银行应该避免更多地介入与款项无关的事项中，例如提货或保管货物等。

URC522第十条就此做了明确规定：

a款：未经银行事先同意，货物不得直接发至银行或运至银行或其指定人。

b款：银行没有义务对跟单托收有关货物采取任何行动，包括货物的储存和保险，即使接到特殊指示要求这样做；在个案中，只有当银行同意这样做时才会采取行动。

d款：银行采取任何行动保护货物发生的任何费用及花费应由发出托收当事人负担。

因此，出口商为保证在进口商未承兑/付款情况下对货物的控制，托收项下的运输单据应做成空白抬头、空白背书，而不应该做成银行或银行的指定人抬头，或者进口商抬头。

另外，对出口商来说，交易中使用的贸易条件应选择CIF，由出口商投保，万一货物出险而进口商不付款，保险赔偿归出口商受益。同时注意加保出口信用险，以保障出口商的利益。

第三节　托收项下头寸的划拨

收款指示是托收指示中除交单条件外的另一重要内容，所要解决的是双方银行间的头寸划拨问题。根据托收行与代收行之间账户设置的情况不同，头寸划拨的情况也有所不同。相应地，收款指示也有所区别。

一、托收行在代收行开立账户

托收行在出口托收指示中的收款指示是："收妥款项，请贷记我行在你行账户，并以航邮或 SWIFT 通知我行。"（Upon collection, please credit the proceeds to our a/c with you under airmail/SWIFT advice to us.）当代收行将收妥的款项贷记托收行账户，并发出贷记报单，托收行收到贷记报单，得知款项已收妥后，即可贷记委托人账户，完成此笔托收业务，如图 4-9 所示。

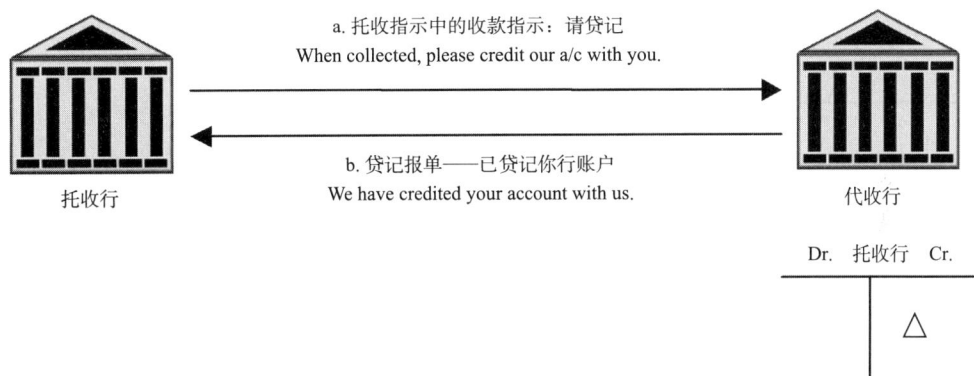

a. 托收指示中的收款指示：请贷记
When collected, please credit our a/c with you.

b. 贷记报单——已贷记你行账户
We have credited your account with us.

托收行　　　　　　　　　　　　　　　　　代收行

Dr.　托收行　Cr.

△

图 4-9　托收行在代收行开立账户时的头寸划拨

二、代收行在托收行开立账户

托收行在出口托收指示中的收款指示是："请代收款项并以航邮或 SWIFT 授权我行借记你行在我行的账户。"（Please collect the proceeds and authorize us by airmail/SWIFT to debit your a/c with us.）代收行收妥款项后，向托收行发出支付委托书（payment order），授权托收行借记其账户。托收行收到支付委托书后，先借记代收行的账户，再贷记委托人的账户，完成此笔托收业务中的头寸划拨，其流程如图 4-10 所示。

三、托收行与代收行之间没有账户往来，头寸通过托收行的账户行划拨清算

托收行与代收行之间没有账户往来，头寸通过托收行的账户行进行划拨清算是由托收行指示代收行将收妥的款项交指定的托收行的账户行贷记。这时托收行在出口托收指示中的收款指示是："请代收款项并将款项汇至 ×× 银行贷记我行在该行的账

户，并请该行以航邮或 SWIFT 通知我行。"（Please collect and remit the proceeds to ×× Bank for credit of our account with them under their airmail/SWIFT advice to us.）代收行收妥款项汇交 ×× 银行贷记托收行账户并通知托收行。托收行收到 ×× 账户行贷记报单后，即可贷记委托人账户，完成此笔托收业务，其流程如图 4-11 所示。

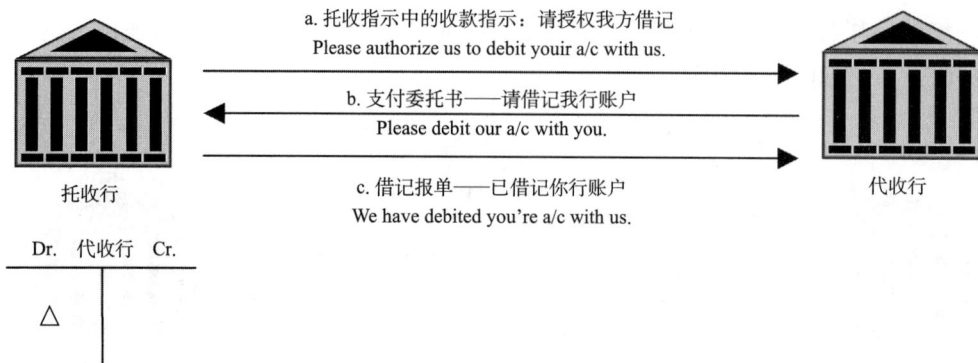

a. 托收指示中的收款指示：请授权我方借记
Please authorize us to debit youir a/c with us.

b. 支付委托书——请借记我行账户
Please debit our a/c with you.

c. 借记报单——已借记你行账户
We have debited you're a/c with us.

托收行

代收行

Dr. 代收行 Cr.

△

图 4-10　代收行在托收行开立账户时的头寸划拨

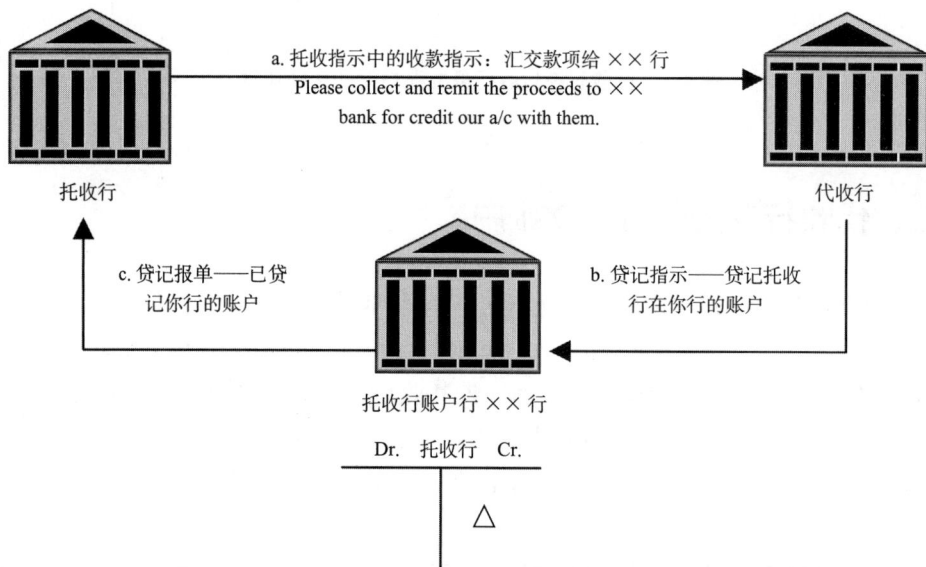

a. 托收指示中的收款指示：汇交款项给 ×× 行
Please collect and remit the proceeds to ××
bank for credit our a/c with them.

托收行

代收行

c. 贷记报单——已贷记你行的账户

b. 贷记指示——贷记托收行在你行的账户

托收行账户行 ×× 行

Dr. 托收行 Cr.

△

图 4-11　托收行与代收行之间没有账户往来时的头寸划拨

第四节　托收风险及其防范

托收方式尽管比汇款方式相对安全，然而仍然属于商业信用，是出口商先出运货物后收款，所以是相对有利于进口商而不利于出口商的一种结算方式。托收项下的风险主要是指出口商面临的风险。

一、托收项下的风险

（一）进口商经营风险

进口商经营风险来自进口商由于破产或倒闭而丧失支付能力的风险。

（二）市场风险

市场风险来自国际市场行市下跌，买方借故不履约，拒不付款的风险；或进口商利用不赎单使卖方处于被动，借此压低合同价格的风险。

（三）进口国国家风险

进口国由于政治或经济的原因，加强外管，使进口商无法领到进口许可证或申请不到进口所需的外汇，造成货抵进口国而无法进口，或不能付款带来的风险。

（四）其他风险

例如，由以上情况所导致的货到目的地后发生的提货、存仓、保险费用和货物变质、短量的风险；转售货物可能发生的价格损失的风险；货物转运的费用负担以及因储存时间过长被当地政府拍卖的风险。

二、托收项下风险的防范

鉴于托收方式对于出口商来说风险大，为了保证收汇安全，应采取相应的防范措施。

（一）加强对进口商的资信调查

托收是出口商先出运商品后收款的结算方式，出口商能否顺利地收回货款完全依赖进口商的资信状况，所以出口商必须事先详细地调查进口商的资信和经营状况，成交的合同金额不宜超过其经营能力和信用程度。

（二）选择适当的商品采用托收方式

采用托收方式的出口商品种类应是那些市场价格相对平稳、商品品质稳定、交易金额不大的商品或是向国际市场推销（试销）的新产品。

（三）选择合理的交单条件

出口商应尽量选择即期付款交单方式。如果一定要使用远期付款交单方式，应把握好付款期限，一般不超过从出口地到进口地的运输时间，不宜过长。应尽可能避免使用承兑交单方式。不过，在我国的对外加工装配和进料加工业务中，往往对进口料件采用承兑交单方式付款。

扫码学习托收方式在对外
加工装配业务中的应用

（四）选择好价格条款

应争取以 CIF 签订合同。因为 CIF 项下由卖方投保，万一货物出问题，买方拒付，出口商仍然掌握货运单据、控制货物的所有权，出口商可凭保险单向保险公司索赔，直接获得赔款，不至于造成重大损失。

（五）了解进口国的有关规定

出口商应随时注意了解进口国的有关贸易法令、外管条例等方面的内容，避免出现货到目的地不准进口或收不到外汇的损失。

（六）投保出口信用险

现在很多国家都开办了出口信用保险业务，即对买方不付款和买方国家因国家风险导致不能如期付款的损失进行保险。例如，我国出口商可以向中国出口信用保险公司投保"短期出口信用保险"，这项保险业务适用于以付款交单和承兑交单为结算方式且期限不超过 180 天的出口合同。投保该险后，如果进口商无力支付货款、不按期支付货款、违约拒收货物，或因进口国实行外汇和贸易管制、发生战争和骚乱而给出口商造成损失，保险公司将予以赔偿。

本章小结

托收是由债权人（出口商）提交凭以收款的金融票据或商业单据，委托银行（出口国的银行）通过其在国外的分行或代理行，向债务人（进口商）收回款项的一种国际结算方式。托收方式与汇款方式一样，都是基于商业信用。在托收业务中，资金的流动方向与结算工具的传递方向相反，因此，托收是逆汇方式。

托收方式涉及的基本当事人有委托人、托收行、代收行和收款人。

托收分为光票托收、跟单托收和直接托收，其中在实际业务中应用最广泛的是跟单托收。根据银行交单条件的不同，跟单托收可分为付款交单和承兑交单两种。

根据托收行与代收行之间账户设置的情况不同，头寸划拨的情况也有所不同。

托收方式尽管比汇款方式相对安全，然而仍然属于商业信用，是出口商先出运货物后收款，所以是相对有利于进口商而不利于出口商的一种结算方式。托收项下的风险主要指出口商面临的风险。

思考题

（1）托收结算方式的基础是什么？

（2）托收方式的当事人有哪些？其责任和权利分别是什么？

（3）目前，在国际上办理托收业务遵循的是什么规则？

（4）跟单托收有哪些种类，其各自工作程序如何？

（5）为什么国际商会不赞成远期付款交单的托收方式？

（6）付款交单和承兑交单同为托收方式，对于出口商来说，哪一种方式风险较大？为什么？

（7）为什么以托收方式结算贸易货款时，出口商要争取以 CIF 价格成交？

（8）在托收方式下，双方银行通常以怎样的方式办理资金划拨？在双方银行互相开有账户的情况下，往往以什么方式来划拨托收的头寸？

（9）为什么《托收统一规则》要规定"未经银行事先同意，货物不得直接发至银行或托运至银行或其代理人"？

案例讨论

在一笔远期付款交单托收条件下，各方当事人如下：

出口商：A Co. Beijing

进口商：B Co. New York

托收行：Bank of China, Beijing Branch

代收行：Bank of China, New York Branch

思考题：

（1）试分析托收项下的汇票与第二章中所学的汇票相比有何特殊之处。

（2）托收汇票的抬头有几种情况？如果以托收行为抬头人，请将下列托收汇票填制完整。

Exchange for USD2000.00　　　　　　　　　　Beijing, 1 March, 2010

　　At 30 days after sight of the First of Exchange（Second of the same tenor and date unpaid）

pay to the order of _____

the sum of USD two thousand only.

Drawn against shipment of 1000 bales of toy contract No.1234 from Beijing to New York

_____

　To: _____

　For _____

　　　　　　　　　　　　　　　　　　　　　　　　　（signature）

（3）托收行寄单索汇时，对这张汇票如何处理？（请说明具体操作）

关键术语

托收（collection）　　　　　　　　跟单托收（documentary collection）
付款交单（D/P）　　　　　　　　　承兑交单（D/A）

第五章

国际结算方式——信用证

扫描二维码，获取
本章配套教学课件

本章学习目标

（1）理解跟单信用证的内容、形式，跟单信用证项下的有关当事人及其权责关系。

（2）理解各种信用证的定义、识别方法，信用证项下的偿付条款和索汇路线。

（3）了解信用证的种类及具体运用。

（4）熟练掌握跟单信用证的概念、特点、作用，信用证业务流程中各个环节的工作要点及UCP600有关条款。在正确理解信用证的基本知识和UCP600条款的基础上，掌握信用证业务的实务操作技能，并能在出现国际结算纠纷时运用国际惯例解决实务问题。

| 引导案例 |

2018 年，进口商 A 公司从美国进口一批货物，分两批装运。7 月 5 日，开证行应进口商 A 公司的要求，开出一张以美国 B 公司为受益人的可分批装运的即期信用证，金额为 1250000 美元。7 月 25 日，收到寄来的第一批单据，金额为 780000 美元，经开证行审单，单据与信用证相符，进口商付款赎单。付款后一个月，第一批货物到港，进口商 A 公司验货，发现质量与合同规定严重不符。9 月 12 日，开证行收到寄来的第二批单据，金额为 470000 美元，经开证行审单，单证相符，进口商 A 公司要求扣除第一批货物因质量问题应赔付给进口商 A 公司的损失后将余款支付。开证行拒绝了进口商的要求，并于到期日对外付了款。尽管后来进出口双方根据合同规定自行解决了问题，但是信用证的相对独立性原则给进口商 A 公司留下了深刻的教训。

信用证结算方式是以银行信用为基础的结算方式，其产生与运用解决了贸易双方互不信任的问题。对出口商而言，采用信用证结算方式对安全收汇有保障；对进口商而言，由于支付货款以取得符合信用证规定的单据为条件，避免了预付货款所需承担的风险，从而大大拓展了贸易的范围，促进了国际贸易的发展。

第一节　信用证概述

一、信用证的概念

（一）定义

国际商会第 600 号出版物《跟单信用证统一惯例》（Uniform Customs and Practice for Documentary Credits 600，简称 UCP600）第二条规定，信用证是指一项不可撤销的安排，无论其名称或描述如何，该项安排构成开证行对相符交单予以承付的确定承诺。承付（honour）是指：

（1）如果信用证为即期付款信用证（sight payment credit），则即期付款（pay at sight）。

（2）如果信用证为延期付款信用证（deferred payment credit），则承诺延期付款，并在承诺到期日付款（undertaking + pay at maturity）。

（3）如果信用证为承兑信用证（acceptance credit），则承兑受益人开出汇票，并在汇票到期日付款（accept + pay at maturity）。

这一定义的表述比较复杂，如图 5-1 所示，主要是考虑法律上的严谨和完整。国际商会在《跟单信用证业务指南》中解释了这一定义："信用证是银行有条件的付款承诺。"这里的"银行"是指开立信用证的银行，"条件"是指受益人交来的单据与开证行开出的信用证中所要求的内容相一致，即"相符交单"（complying presentation），"付款承诺"就是开证行自己或授权另一家银行对受益人进行付款、承兑、保证、议付。

图 5-1　承付的含义

简言之，信用证（letter of credit，L/C）是开证银行应申请人要求，向受益人开立的有条件的付款承诺。在信用证业务中，开证行将根据开证申请人（进口商）与出口商（受益人）签订的商务合同的规定，对出口商提出提交相关单据形式，证实其严格履行合同的各项要求，从而保证开证申请人的利益；而出口商则在提交全套符合信用证规定单据的条件下，得到开证行确定的付款承诺。这样，开证银行就成了交易双方很好的中介：以信用证条款体现进口商的要求和利益，又以出口商满足信用证要求为条件，使出口商的利益也得到保障。因此，跟单信用证方式，是在商品交易双方商业信用的基础上增加了开证银行的信用。在保兑信用证业务中，还增加了保兑银行的信用，从而增强了这一结算方式的可靠性。当然，真正落实时，还需要验证信用证的真实性和开证银行的支付能力，以及出口商的资信。

信用证，通俗地说就是：列明了交易事项条款要求，由银行居中做担保，卖方拿到信用证以后，只要按照信用证的要求交货并将信用证上规定的所有单证交给银行，就能安全顺利地拿到货款。

在跟单信用证业务中，代表资金收付关系的汇票/发票/汇票和发票的流动方向与资金的流动方向相反。因此，信用证结算属于逆汇方式。

（二）信用证的基本特点

如果简单概括信用证的特点，那就是独立性。具体体现在以下三个方面。

1. 信用证是一种银行信用——独立于进口商

信用证是一种银行信用，开证行负第一性付款责任，也就是说，出口商交来的单据要符合信用证条款，开证行不管进口商是否能够付款，在相符交单的条件下，必须付款给受益人或被指定银行。开证行承担了第一性的、首要的付款责任，而不能以开证申请人的情况为由拒绝付款；而且，开证行对受益人的付款是终局性的，没有追索权，从而体现了信用证的银行信用。UCP600第七条b款规定："开证行自开立信用证之时起，即不可撤销地承担承付责任。"

在保兑信用证业务中，由保兑银行承担第一性付款责任。UCP600第八条规定：保兑行自对信用证加具保兑之时起，即不可撤销地承担承付或议付的责任；只要规定的单据提交给保兑行，或提交给其他任何指定银行，并且构成相符交单，保兑行就必须承付或无追索权地议付。

扫码学习有关案例

因此，信用证结算方式是以开证行（保兑行，若有）的银行信用增强交易双方的商业信用。

2. 信用证是一份独立文件——独立于贸易合同

信用证是一份独立文件，或者说，是一份自足的文件，它不依附于贸易合同。

UCP600第四条规定：就性质而言，信用证与可能作为其开立基础的销售合同或其他合同是相互独立的交易，即使信用证中含有对此类合同的任何援引，银行也与该合同无关，且不受其约束。因此，银行关于承付、议付或履行信用证项下其他义务的承诺，不受申请人基于其与开证行或与受益人之间的关系而产生的任何请求或抗辩的影响；受益人在任何情况下，不得利用银行之间或申请人与开证行之间的合同关系；开证行应劝阻申请人试图将基础合同、形式发票等文件作为信用证组成部分的做法。

简言之，在信用证业务中，当事人只受信用证条款的约束，不受贸易合同条款或开证申请书的约束。信用证与合同的关系如图5-2所示。

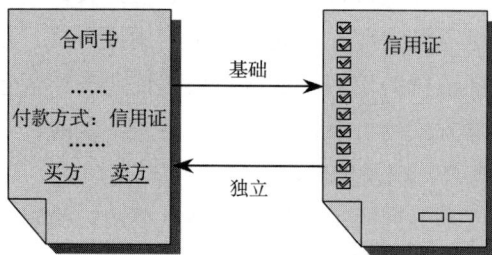

图 5-2　信用证与合同的关系

扫码学习有关案例　　　　扫码学习信用证独立性原则的欺诈例外

3. 信用证是一项单据业务——独立于货物

UCP600 第五条规定：银行处理的是单据，而不是单据可能涉及的货物、服务或履约行为。只要受益人交来的单据符合信用证条款，指定的银行就必须付款。因此，信用证交易把合同的货物交易转变成只管单据是否相符的单据交易。在保兑信用证业务中，保兑银行向受益人的付款依据也只能是信用证和信用证项下的单据，不能是开证行或开证申请人或其他任何情况。

正是由于信用证的这一性质，UCP600 第十四条 g 款规定：提交的非信用证所要求的单据将不予理会，并可被退还交单人。同条 h 款规定：如果信用证含有一项条件，但未规定用以表明该条件得到满足的单据，银行视为未作规定并不予理会。如果一份信用证上出现上述 h 款所指的条款，则该条款就被称为"非单据条款"。通知行、议付行乃至受益人可以不理会这样的非单据条款。

扫码学习有关案例

二、信用证业务的当事人及其权责

（一）信用证业务中的三组合同关系

跟单信用证业务的起因是进出口双方签订贸易合同。随着信用证的开立，形成了三组合同关系：进出口商双方的商品贸易合同关系，进口商（开证申请人）与开证银行的以开证申请书为标志的开立信用证的合同关系以及开证银行与出口商（受益人）之间的以信用证为标志的合同关系。信用证一经开立，这三组关系就各自独立。信用证中的三角契约关系如图 5-3 所示。

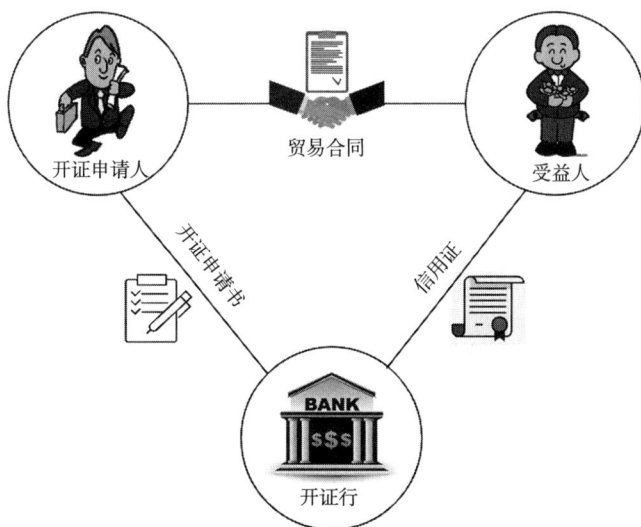

图 5-3 信用证中的三角契约关系

（二）信用证业务的主要当事人及其主要权责

鉴于上述信用证业务中的三组合同关系，信用证业务的当事人应分为主要当事人和其他当事人两类。主要当事人是开证行和受益人，在保兑信用证业务中还包括保兑行。

1. 开证行

开证行（issuing bank）是指接受开证申请人的要求和指示或根据自身的需要，开立信用证的银行。开证行一般是进口商所在地银行。开证行是以自己的名义对信用证下的义务负责的。

具体地说，开证行的责任是：

（1）按照开证申请书的内容，开立信用证。

（2）受益人提交符合信用证规定的单据，由自己或者指定银行履行付款、承兑、延期付款、承兑和延期付款。

（3）在开证申请人或受益人提出修改信用证的要求，并认为其要求可接受的情况下，出具信用证修改书，并自修改书出具之时，就受修改书的约束，除非受益人拒绝了修改书。

（4）在其他银行根据其开立的信用证，办理了议付、付款之后，向这些银行偿付。

开证行的权利是：

（1）向开证申请人收取开证手续费和开证保证金。

（2）对不符合信用证条款规定的单据，有权拒绝付款。

（3）在受益人提交了符合信用证条款规定的单据情况下，若开证申请人未交或未交足开证保证金却破产或进入破产程序，则开证行在向受益人付款后，有权处理该信用证项下的单据，以补偿自己对受益人的付款。

2. 受益人

受益人（beneficiary）是指信用证上所指定的有权使用该证的人，即出口人或实际供货人。

受益人的权利是：

（1）有权审查信用证及信用证修改书的内容，并对其中认为不可接受的条款要求开证行修改或删除。

（2）有权依照信用证条款和条件提交汇票及单据要求取得信用证的款项。

（3）受益人交单后，如遇到开证行倒闭，信用证无法兑现的情况，则受益人有权向进口商提出付款要求，进口商仍应负责付款。

受益人的责任是：必须提交符合信用证条款规定的全套单据。

3. 保兑行

对其他银行开立的信用证加具保兑的银行通常称为保兑行（confirming bank），UCP600第2条规定：保兑行是指根据开证行的授权或要求对信用证加具保兑的银行；保兑是指保兑行在开证行承诺之外做出的承付或议付相符交单的确定承诺。未接受开证行对其开立的信用证加具保兑请求的银行，不能称为保兑行。

保兑行的权利是：

（1）向开证行收取保兑费。

（2）决定是否将自己的保兑责任扩展到开证行出具的修改书的条款，但必须把自己的决定通知开证行和受益人。

（3）审查受益人提交的单据是否符合信用证的要求。

（4）在单据符合信用证规定并向受益人支付了款项后，有权向开证行要求偿付所付款项以及有关的利息。

保兑行的主要责任是：

（1）接受受益人提交的符合信用证条款规定的单据，并向受益人终局性地支付信用证所承诺的款项。

（2）通过通知行向受益人传递信用证修改书，若在通知修改书时，未特别声明其保兑责任仅限于信用证原条款范围，则表明其保兑责任已延展到所通知的修改书条款。

扫码学习有关案例

（三）信用证的其他当事人

在信用证的开立和随后的业务办理过程中，还有以下一些当事人。

1.开证申请人

开证申请人（applicant），或简称为申请人，是指向银行申请开立信用证的人，即进口人或实际买方。

开证申请人的责任是：

（1）完整、明确地填写开证申请书，即向开证行明确地指示所要开立的信用证的条款内容。

（2）按照开证行的要求缴纳开证手续费和开证保证金。

（3）若未交足开证保证金，则在开证行依全套符合信用证规定的单据向受益人付款后，向开证行补足所差款项，并赎得全套单据。

开证申请人的权利是：

（1）要求开证行严格按照信用证要求审查受益人提交的单据，并仅对符合信用证规定的单据付款。

（2）在有关情况发生较大变化时，可以要求开证行向受益人发出信用证修改书。

2.通知行

通知行（advising bank）是指受开证行的委托将信用证通知受益人的银行。通知行是受益人所在地的银行。

通知行的责任是：

（1）验核信用证的真实性并及时澄清疑点。

（2）及时向受益人通知或转递信用证。如果通知行不能确定信用证的表面真实性，即无法核对信用证的签署或密押，则应毫不延误地告知从其收到指示的银行，说明其不能确定信用证的真实性。如果通知行仍决定通知该信用证，则必须告知受益人它不能核对信用证的真实性。

（3）若决定不通知信用证，则必须毫不延误地将该决定告知开证行。

通知行的权利是：

（1）向受益人收取通知费。

（2）开证行在信用证或其面函中要求通知行对信用证加具保兑时，通知行可根据自己的考虑，决定是否接受该项要求，并将决定告知开证行。

3. 议付行

议付行（negotiating bank）是指根据开证行的授权买入或贴现受益人提交的符合信用证规定的汇票及 / 或单据的银行。

议付行的责任是：

（1）按照信用证条款的规定，审查受益人提交的全套单据。

（2）在确认受益人提交的单据符合信用证条款规定后，向受益人办理议付。

（3）在办理议付后，向开证行或保兑行或信用证指定的银行寄单索偿。

议付行的权利是：

（1）向受益人收取议付费。

（2）如果开证行发现有单据不符合信用证的要求，拒绝偿付，则议付行向受益人行使追索权。

4. 付款行

付款行（paying bank）是开证行授权进行信用证项下付款或承兑并支付受益人出具的汇票的银行。通常，付款行就是开证行，也可以是开证行指定的另一家银行。如果开证行资信不佳，付款行有权拒绝代为付款。但是，付款行一旦付款，即不得向受益人追索，而只能向开证行索偿。

5. 偿付行

偿付行（reimbursing bank）是开证行指定的对议付行或付款行、承兑行进行偿付的代理人。为了方便结算，开证行有时委托另一家有账户关系的银行代其向议付行、付款行或承兑行偿付，偿付行偿付后再向开证行索偿，偿付行因此付出的费用以及利息损失一般由开证行承担。偿付行不接受和审查单据，因此如事后开证行发现单证不符，只能向索偿行追索而不能向偿付行追索。如果偿付行没有对索偿行履行付款义务，开证行有责任向索偿行支付索偿行向受益人支付的款项及有关的利息。

6. 承兑行

远期信用证如要求受益人出具远期汇票的，会指定一家银行作为受票行，由它对远期汇票做出承兑，这就是承兑行（accepting bank）。如果承兑行不是开证行，承兑后最后又不能履行付款，开证行应负最后付款的责任。若单证相符，而承兑行不承兑汇票，开证行可指示受益人另开具以开证行为受票人的远期汇票，由开证行承兑并到期付款。承兑行付款后向开证行要求偿付。

（四）信用证有关当事人之间的相互关系

开证申请人与受益人之间受买卖合同的约束，申请人有义务按合同要求按时向受益人开出信用证。

开证行与开证申请人之间受开证申请书的约束，根据《跟单信用证统一惯例》第十八条规定，开证行开立信用证和委托其他银行协助完成此项业务，都是为了执行开证申请人的指示，是代申请人办理的，申请人应支付所有的银行费用，并承担银行为他提供服务时所承担的风险。

开证行与受益人之间受信用证的约束，开证行在受益人交来的单据与信用证要求一致时，承担付款责任，而受益人必须严格按信用证的要求来交单。

通知行与开证行之间是银行业务上的代理关系，通知行只负责传递信用证及辨认真伪的责任。

通知行与受益人只是通知关系，通知行负责核对信用证的印鉴或密押以判定真伪。

议付行与开证行之间是独立的，议付行只是受到开证行开出信用证的邀请，没有必须义务的责任，而且开证行议付邀请也可能是不向特定人发出的。

受益人与议付行是简单的业务关系，议付行有权决定是否对受益人进行议付。

议付行与付款行是索偿关系。

保兑行与开证行的关系就是一种担保关系，保兑行有权决定是否按开证行要求加具保兑，但保兑行一旦对其他银行开立的信用证加具保兑，便对该信用证承担第一性付款的责任。

扫码学习有关案例

三、信用证的内容与开证形式

（一）信用证的内容

信用证为 A4 纸大小，四五页甚至十几页不等的一份英文文件。里面的内容繁杂，既有交货及制单要求指示，也有银行间协作的条款等。信用证上记载的事项必须明确、完整，否则会导致当事人之间出现纠纷。现在，各开证行的开证格式基本参照 ICC516 "标准跟单信用证格式"，如附式 5-1 所示。

信用证的内容有二十五项之多，尽管较为繁杂，但可以概括为以下六个方面：

（1）关于信用证本身的条款（about L/C）：包括号码、种类、金额、开证日期、当事人等条款。

（2）关于汇票的条款（about draft）：包括汇票的当事人、金额、期限和主要条款等。

（3）关于货物的条款（about goods）：商品的名称、规格、数量、价格和包装等条款。

（4）关于装运的条款（about shipment）：包括装运港、目的港和转运港，是否允许分批和转运，装运日期等条款。

（5）关于单据的条款（about documents）：包括要求受益人提交的单据种类、份数以及要求等条款，是跟单信用证的核心条款。

（6）其他条款：

①关于特殊条款（about additional conditions），较为复杂的信用证一般均有这个条款，比如对装运、单据等的特殊要求。

②开证行保证付款的文句（about issuing bank's undertaking）。

③关于给议付行的指示（about banking instructions）。

附式 5-1　标准跟单信用证格式（ICC516）

致受益人：

Name of Issuing Bank:开证行	Irrevocable Documentary Credit　　Number 不可撤销跟单信用证　　号码
Place and Date of Issue: 开证地点、日期 Applicant:申请人	Expiry date and Place for Presentation of documents Expiry Date: 到期日 Place for Presentation：到期地点
Advising Bank : Reference No. 通知行　　业务备查号	Beneficiary:受益人
	Amount:金额
Partial shipments □allowed 分运　　　　□not allowed Transshipments □allowed 转运　　　　　□not allowed	Credit available with Nominated Bank:付款方式 □by payment at sight □by deferred payment at: □by acceptance of drafts at: □by negotiation
□ Insurance will be covered by buyers 投保人	
Shipment as defined in UCP 600 From: 起运港 For transportation to: 目的港 Not later than: 最迟装船期	Against the documents detailed herein:汇票 □and Beneficiary's draft(s) drawn on:
单据要求	

Advice for the Beneficiary

Documents to be presented within □ days after the date of shipment but within the validity of the Credit. 交单期

We hereby issue the Irrevocable Documentary Credit in your favour. It is subject to the Uniform Customs and Practice for Documentary Credit(2007 Revision, International Chamber of Commerce, Paris, France, Publication No. 600) and engages us in accordance with the terms thereof. The number and the date of the Credit and the name of our bank must be quoted on all drafts required. If the Credit is available by negotiation, each presentation must be noted on the reverse side of this advice by the bank where the Credit is available.

开证行保证付款条款；议付金额背批条款

开证行签名
_____
Name and signature of the Issuing Bank

This document consists of □ signed page(s)

致通知行：

Name of Issuing Bank：开证行	**Irrevocable** **Documentary Credit**　　　　　　　　　　　**Number** **不可撤销跟单信用证**　　　　　　　　　　　**号码**
Place and Date of Issue： **开证地点、日期** **Applicant：申请人**	**Expiry date and Place for Presentation of documents** **Expiry Date：到期日** **Place for Presentation：到期地点**
Advising Bank：　　　**Reference No.** **通知行**　　　　　　　**业务备查号**	**Beneficiary：受益人**
	Amount：金额
Partial shipments ☐allowed **分运**　　　　　　☐not allowed	**Credit available with Nominated Bank：付款方式** ☐by payment at sight
Transshipments ☐allowed **转运**　　　　　☐not allowed	☐by deferred payment at: ☐by acceptance of drafts at:
☐**Insurance will be covered by buyers** **投保人**	☐by negotiation
Shipment as defined in UCP 600 **From：起运港** **For transportation to：目的港** **Not later than：最迟装船期**	**Against the documents detailed herein：汇票** ☐and Beneficiary's draft(s) drawn on:

单据要求

Documents to be presented within ☐ **days after the date of shipment but within the validity of the Credit. 交单期**

We hereby issue the Irrevocable Documentary Credit in your favour. It is subject to the Uniform Customs and Practice for Documentary Credit(2007 Revision, International Chamber of Commerce, Paris, France, Publication No.600) and engages us in accordance with the terms thereof. We request you to advise the Beneficiary:

☐**Without adding your confirmation**　　☐**adding your confirmation**
☐**adding your confirmation, if requested by the beneficiary**
Bank to Bank instruction：
开证行保证付款条款；保兑指示条款

　　　　　　　　　　　　　　　　　　　　　　　　开证行签名
　　　　　　　　　　　　　　　　　　　Name and signature of the Issuing Bank

This document consists of ☐ **signed page(s)**

（左侧竖排）Advice for the Advising Bank

（二）信用证的开证形式

根据信用证的开立方式，可将信用证分为信开信用证和电开信用证。

1. 信开信用证

信开信用证就是开证行缮制成信函格式并通过邮寄方式送达通知行的信用证。信开信用证是开证的通常形式。信用证的英文名称为"letter of credit"，就是因为信用证在初创时是采用信函形式开立的。信开信用证一般是开立正本一份、副本数份，其中正本和一份副本以邮寄方式寄给通知行，经通知行审证后，其中正本交付给受益人，供其办理随后各项手续所用，副本供通知行存档备查。另一份副本交申请人供其核对，以便发现有与开证申请书不符或其他问题时，可及时修改。

2. 电开信用证

电开信用证就是用电讯方式开立和通知的信用证，电开信用证所用电讯方法可以是电报、电传或 SWIFT 方式。通知行收到电开信用证后，需复制一份作为副本存档备查。电开信用证可分为简电开立信用证和全电开立信用证。

（1）简电开立信用证。简电开立信用证（brief cable）即将信用证金额、有效期等主要内容用电文预先通知出口商，目的是使出口商早日备货。

传统的电开信用证发出后，开证行往往还通过通知行向受益人发出一份"电报证实书（cable confirmation）"，供受益人核对原先的简电开证。通知行应在收到的电报证实书上显眼处加盖"电报证实书"的印戳，提醒受益人不能将电报证实书错当又一份信用证，而重复出运货物。

由于通信技术的发展和电讯费用的降低，一般电开信用证记载的内容也日趋完整全面，因此，UCP600 第十一条 a 款规定："以经证实的电讯方式发出的信用证或信用证修改即被视为有效的信用证或修改文据，任何后续的邮寄确认书应被不予理会。如电讯声明'详情后告'（Full details to follow）等类似用语或声明以邮寄确认书为有效的信用证或修改，则该电讯不被视为有效的信用证或修改。开证行必须随即不迟延地开立有效的信用证或修改，其条款不得与该电讯矛盾。"

（2）全电开立信用证。全电开立信用证（full cable）是开证行以电文形式开出的内容完整的信用证。开证行一般会在电文中注明"This is an operative instrument no airmail confirmation to follow"，后面不注有"随寄证实书"字样。这样的信用证有效，可以凭以交单议付。

由于电讯技术的发展，在实务操作中，信用证大多采取电开形式。但是 Telex（电传）开具的信用证费用较高，手续烦琐，条款文句缺乏统一性，容易造成误解。SWIFT 信用证内容具有方便、迅速、安全、格式统一、条款明确的特点，特别是各国从事国际结算的中等以上的商业银行基本上都参加了 SWIFT，SWIFT 全电开证已经成为普遍使用的方式。SWIFT 信用证见附式 5-2。

附式 5-2　SWIFT 信用证

```
MT 700          ISSUE OF A DOCUMENTARY CREDIT

SEQUENCE OF TOTAL     : 27:     1 / 1

FORM OF DOC. CREDIT   : 40A:    IRREVOCABLE

DOC. CREDIT NUMBER    : 20:     WLQ-ZY119

DATE OF ISSUE         : 31C:    181125

DATE AND PLACE OF     : 31D:    DATE  190115 PLACE  MALAYSIA
EXPIRY

APPLICANT             : 50:     FOODWAY TRADING CO., LTD.
                                ROOM 1605, 16 FLOOR, FINANCE BUILDING,
                                KUALA LUMPUR , MALAYSIA

ISSUING BANK          : 52A:    MAY BANK
                                11.BLK 10.JLN 31C/31B. R/PANJANG SRI
                                SEGMAMBUT 52000 KUALA LUMPUR MALAYSIA

BENEFICIARY           : 59:     QINHUANGDAO  GOLDEN SEA  IMP & EXP CO., LTD.
                                NO. 256 HAINING ROAD, BEIDAIHE ZONE
                                QINHUANGDAO, CHINA

AMOUNT                : 32B:    CURRENCY USD  AMOUNT 1200000.00

AVAILABLE WITH/BY     : 41D:    BANK OF COMMUNICATIONS
                                BY NEGOTIATION

DRAFTS AT ...         : 42C:    30 DAYS AFTER SIGHT FOR FULL INVOICE VALUE

DRAWEEv               : 42A:    MAY BANK
                                11.BLK 10.JLN 31C/31B. R/PANJANG SRI
                                SEGMAMBUT 52000 KUALA LUMPUR MALAYSIA

PARTIAL SHIPMTS       : 43P:    NOT ALLOWED

TRANSSHIPMENT         : 43T:    ALLOWED

PORT OF LOADING       : 44E:    QINHUANGDAO

PORT OF DISCHARGE     : 44F:    SINGAPORE

LATEST DATE OF        : 44C:    181230
SHIPMENT

DESCRIPTION OF        : 45A:    500  METRIC TONS  CUMIN SEEDS
GOODS                           AT USD2500 PER M/T  CIF SINGAPORE

DOCUMENTS             : 46A:    + SIGNED COMMERCIAL INVOICE IN TRIPLICATE
REQUIRED                        SHOWING FOB VALUE AND FREIGHT CHARGES,
                                TOGETHER WITH BENEFICIARIES' DECLARATION
                                CONFIRMING THAT ONE SET OF NON-NEGOTIABLE
                                DOCS. HAS TO BE SENT TO THE APPLICANT.
```

续表

		+ PACKING LIST/WEIGHT MEMO IN TRIPLICATE.
		+ GSP FORM A CERTIFIED IN DUPLICATE ISSUED AND SIGNED BY COMPETENT AUTHORITIES .
		+ FULL SET（3/3）OF CLEAN 'ON BOARD' OCEAN BILLS OF LADING MADE OUT TO ORDER OF FOODWAY TRADING CO. LTD. MARKED FREIGHT COLLECT AND NOTIFY ACCOUNTEE.
		+ MARINE INSURANCE POLICY IN DUPLICATE, ENDORSED IN BLANK FOR 120% OF THE INVOICE VALUE AGAINST ALL RISKS & WAR RISKS SUBJECT TO THE OCEAN MARINE CARGO CLAUSES OF P.I.C.C. DATED 1/1/1981 CLAIMS TO BE PAYABLE IN U.S.A. IN CURRENCY OF THE DRAFT.
		+SHIPMENT ADVICE SHOWING THE NAME OF THE CARRYING VESSEL, DATE OF SHIPMENT, MARKS, QUANTITY, NET WEIGHT AND GROSS WEIGHT OF THE SHIPMENT TO APPLICANT WITHIN 3 DAYS AFTER THE DATE OF BILL OF LADING.
ADDITIONAL CONDITION	: 47A:	+ THE NUMBER AND THE DATE OF THIS CREDIT AND THE NAME OF ISSUING BANK MUST BE QUOTED ON ALL DOCUMENTS.
		+ SHIPMENT MUST BE EFFECTED BY FULL CONTAINER LOAD. B/L TO SHOW EVIDENCE OF THIS EFFECT IS REQUIRED.
		+ ALL PRESENTATIONS CONTAINING DISCREPANCIES WILL ATTRACT A DISCREPANCY FEE OF GBP40.00 PLUS TELEX COSTS OR OTHER CURRENCY EQUIVALENT. THIS CHARGE WILL BE DEDUCTED FROM THE BILL AMOUNT WHETHER OR NOT WE ELECT TO CONSULT THE APPLICANT FOR A WAIVER.
CHARGES	: 71B:	ALL CHARGES AND COMMISSIONS ARE FOR ACCOUNT OF BENEFICIARY INCLUDING REIMBURSING FEE.
PERIOD FOR PRESENTATION	: 48:	DOCUMENTS MUST BE PRESENTED WITHIN 15 DAYS AFTER THE DATE OF SHIPMENT, BUT WITHIN THE VALIDITY OF THIS CREDIT.
CONFIRMATION	: 49:	WITHOUT

　　开立 SWIFT 信用证的格式代号是 MT700 和 MT701（701 格式是在 700 格式不满足需求时补充使用）。

MT700 开立跟单信用证的电文格式如表 5-1 所示。

表 5-1　MT700 开立跟单信用证的电文格式

M/O	Tag（代码）	Field Name（项目名称）
M	27	Sequence of Total（页次）
M	40A	Form of Documentary Credit（跟单信用证类别）
M	20	Documentary Credit Number（信用证号码）
O	23	Reference to Pre-Advice（预通知编号）
O	31C	Date of Issue（开证日期）
M	40E	Applicable Rules（适用的规则）
M	31D	Date and Place of Expiry（到期日及地点）
O	51a	Applicant Bank（开证申请人的银行）
M	50	Applicant（开证申请人）
M	59	Beneficiary（受益人）
M	32B	Currency Code，Amount（币别代号、金额）
O	39A	Percentage Credit Amount Tolerance（信用证金额浮动范围）
O	39B	Maximum Credit Amount（最高信用证金额）
O	39C	Additional Amounts Covered（附加金额）
M	41a	Available With ...By...（兑用银行，兑用方式）
O	42C	Drafts at ...（汇票期限）
O	42a	Drawee（付款人）
O	42M	Mixed Payment Details（混合付款指示）
O	42P	Deferred Payment Details（延期付款指示）
O	43P	Partial Shipments（分批装运）
O	43T	Transshipment（转运）
O	44A	Place of Taking in Charge/Dispatch from.../Place of Receipt（接管地/发货地/收货地）
O	44E	Port of Loading/Airport of Departure（装货港或装货机场）
O	44F	Port of Discharge/Airport of Destination（目的港或到达机场）

续表

M/O	Tag（代码）	Field Name（项目名称）
O	44B	Place of Final Destination/ For Transportation to.../Place of Delivery（最后目的地 / 货物运至地 / 交货地）
O	44C	Latest Date of Shipment（最迟装运日）
O	44D	Shipment Period（装运期限）
O	45A	Description of Goods and /or Services（货物描述及 / 或交易条件）
O	46A	Documents Required（所需单据）
O	47A	Additional Conditions（附加条件）
O	71B	Charges（费用）
O	48	Period for Presentation（交单期限）
M	49	Confirmation Instructions（保兑指示）
O	53a	Reimbursing Bank（偿付行）
O	78	Instructions to the Paying/Accepting/Negotiating Bank（对付款 / 承兑 / 议付行的指示）
O	57a	"Advise Through" Bank（第二通知行）
O	72	Sender to Receiver Information（附言）

注　M/O 为 Mandatory 与 Optional 的缩写，前者为必选项目，后者为可选项目；页次是指本证的发报次数，用分数来表示，分母分子各是一位数字，分母表示发报的总次数，分子则表示这是其中的第几次，如"1/2"，其中"2"指本证总共发报 2 次，"1"指本次为第 1 次发报。

四、国际商会《跟单信用证统一惯例》简介

国际商会编写的《跟单信用证统一惯例》（Uniform Customs and Practice for Commercial Documentary Credits，UCP）已经被世界各国广泛接受。该惯例是在长期的国际结算实践中不断修订和完善的。早在 1929 年，国际商会就制定了编号为 UCP74 的《跟单信用证统一惯例》。由于这一版本由法国人执笔，所以基本上是依据法国的做法制定的，在国际商会公布后，只有法国和比利时采用。鉴于此，国际商会自 1931 年着手修订，并于 1933 年公布了第二版《跟单信用证统一惯例》，编号为 UCP82。随后多次修订，依次是 1951 年版，编号 UCP151；1962 年版，编号 UCP222；1974 年版，编号 UCP290；1983 年版，编号 UCP400；1993 年版，编号

UCP500。现行被各国采用的是国际商会银行技术与惯例委员会于 2006 年 10 月 25 日通过的版本，编号为 UCP600。这是《跟单信用证统一惯例》的第八个版本。这一版本自 2007 年 7 月 1 日起正式施行。

　　UCP600 将 UCP500 的 49 个条款调整为 39 个。其中第一至五条为总则部分，规定了 UCP 的适用范围、定义、解释规则、信用证的独立性等；第六至十三条规定了信用证的开立、修改、各当事人之间关系与各自责任等；第十四至十六条规定了审单标准、单证相符或不符的处理办法；第十七至二十八条规定了对商业发票、运输单据、保险单据等商品单据的要求及掌握的原则；第二十九至三十二条规定了款项支取办法；第三十三至三十七条规定了银行免责条款；第三十八条规定了可转让信用证；第三十九条规定了款项让渡办法。

　　与 UCP500 相比，UCP600 对跟单信用证的业务处理做了一系列重大改变或调整，也使得其他相关规则发生了相应的改变。

扫码学习 eUCP

第二节　信用证的业务流程

　　本节以即期付款跟单信用证为例说明信用证的业务流程（信用证所使用的货币是开证行所在国货币，出口商所在地有银行在开证行开有该货币的账户）。信用证业务流程如图 5-4 所示。

一、进出口商双方经洽商签订贸易合同

　　进出口商双方经洽商签订贸易合同。合同除规定交易的商品种类、数量、品质、价格条件、运输、保险、交付时间、检验、索赔、仲裁等事项的一致意见外，还需要明确该笔交易以信用证方式办理结算，以及所选择的信用证的种类、金额、付款期限、到期日、进口商通过当地银行开立信用证的最迟时间以及信用证的主要内容等。

二、进口商向当地银行申请开立信用证

　　进口商必须在合同所要求的或合同签订后的合理期限内，向当地信誉良好的商业银行申请开立以出口商为受益人的信用证。在这个环节中，进口商（开证申请人）要办理以下手续。

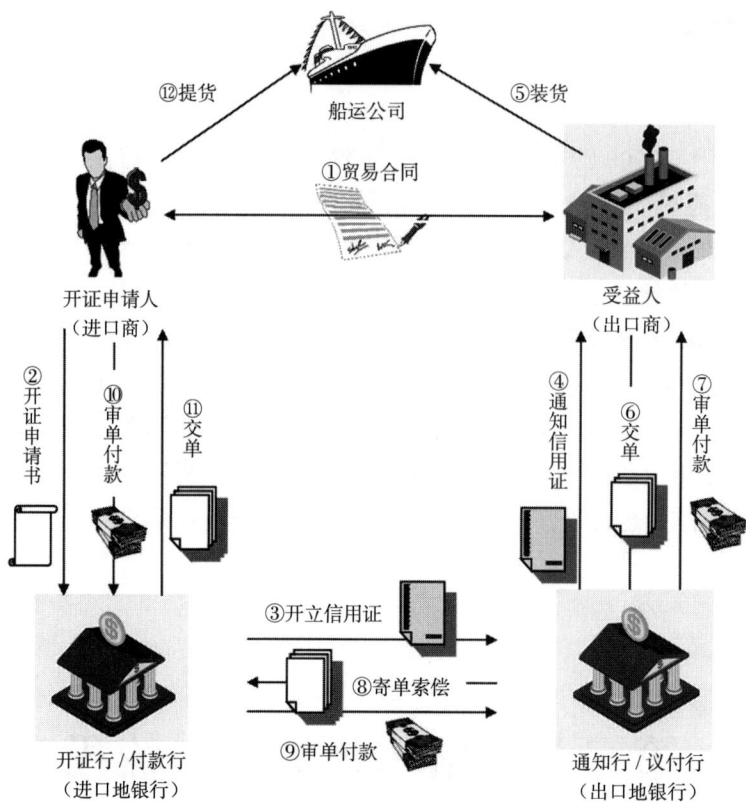

图 5-4　信用证业务流程

（一）确定申请开立信用证的前提条件

申请开立信用证的前提条件是本笔业务符合国家的贸易管制政策和外汇管制政策。例如，进口商品属于我国许可证管辖范围内的，应提供许可证或登记证明、机电产品登记表等；申请人属于外汇管理局需要进行"真实性审查"的企业，或不在外汇管理局公布的"进口单位名录"的企业，需要提供国家外汇管理局或其分支机构出具的备案表等。

（二）选择开证行、填写开证申请书

进口商一般是在自己的开户行中选择信誉较好的银行作为开证银行，这样做容易被受益人接受，减少可能产生的费用。

开证申请书（application for issuing letter of credit），既是开证行开立信用证的根据，又是开证行与开证申请人之间法律性的书面契约，它规定了开证申请人与开证行的责任。

开证申请书主要依据贸易合同中的有关主要条款填制，申请人填制后最好连同合同副本一并提交银行，供银行参考、核对。信用证一经开立则独立于合同，因而在填写开证申请书时应审慎查核合同的主要条款，并将其列入申请书中。开证申请书如附式 5-3 所示。

附式 5-3　开证申请书

IRREVOCABLE DOCUMENTARY CREDIT APPLICATION

TO：×× BANK　　　　　　　　　　Date：

Beneficiary（full name and address）	L/C NO. Ex-Card No. Contract No.
	Date and place of expiry of the credit

Partial shipments □ allowed □ not allowed	Transshipment □ allowed □ not allowed	□ Issue by airmail　□ With brief advice by teletransmission □ Issue by express delivery □ Issue by teletransmission（which shall be the operative instrument）
Loading on board / dispatch / taking in charge at / from Not later than for transportation to		Amount（both in figures and words）

Description of goods： Packing：	Credit available with □ by sight payment　□ by acceptance □ by negotiation □ by deferred payment against the documents detailed herein □ and beneficiary's draft for ____% of the invoice value At on
	□ FOB　　　□ CFR　　　□ CIF □ or other terms

Documents required：（marked with x）
1.（　）Signed Commercial Invoice in ____copies indicating invoice No., contract No.
2.（　）Full set of clean on board ocean Bills of Lading made out to order and blank endorsed, marked "freight（　）to collect /（　）prepaid（　）showing freight amount" notifying.
3.（　）Air Waybills showing "freight（　）to collect /（　）prepaid（　）indicating freight amount" and consigned to _____
4.（　）Memorandum issued by _____ consigned to _____
5.（　）Insurance Policy / Certificate in ____copies for ____% of the invoice value showing claims payable in China in currency of the draft, blank endorsed, covering（　）Ocean Marine Transportation /（　）Air Transportation /（　）Over Land Transportation）All Risks, War Risks.
6.（　）Packing List / Weight Memo in ____copies indicating quantity / gross and net weights of each package and packing conditions as called for by the L/C.
7.（　）Certificate of Quantity / Weight in ____copies issued an independent surveyor at the loading port, indicating the actual surveyed quantity / weight of shipped goods as well as the packing condition.
8.（　）Certificate of Quality in ____copies issued by（　）manufacturer /（　）public recognized surveyor /（　）
9.（　）Beneficiary's certified copy of FAX dispatched to the accountee with ____ days after shipment advising（　）name of vessel /（　）date, quantity, weight and value of shipment.
10.（　）Beneficiary's Certificate certifying that extra copies of the documents have been dispatched according to the contract terms.

续表

---

11. ( ) Shipping Company's Certificate attesting that the carrying vessel is chartered or booked by accountee or their shipping agents.

12. ( ) Other documents, if any：

 a) Certificate of Origin in ____copies issued by authorized institution.

 b) Certificate of Health in ____copies issued by authorized institution.

Additional instructions：

1. ( ) All banking charges outside the opening bank are for beneficiary's account.

2. ( ) Documents must be presented with ____days after the date of issuance of the transport documents but within the validity of this credit.

3. ( ) Third party as shipper is not acceptable. Short Form / Blank Back B/L is not acceptable.

4. ( ) Both quantity and amount ____% more or less are allowed.

5. ( ) prepaid freight drawn in excess of L/C amount is acceptable against presentation of original charges voucher issued by Shipping Co. / Air line / or it's agent.

6. ( ) All documents to be forwarded in one cover, unless otherwise stated above.

7. ( ) Other terms, if any：

Advising bank：

Account No.：	with	（ name of bank ）
Transacted by：		Applicant：name, signature of authorized person ）
Telephone No.：		（ with seal ）

（三）填写开证担保书

开证时申请人必须与开证行签订"开证担保协议"。开证担保协议一般由开证银行根据信用证业务的惯例，事先印就格式供申请人需要时填写。

三、开证行开出信用证和修改信用证

开证行如接受申请人的开证申请，就必须在合理的工作日内开出信用证，信用证交通知行通知受益人。

（一）审查开证申请人的申请开证文件

1. 审查开证申请书

审查开证申请书时重点审核：

（1）申请书的内容有无违反国际惯例的条款。

（2）申请人的英文名称与所递交申请的企业名称是否相符。

（3）受益人的名称、地址是否齐全。

（4）申请开证的金额大小写是否一致。

（5）货物描述中的单价、货量及总价是否相符合。

（6）货物名称及规格是否齐全。

（7）申请书中所要求的单据条款有无自相矛盾之处。

（8）信用证申请书上的附加条款及其他特别需要说明的条款。

（9）申请书中有无公章、法人代表章和财务专用章。

（10）开证申请人是否填明全称、地址、邮政编码以及联系电话、联系人等。

鉴于信用证是以规定的单据为业务办理的对象，UCP600第四条b款指出："开证行应劝阻申请人试图将基础合同、形式发票等文件作为信用证组成部分的做法。"UC600第十四条h款规定："如果信用证含有一项条件，但未规定用以表明该条件得到满足的单据，银行视为未作规定并不予理会。"因此，开证行在审查开证申请书时，应要求申请书对信用证条款内容都应有相应的单据或以相应单据需体现的内容为要求，而剔除没有达到上述要求的内容。

2. 审查开证申请人的资信情况

开证申请人的资信好坏直接关系到开证银行受理该笔业务后，能否按照国际惯例顺利付款，以及开证银行自身资信是否会受到影响等。银行通过审核申请人的基本材料，可以了解申请人资信的基本情况。这些材料主要包括：申请人的营业执照；进出口业务批件；企业组织机构代码；税务登记证；企业的各种印鉴，包括公章、法人章、财务专用章、业务专用章等。

3. 查验进口开证应提供的有效文件

检查根据国家有关外汇、外贸管理的规定，进口商应提交有关文件并保证文件的有效性和可靠性。

（二）审查该笔业务的贸易背景

银行在开立信用证前，对于该笔业务贸易背景进行认真审核。一般情况下，开立信用证需要有贸易背景。要特别注意无贸易背景的信用证、热门商品及开立无货权凭证的信用证。同时，还要重视合规审查，注意在复杂的贸易背景中厘清各贸易关联方，以免落入相关国家国际制裁名单。

扫码学习有关案例

（三）落实开证抵押

开证抵押的方法主要有以下三种。

1. 收取保证金

开证申请人申请开证时，开证行通常收取一定额度或一定比例的现款保证金，以减少开证申请人的资金被占压，同时降低开证行垫付资金的风险。对此类保证金，通常计付活期利息。若申请人在开证行有存款，则可以用存款作抵押。

2. 以出口信用证作抵押

用自有外汇支付货款的开证申请人，如果其资信较好，又有经常性的金额较大的出口业务，开证行可以用其出口信用证作抵押。但应注意，出口信用证的金额应当大于需支付的进口金额，且收款时间即信用证的有效期也必须早于付款时间。

3. 凭其他银行保函

开证行向申请人收取押金，目的是避免出现付款后得不到偿还的情况。因此，倘若申请人能够提交其他银行为其出具的保函，开证行也可以开证。

（四）开立跟单信用证

1. 正确选择国外通知行

开证行根据本身的代理行协议，正确选择国外通知行。为了有利于及时验核信用证的真实性和通知信用证，开证行应选择自己在受益人所在地的联行或代理行为通知行。

2. 开证前登记

开证之前每笔信用证都应在信用证开证登记本上进行登记、编号，登记内容包括：信用证号码、开证日期、开证货币及金额、通知行、开证申请人、合同号等。

3. 缮制信用证

根据申请人开证方式要求及开证申请书内容，选择正确的开证方式，并缮制信用证。

4. 复核信用证

完成缮制信用证后，应根据开证申请书的内容，逐一仔细审核，确保信用证内容完整、准确。经部门经理核签后，以 SWIFT 方式开出信用证。

5. 信用证的修改

由于交易的有关情况发生变化或者开证申请书条款与交易合同存在不一致或者信用证开立出现失误等原因，申请人或受益人可能要求开证行对已经开出的信用证进行修改。开证行接受这一要求并修改信用证时，应注意以下几种情况。

（1）信用证修改的生效。

①UCP600 第十条 b 款规定：开证行自发出修改之时起，即不可撤销地受其约束。

②上述同一条款还规定：保兑行可将其保兑扩展至修改，并自通知该修改之时起，即不可撤销地受其约束。但是，保兑行可以选择将修改通知受益人而不对其加具保兑。若然如此，其必须毫不延误地将此告知开证行，并在其给受益人的通知中告知受益人。

以上条款表明，在开证行发出信用证修改和保兑行表明其保兑扩展至修改起，只要受益人未明确表示拒绝修改，则开证行和保兑行就受修改条款的约束。

③UCP600 第十条 c 款规定：在受益人告知通知修改的银行其接受修改之前，原信用证（或含有先前被接受的修改的信用证）的条款对受益人仍然有效。受益人应提供接受或拒绝修改的通知。如果受益人未给予通知，当交单与信用证以及尚未表示接受的修改的要求一致时，即视为受益人已作出接受修改的通知，并且从此时起，该信用证被修改。

④UCP600 第十条 f 款规定：修改中关于除非受益人在某一时间内拒绝修改，否则修改生效的规定应不被理会。这就明确否定了曾经有过的所谓"默认接受"的说法。

以上条款表明，若受益人表态接受修改，则修改成立，开证行应按照修改后的信用证（信用证上未被修改的条款仍然有效，被修改的条款则以修改后的内容为准）审查单据；若受益人拒绝修改，或者受益人未表示是否接受修改，则修改无效，开证行只能按照信用证原条款审查单据。

⑤ UCP600 第十条 e 款规定：对同一修改的内容不允许部分接受，部分接受将被视为拒绝修改的通知。即如果受益人收到的修改书中有多项修改内容，受益人只愿接受其中的一部分，则必须通过通知行，向开证行表示拒绝该份修改，同时希望开证行另行开立一份修改，这后一份修改将只包含受益人愿意接受的修改条款。如果开证行按照受益人的要求，再次开立修改书，并传递给了受益人且为受益人所接受，则前一份修改不生效，而后一份修改生效。

⑥ UCP600 第三十八条 f 款规定：对于可转让信用证，如果信用证转让给数名第二受益人，其中一名或多名第二受益人对信用证修改的拒绝，并不影响其他第二受益人接受修改。对接受者而言，该已转让的信用证即被相应修改，而对拒绝修改的第二受益人而言，该信用证未被修改。所以，出现这样的情况时，开证行面临的随后审查不同的第二受益人提交的单据所依据的信用证条款就将有所不同：对接受修改的第二受益人所提交的单据，要依据修改后的信用证条款，而对拒绝或未接受修改的第二受益人所提交的单据，则只能依据原信用证条款。这就说明，开证行开立可转让信用证的责任将明显增加。

⑦ UCP600 第九条 a 款指出：非保兑行的通知行通知信用证及修改时不承担承付或议付的责任。

（2）信用证修改的传递。

信用证的修改必须通过原信用证的通知行通知受益人。UCP600 第十条 d 款规定：通知修改的银行应将任何接受或拒绝的通知转告发出修改的银行。

扫码学习有关案例

四、通知行审证并将信用证通知受益人

当通知行收到开证行信开或电开的信用证后，应做好如下工作。

（一）受理来证

通知行收到国外开来的信用证应立即核验印鉴或密押，并签收登记。一经核符，立即通知受益人。

UCP600 第八条 c 款规定：通知行可以通过另一银行（第二通知行）向受益人通知信用证及修改。第二通知行通知信用证或修改的行为表明其已确信收到的通知的表面真实性，并且其通知准确地反映了收到的信用证或修改的条款。之所以需要"第二通知行"，是因为有时开证申请人会应受益人的提请，向开证行提示通知行的名称，但该通知行并非开证行的代理行。为了有效地传递信用证，同时尊重申请人的指示，开证行就在选择自己的代理行的同时，嘱其再通过开证申请人指示的通知行将信用证传递给受益人。这时，信用证就将出现"advise through"另一家银行传递信用证的情况，这就表示，开证行授权第一通知行通过第二通知行（the second advising bank）向受益人传递信用证。第二通知行的责任与第一通知行的责任完全相同。

（二）审证

1. 信用证可接受性的审核

信用证可接受性的审核主要包括以下三方面。

（1）审查来证国家是否与我国建立正式外交关系及对我国的政治态度。

（2）审查开证行资信、实力、经营作风，要求开证行必须是我国银行的代理行或海外分行。对有风险的、信用证金额超过对其授信额度的来证，应根据实际情况，建议受益人向开证行提出以下要求：

①由第三家银行加保。

②加列允许电索条款。

③由偿付行确认偿付。

④要求改为分批装运。

⑤向通知行缴纳保证金。

⑥修改有关条款。

所谓"授信额度"是指信用证的金额与开证行的资产总额的比例。为了规避风险，一家银行所办理的任何一笔业务的金额都不应该超过其资产总额的一定比例。

（3）审查信用证有无"软条款"。如发现有"软条款"，应对其划线以提请受益人注意并要求开证行修改或删除，使信用证正式生效和开证行确认自己的第一性付款责任。

扫码学习信用证"软条款"

2. 信用证可操作性的审核

信用证可操作性的审核主要包括：

（1）正、副本信用证号是否一致。

（2）来证货币是否为我国有外汇牌价的可兑换货币。大小写金额是否一致。

（3）来证条款之间、要求的单据之间是否存在矛盾。要求受益人提交的单据是否合理，受益人能否出具或在当地获得，如信用证要求受益人提交领事发票，若保留这一条款，受益人就不仅要增加许多费用——因为外国的大使馆都集中在首都，而大多数地方没有进口国的领事馆，受益人想得到进口国的领事发票就将增加不少费用支出，而且很难掌握获得领事发票的准确时间，这就可能影响按时交单。

（4）信用证的兑用方式，即信用证属于即期付款、延期付款、承兑或议付信用证中的哪一种。

（5）信用证的有效到期地点。正常情况下，信用证的有效到期地点应在受益人所在国，即确认受益人在信用证规定的有效到期日在其所在地向指定银行交单为有效。

（6）对出口地银行寄单方式、索汇或索偿的线路安排是否明确而合理。避免索汇线路迂回而延长索汇或索偿的时间，无形中减少本应得到的收益。

（7）信用证上是否注明该证依据国际商会《跟单信用证统一惯例》（UCP600）开立。在信用证上说明开立依据，已成为各国银行的普遍做法。

（8）注意开证行对通知行加具保兑的安排。通知行应在全面审证的基础上，加强考核开证行的经营情况，权衡加具保兑的风险，以决定是否应开证行或受益人的要求加具保兑。一旦决定保兑与否之后，应尽快通知开证行和受益人。

扫码学习有关案例

（三）通知信用证

1.编号与登记

信用证审核无误后，应编制信用证通知流水号，并在信用证上加盖"×× 银行信用证专用通知章"，同时对信用证做接收登记。

2.通知信用证

完成上述审查信用证后，缮制通知面函，并在一个工作日内通知受益人。

五、受益人按信用证的要求向指定银行交单

受益人收到信用证后也需要审证，不过同银行审证的侧重点不同，受益人审证时主要侧重于与贸易有关的问题。在审核信用证无误后，或者在开证行修改了原先信用证中受益人不能接受的条款后，受益人即可根据信用证要求在规定的期限内发货、制作单据。受益人缮制和备妥信用证规定的单据后，即可到银行交单。

扫码学习有关案例　　扫码学习受益人审证注意事项

受益人向银行交单，除了应将信用证规定的单据种类、份数都备齐外，还特别要注意信用证对交单时间的规定。举例如下：某信用证规定的信用证有效到期日为某年的 8 月 14 日，有效到期地点为受益人所在国家（城市），最迟装运日期为当年的 7 月 31 日，最迟交单期为货物装运后 14 天，并且不能晚于信用证的有效到期日。受益人于当年 7 月 20 日完成货物装运，并得到承运人当天签发的运输单据。那么，该项信用证业务中，受益人向当地银行交单的最后日期只能是当年 8 月 3 日。

UCP600 第二十九条 a 款规定：如果信用证的截止日或最迟交单日适逢接受交单的银行非因第三十六条所述原因（不可抗力——编者注）而歇业，则截止日或最迟交单日，视何者适用，将顺延至重新开业的第一个营业日。该条 b 款要求：如果在顺延后的第一个银行工作日交单，被指定银行必须在其致开证行或保兑行的面函中声明是在根据第二十九条 a 款顺延的期限内提交的。该条 c 款规定，上述情况不适用于对最迟装运日的确定。

受益人在确认全部单据都备齐后，可填写银行提供的空白的交单联系单，并附上全部单据，向银行交单。

扫码学习有关案例

六、出口地银行审查受益人提交的单据并向开证行寄单索汇

（一）出口地银行接受受益人提交的单据

出口地银行受理单据。面对受益人提交的单据，出口地银行对照“客户交单联系单”上的记载，进行一一清点并登记，特别是正本单据的种类及份数。UCP600 第三条规定：单据可以通过书签、摹样签字、穿孔签字、印戳、符号表示的方式签署，也可以通过其他任何机械或电子的正式方法签署。银行在点收了受益人提交的单据的同时，要对照同时提交的信用证及修改（若有，并被受益人接受），确认两者之间不存在矛盾。然后可以在客户交单联系单上做相应的批注。客户交单联系单如附式 5-4 所示。

附式 5-4　客户交单联系单

致：招商银行

<table>
<tr><td colspan="18">兹随附下列出口单据一套，信用证业务请按国际商会现行《跟单信用证统一惯例》办理，跟单托收业务请按国际商会现行《托收统一规则》办理。</td></tr>
<tr><td>信用证</td><td colspan="10">开证行：</td><td colspan="7">信用证号：</td></tr>
<tr><td></td><td colspan="4">信用证附　次修改</td><td colspan="5">提单日期：</td><td colspan="4">有效期：</td><td colspan="4">交单期限：　天</td></tr>
<tr><td>无证托收</td><td colspan="17">付款人全名及详址：</td></tr>
<tr><td></td><td colspan="15">代收行外文名称及详址（供参考）：</td><td></td><td></td></tr>
<tr><td></td><td colspan="5">交单方式：(　) D/P (　) D/A</td><td colspan="10">付款期限：</td><td></td><td></td></tr>
<tr><td colspan="10">发票编号：</td><td colspan="5">核销单编号：</td><td colspan="3">金额：</td></tr>
<tr><td rowspan="2">单据</td><td>名称</td><td>汇票</td><td>发票</td><td>海关发票</td><td>装箱单/重量单</td><td>产地证</td><td>GSP FORM A</td><td>数量/质量/重量证</td><td>检验/分析证</td><td>出口许可证</td><td>保险单</td><td>运输单据</td><td>受益人证明</td><td>船公司证明</td><td></td><td></td><td></td></tr>
<tr><td>份数</td><td></td><td></td><td></td><td></td><td></td><td></td><td></td><td></td><td></td><td></td><td></td><td></td><td></td><td></td><td></td><td></td></tr>
<tr><td colspan="18">委办事项（打“×”者）
(　　) 上述单据我司申请办理押汇；
(　　) 上述单据系代理出口项下业务收妥后请原币划＿＿＿＿＿＿＿＿
开户行：＿＿＿＿＿＿＿＿　账号：＿＿＿＿＿＿＿＿
(　　) 单据中有下列不符点：(　　) 请向开证行寄单，我司承担一切责任；
(　　) 请电询开证行同意后寄单；
(　　) 请征询我公司意见；
(　　) ＿＿＿＿＿＿＿＿
公司联系人：　　　　联系电话：　　　　公司签章：</td></tr>
</table>

续表

银行记录专栏	业务编号		接单日期：			
	银行费用：议付/托收：		邮费：	电费：	小计：	
	费用由　　　承担	索汇方式：		寄单方式		
审单记录：						
			银行经办： 审单日期：		银行复核： 审单日期：	

（二）出口地银行审单

1. 审单步骤

（1）信用证有效性的审核。审核出口商随单据提供的信用证是否系信用证正本（对副本或复制信用证一律不予接受），信用证修改书及其附件是否齐全、有效期是否已过、金额是否用完。

（2）清点单据。清点随信用证提供的单据种类、正本份数，以确认所提供的单据符合信用证要求。

（3）以信用证为中心，按信用证条款从上到下、从左至右逐条对照单据，仔细审核，以确定信用证内容能在单据上得到体现。审单过程中，若发现有不符点，应及时记录，并根据其具体情况联系修改或采取其他安全收汇措施。

（4）以发票为中心，审核其他单据，确保单单相符。

2. 审单的标准

UCP600第十四条a款规定：按指定行事的被指定银行、保兑行（若有的话）及开证行须审核所提交的单据，并仅基于单据本身确定其是否在表面上构成相符交单。UCP600第二条规定：相符交单指与信用证条款、本惯例的相关适用条款以及国际标准银行实务一致的交单（Complying presentation means a presentation that is in accordance with the terms and conditions of the credit, the applicable provisions of these rules and international standard banking practice）。这是《跟单信用证统一惯例》第一次对于相符交单进行清晰的定义。特别值得注意的是，这一定义与传统上人们对于相符交单的理解存在较大的差异。传统上，在银行从事国际结算工作的员工以及进出口企业的单证人员对于相符交单的理解是所谓的"八字真言"，即"单证一致、单单一致"；而在UCP600的规则之下，相符交单的含义被扩大了：受益人提交的单据不但要做到"单证一致、单单一致"，而且要做到与UCP的相关适用条款保持一致，还要做到与国际标准银行实务（ISBP）一致，只有同时符合以上三个方面的要求，受益人所提交的单据才是相符单据，如图5-5所示。以下我们通过几个实例来具体解读什么叫相符交单（complying presentation）。

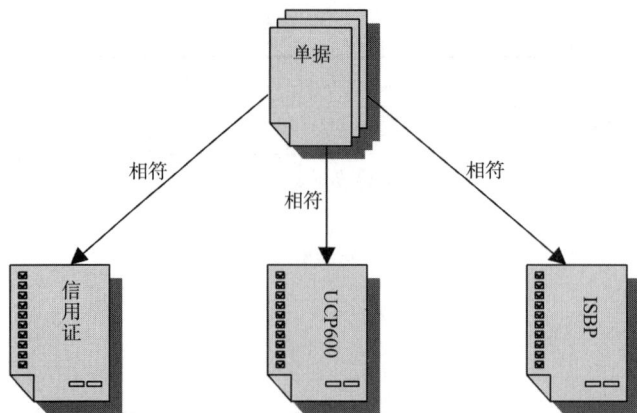

图 5-5　相符交单

（1）情形之一：单证一致，单单一致。

①单证一致，就是以信用证及修改（若有，并被受益人接受）条款为依据，逐一地审查其规定受益人提交的单据，要求这些单据的种类、份数、具体内容以及交单的行为都符合信用证及修改（若有）条款的规定。这是银行的纵审。

假如信用证中包含以下条款：Insurance policy/certificate in duplicate for 130 percent of the invoice value showing claim payable in China in currency of the drafts blank endorsed covering ocean marine transportation all risks and war risks，那么受益人必须按照信用证规定的投保比例即 130% 向保险公司投保，而不是按照 UCP600 第二十八条规定的 110% 的比例投保。也就是说，当信用证中规定的条款与 UCP600 的条款出现冲突时，信用证条款具有优先权，单据制作以信用证条款为准。

②单单一致，就是以商业发票为中心，审核各项商业和金融单据，要求同一份信用证项下的所有单据的相关内容一致或不矛盾。这是银行的横审。比如货物名称、数量、金额、包装、唛头等，必须在表面上相同或一致，不得相互矛盾。

需要注意的是，UCP600 第十四条第 d 款强调，单证之间、单单之间及单内的信息无须"完全等同"（identical），仅要求"不得冲突或矛盾"（must not conflict with）即可。这与 UCP500 的审单标准"单证相符，单单不得互不一致"（not inconsistent with）相比，体现了审单标准宽松化的趋势，如图 5-6 所示。因为此前的"严格相符"导致了大量的拒付，从而严重影响了信用证业务的进行。

（2）情形之二：交单须与 UCP600 的相关适用条款保持一致。众所周知，一份信用证的背后往往存在一份由进出口商双方签订的销售合同，但信用证与其所可能依据的销售合同在法律上是完全独立的两份法律文件，UCP600 第二条对信用证的定义是：信用证是指一项不可撤销的安排，无论其如何命名或描述，该项安排构成开证行对相符交单予以承付的确定承诺。既然如此，信用证不可能也没有必要完完整整地把基础合同中的条款全部反映到信用证条款中，开证申请人（进口商）通常只是有选择性地在信用证中规定那些证明受益人履行其各项义务的单据。这就可能出现下述情形：在信用证对某些事项未做出明确规定的情况下，受益人应当如何办理呢？这时 UCP600 中的"相关适用条款"就发生效力了。例如，当信用证规定了受益人需提交正本运输单据，却未明确规定受益人装运后提交单据的期限时，受益人或其代表就要按照 UCP600 第十四条（单据审核标准）c 款的规定，在不迟于装运后的 21 个公历日内交单。这就是说，当信用证条款未有明确规定时，按照 UCP600 的相关适用条款办理。

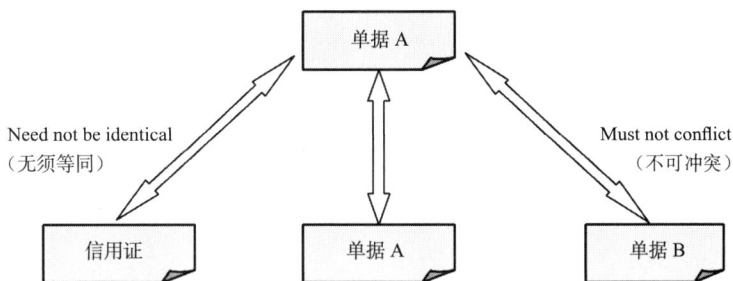

图 5-6　UCP600 审单标准的宽松化

（3）情形之三：交单须与国际标准银行实务保持一致。在实务中，我们往往还会遇到这样的情形，信用证和 UCP 都未对某些事项做出明确规定，这时，国际标准银行实务即 ISBP 就开始产生效力。例如，当信用证要求提交 Form A 产地证，同时要求提单须做成 To order of shipper 或 To order of issuing bank 这类指示性抬头时，Form A 产地证上的第二栏收货人信息应如何显示呢？ISBP 对此作出了明确的规定：如果信用证要求运输单据作成"凭指示""凭托运人指示""凭开证行指示""凭指定银行（或议付行）指示"或"货发开证行"式抬头，则原产地证明可以显示收货人为信用证中除受益人以外的任何一个具名实体。

扫码学习
ISBP745 简介

以上我们对 UCP600 规定的"相符交单"进行了详细分析，需要说明的是，在实际的信用证交易中，即使受益人提交的单据符合信用证、UCP 以及 ISBP 的规定，但仍不能保证这样的单据一定能够获得开证行的付款。比如，UCP 与一般的信用证中都没有汇票必须由出票人签字的规定。但是一张没有出票人签字的汇票肯定是不合格的，根据票据法，没有这项要式内容的票据不成立。所以，合格的单据还必须符合法规（legally acceptable）以及常规（commonsense），比如毛重应大于净重（除非是"以毛作净"，即 gross for net），否则进口商或开证行有权拒付。此外，按照 UCP600 的最新规定，"单据必须满足其功能需要"。

另外，交单时间也要符合信用证的规定。信用证对受益人履约的时间做了以下规定：

①信用证的有效到期日。

②受益人最迟装运日期。

③受益人向指定银行最迟提交单据的日期。

前两项具体规定了某年、月、日，第三项则包括两点：一是在信用证的有效期内，二是货物装运后（以运输单据签发日期为据）次日起算的若干天内。举例说明，某信用证规定，该信用证的有效到期日为某年 4 月 30 日（有效到期地点为受益人所在地），最迟装运期为当年 4 月 16 日，要求受益人在货物装运后的 14 天内向银行交单。若受益人已较早备好货并联系好装运，货物于当年 4 月 5 日完成装运，并得到承运人签发的正本运输单据，则该受益人必须在当月 19 日之前向银行提交全套合格的单据，若到当月 20 日或迟于当月 20 日向银行交单，即使没有超过信用证的有效到期日（当月 30 日），由于交单日期距离完成货物装运日期超过了 14 天，虽然各项单据的种类、正本的份数以及单据上的文字记载都符合信用证规定，仍然要被判断为不满足"相符交单"的要求。审单的方法如图 5-7 所示。

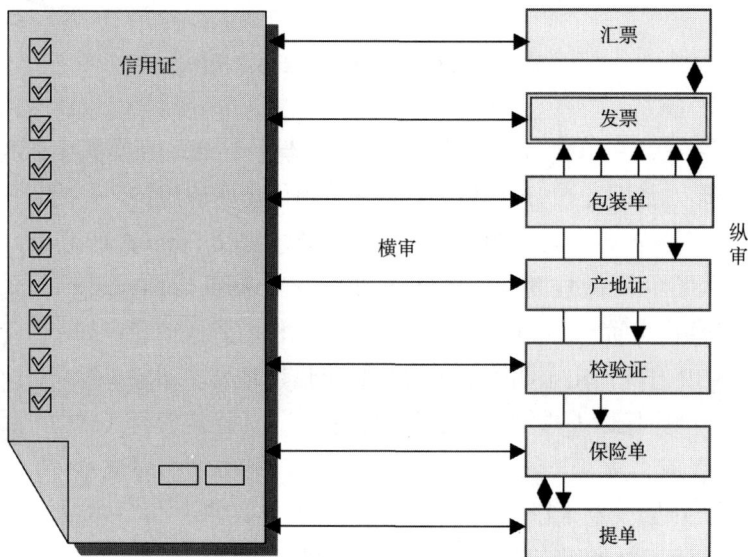

图 5-7　审单的方法

在横审和纵审中，一旦发现单据中存在不符点，应及时记录到审单记录表上。

3. 发现单据不符点后的处理

出口地银行在审核单据中，如果发现存在与信用证条款不一致，或信用证的规定不能在单据上得到证实，或单据之间彼此矛盾等现象，都将被视为单据存在不符点。在实务操作中，有些不符点可以避免或通过更正或重制，使其满足相符的要求。但由于客观情况的变化，例如船只误期、航程变更、意外事故等，使得差错无法避免，以及存在不符点的单据并非受益人制作。这种不符点无法通过上述手段消除。这时可供选择的方案如下：

（1）由受益人授权寄单。由受益人授权寄单是指在受益人授权下，将带有不符点的单据以等待批准方式寄送给开证行（保兑行——若有）。由开证行（保兑行）审查单据后决定是否接受单据。

（2）电提方式。如果带有不符点的单据已无法更改，单据涉及金额较大，出口地银行可以用电讯方式向开证行提出不符点，征询开证行的意见，电文中要求开证行迅速电复是否同意接受单据，这就是电提。常见的电提不符点有：起运港或装运港有误、金额有出入、货物品名与信用证略有不同、提单上有批注、唛头有误等。如果开证行复电表示同意接受带有不符点的单据，并在电文中说明"if otherwise in order"，即认定单据在其他方面已达到"相符"的要求。电提方式的特点是解决问题快，并且单据由出口地议付行掌握，对出口方而言较为稳妥，即使在未获议付授权的情况下，出口方也可及时处理货物及有关问题。但是往来的电报费用均由出口方承担。国际商会第 535 号出版物案例研究的第 4 个案例指出：开证行接受不符点，授权出口地银行按信用证原规定向受益人兑付的方式办理，即可认为开证行视同不符点已做必要修改或补充，从而满足相符交单的要求。电提方式适用于金额较大、分别向两地寄单、向付款行或偿付行索汇等情况。

（3）表提方式。若单据中的不符点已无法更改，涉及的金额较小，受益人（出口方）可事先将单据中的不符情况通知开证申请人（进口方），若申请人同意接受单据，则申请人向出口地银行出具担保书。出口地银行凭担保书议付寄单，并在寄单面函中具体指出不符点所在。表提方式适用于金额较小、来证规定单到开证行付款的情况，对于向付款行、偿付行索汇者亦可酌情采用。

（4）凭保兑付。在受益人或受益人的往来银行提供担保的条件下，按照信用证原有的安排，向受益人办理相应的兑付，而由受益人承担有关的各项费用和利息，并保留对受益人的追索权。

（5）改作托收寄单。如果单据不符点较多或单据中有严重不符点（如超过最迟装运期、超过信用证有效期、货物溢装、金额超出信用证规定）时，可以考虑改作托收寄单，出口地银行在寄单面函中将单证不符点一一向开证行说明。当议付单据改为托收寄单时，出口方对货款的收回已失去了银行保障。能否将货款收回取决于进口方的信用。这种方式只能在不得已的情况下采用。

4. 银行审单的时间

UCP600 第十四条 b 款规定：按指定行事的被指定银行、保兑行（若有）及开证行各有从交单次日起的至多五个银行工作日用以确定交单是否相符。这一期限不因在交单日当天或之后信用证截止日或最迟交单日届至而受到缩减或影响。

例如：根据信用证条款计算出的最迟交单日为 7 月 6 日，信用证有效期为 7 月 7 日，单据于 7 月 1 日交到开证行，则开证行仍然有从 7 月 4 日起算的最长 5 个银行工作日的时间来审核单据，即该行最迟可于 7 月 8 日确定是否接受单据。这一日期不能因为此时已过最迟交单日和信用证有效期而被缩短至 7 月 6 日或 7 月 7 日（图 5-8）。

日期	周五	周六	周日	周一	周二	周三	周四	周五	周六
7月	1	2	3	4	5	6	7	8	9
工作日	0	×	×	1	2	3	4	5	

交单日

图 5-8　银行审单时间

（三）向开证行或保兑行（若有）寄单索汇

在信用证业务中，由于开证银行（保兑银行——若有）在受益人相符交单条件下，承担第一性付款责任，银行间的头寸划拨安排，要比汇款、托收方式下的银行间头寸划拨更复杂。国际商会为此专门制定了《跟单信用证项下银行间偿付统一规则》（*Uniform Rules for Bank-to-Bank Reimbursements under Documentary Credits*，URR525）。UCP600 实施后，为了使 URR 与 UCP600 相适应，国际商会对 URR525 作了一些修订，于 2008 年 7 月公布了新版《跟单信用证项下银行间偿付统一规则》，即 URR725，于 2008 年 10 月 1 日实施。

在确认受益人满足"相符交单"要求，或者经修改、补充后满足"相符交单"的要求后，出口地银行就可以寄单索汇了。

1. 寄单行寄单索汇的基本要求

寄单行在寄单索汇时，要注意仔细阅读信用证的"寄单指示"和"偿付条款"，熟悉有关账户的分布情况，采用迅速快捷的方法寄单索汇。

信用证项下偿付条款的方式通常有单到付款、向偿付行索汇、主动借记和授权借记等。

（1）单到付款：议付行向开证行寄单索汇，开证行审单无误后才付款，即开证行单到付款。信用证上偿付条款措词通常是：Upon receipt of the documents in compliance with credit terms，we shall credit your a/c with us/remit the proceeds to the Bank named by you.

（2）向偿付行索汇：有些信用证指定了第三家银行代为偿付，这家银行即偿付行（一般是信用证货币的发行国）。开证行在信用证上的指示为：In reimbursement of your negotiation under this credit，please draw on our a/c with ABC Bank（reimbursing bank）.

（3）主动借记：指开证行（或其总行）在议付行开有账户，信用证规定议付行在办理议付后可立即借记其账。开证行在信用证上的指示为：Please debit our a/c with you under your cable/airmail advice to us.

（4）授权借记：指开证行在议付行开有账户，议付行只有在开证行收到正确单据并授权其账户行借记时，才借记开证行的账户。开证行在信用证上的指示为：Upon receipt of the shipping documents in compliance with the terms of L/C，we shall authorize you to debit our a/c with you.

2.信用证项下的寄单路线

信用证项下的寄单路线一般有两种情况：

（1）汇票寄偿付行，其余单据寄开证行。国外开证行在信用证中授权另一家银行作为信用证偿付行时，往往要求将汇票寄往该偿付行。寄单索汇时，应根据信用证要求将汇票寄往偿付行，其余单据寄往开证行。

（2）全部单据寄开证行。如果信用证规定将全部议付单据寄往开证行，则应根据规定照办无误。不符点出单时，无论信用证的寄单路线如何规定，都应将所有单据寄往开证行。在保兑信用证项下，则应该将全部单据分为两封航空挂号信寄给保兑行。

3.寄单方式

通常，信用证项下的寄单方式有以下两种：

（1）一次寄单，即将全套单据放入一个信封内一次性寄出。

（2）二次寄单，即将全套议付单据分为两部分，分别寄出。

实务中多采用第二种方式，以免一次性寄单遇到该航班途中发生事故，影响单据的安全送达。两次寄出的单据中，分别应至少包括每一种单据的正本一份（若正本单据不止一份）。如果某一种单据只有一份正本，则应在第一次寄单时寄出。分两次寄单的目的是倘若第一次所寄单据遗失，可以凭第二次寄出的单据办理结算。

七、开证行或保兑行审单付款

（一）开证行或保兑行审单

开证行或保兑行审单的标准与出口地银行审单的标准是一样的，即单证相符，单单相符；符合法律，符合常规。

UCP600第十四条b款规定：按指定行事的被指定银行、保兑行（若有）及开证行各有从交单次日起的至多五个银行工作日用以确定交单是否相符。这一期限不因在交单日当天或之后，信用证截止日或最迟交单日到期受到缩减或影响。

（二）发现单据存在不符点时的处理

UCP600第十六条a款规定：当按照指定行事的被指定银行、保兑行（若有）或者开证行确定交单不符时，可以拒绝承付或议付。

同条b款规定：当开证行确定交单不符时，可以自行决定联系申请人放弃不符点。然而，这并不能延长第十四b款所指的期限。

同条c款规定：当按照指定行事的被指定银行、保兑行（若有）或者开证行决定拒绝承付或议付时，必须给予交单人一份单独的拒付通知。该通知必须声明：i.银行拒绝承付或议付；ii.银行拒绝承付或议付所依据的每一个不符点；iii.（a）银行留存单据听候交单人的进一步指示；或者（b）开证行留存单据直到其从申请人处接到放弃不符点的通知，并同意接受该放弃，或者其同意接受对不符点的放弃前，从交单人处收到其进一步指示；或者（c）银行将退回单据；或者（d）银行将按之前从交单人处获得的指示处理。

同条 d 款规定：第十六条 c 款要求的通知必须以电信方式，如不可能，则以其他快捷方式，在不迟于交单之翌日起第五个银行工作日结束前发出。

同条 e 款规定：按照指定行事的被指定银行、保兑行（若有）或者开证行在按照第十六条 c 款ⅲ项（a）点或（b）点发出了通知之后，可以在任何时候将单据退还交单人。

同条 f 款规定：如果开证行或保兑行未能按照本条行事，则无权宣称交单不符。

根据 UCP600 的上述规定，若认为单据未满足相符交单要求，开证行或保兑行必须在收到单据的次日起，在五个银行工作日内一次性、清晰明确地向受益人提出全部的不符点，并在拒付通知中说明对不符单据的处理办法。如果这项通知无法采用电信方式发出，则应该采用其他快捷方式发出。这是构成有效的拒付的要求。

若开证行或保兑行未能按照 UCP600 第十六条的规定行事，则无权宣称交单不符。

（三）确认相符交单后的处理

根据 UCP600 第十六条的规定，开证行和保兑行必须在收到单据次日起的五个银行工作日内判断其收到的单据是否满足相符交单的要求，如果确认单据已满足要求，就必须按照信用证所约定的方式向受益人办理付款、延期付款或承兑。

开证行或保兑行对受益人的付款都应是无追索权的，即终局性的。

八、开证行请申请人付足款项并将单据交申请人

开证行通过寄单行向受益人付款后，若申请人原先已经交足了开证保证金，即可向申请人交单；若申请人原先未交足开证保证金，则应马上通知申请人赎单，开证行赎单通知称为"AB 单"（accepted bill）。申请人在接到开证行的赎单通知后，必须立即到开证行付款赎单。申请人在赎单之前有权审查单据，如果发现不符点，可以提出拒付，但拒付理由一定是单单之间或单证之间表面存在不符，而不是就单据的真实性、有效性以及货物质量存在的问题提出拒付。实务中有时尽管存在不符点，如果不符点是非实质性的，申请人也愿接受单据，就不能是有条件的，而且必须在合理时间内付款。

申请人向开证行付款赎单后，在该项贸易选择以海洋运输方式下，即可凭海运提单向有关承运人提货；在该项交易选择其他运输方式时，则分别按该方式的相关提货要求办理提货。至此，该项交易的结算过程结束。

第三节 信用证的种类

信用证的种类很多，可以从不同的角度来划分。一份信用证可以具有多种信用证的特征。例如一份信用证可以同时具备即期的、不可撤销的、加具保兑的、可转让的、可循环的特征。每一种信用证都是与进出口业务的实际需要紧密联系在一起的，在实际应用中注意选择适用。

一、光票信用证与跟单信用证

信用证按用途及是否附物权单据，可分为光票信用证和跟单信用证。

（一）光票信用证

光票信用证（cash/clean credit）是指不随附单据的信用证，其主要用于非贸易项下。随着国际结算方式的不断演变和发展，其已被旅行支票和信用卡取代，现在已经很少见到。光票信用证的主要内容是：申请人向银行申请开立信用证，并交受益人，受益人可在信用证的有效期内，在信用证总额的范围内，一次或数次向指定银行凭汇票或支取收据支取现金。

（二）跟单信用证

跟单信用证（documentary letter of credit）是指在付款、承兑和议付时，需要随附商业发票、商品检验证书、产地证、装箱单、保险单（若交易双方以 CIF、CIP 等由出口方办理货物运输保险手续）、运输单据等商业单据，并视情况决定是否需要汇票的信用证。国际贸易结算中使用的信用证绝大多数是跟单信用证。跟单信用证的核心是单据，银行通过掌握物权单据来掌握货权，通过转移物权单据来转移物权，根据单据提供贸易信贷，保证付款，促进国际贸易的发展。

二、不可撤销信用证与可撤销信用证

不可撤销信用证（irrevocable L/C），是指信用证一经开出，即使开证申请人提出修改或撤销的要求，如果未征得开证行、保兑行（如有）以及受益人的同意，信用证既不能修改也不得撤销。对于不可撤销信用证而言，在其规定的单据全部提交指定银行或开证行，并符合信用证条款的条件下，便构成开证行一项确定的付款保证，即只要受益人提供与信用条款相符的单据，开证行必须履行付款责任。不可撤销信用证较好地体现了跟单信用证作为一项合同，其当事双方——开证行与受益人的平等地位，对受益人收取货款较有保障，在国际贸易中，当选择信用证结算方式时，普遍要求使用不可撤销信用证。因此，UCP600 只承认不可撤销信用证，即使信用证中没有加上相关字句说明，信用证仍然是不可撤销的，而 UCP500 在规定了不可撤销信用证的同时，还承认可撤销信用证（revocable L/C）。

但要注意，信用证业务实践中确实有一些信用证在形式上是"不可撤销"的，但却包含了"软条款"，或使信用证生效受限，或使开证行不承担本应由其承担的信用证责任。

对于信用证中所有的"软条款"，受益人都必须要求开证行删除或修改，以确认信用证的不可撤销性。

三、保兑信用证与不保兑信用证

信用证按是否有另一银行加以保证兑付，可以分为保兑信用证和不保兑信用证。

（一）保兑信用证

保兑信用证（confirmed L/C），是指开证行开出的信用证，由另一家银行保证对符合信用证条款规定的单据履行付款义务。换言之，一份信用证上除了有开证银行确定的付款保证外，还有另一家银行确定的付款保证。这家参加保兑、承担保兑责任的银行称为保兑行，保兑行通常是通知行，也可以是其他银行。

保兑信用证的产生，主要是由于受益人一般在对开证行的资信不够了解或不信任，或对进口国家的政治或经济形势有所顾虑；另外，有的开证行由于自身实力有限，担心自己所开出的信用证不被受益人接受或不易被其他行议付，可能主动要求另一家银行对该信用证加具保兑。被授权对信用证加具保兑的银行可以不保兑该信用证，但必须将自己的决定及时告知开证行。信用证经另一家银行保兑后，对出口方受益人而言，就取得了两家银行的付款保证。按 UCP600 第八条 b 款规定，信用证一经保兑，即构成保兑行在开证行以外的一项确定承诺。UCP600 第八条 a 款规定，保兑行对信用证所负担的责任与信用证开证行所负担的责任相当。即当信用证所规定的单据提交到保兑行或任何一家指定银行时，在完全符合信用证规定的情况下，构成保兑行在开证行之外的确定承诺。保兑行在付款后，即使开证行倒闭或无理拒付，保兑行对受益人也没有追索权。UCP 第八条 c 款规定：其他指定银行承付或议付相符交单，并将单据转往保兑行之后，保兑行即承担偿付该指定银行的责任。无论另一家被指定银行是否于到期日期前，已经对相符提示予以预付或者购买，对于承兑或延期付款信用证项下相符交单的金额的偿付在到期日办理。保兑行偿付另一家被指定银行的承诺独立于保兑行对于受益人的承诺。

信用证加保兑有以下几种做法：

（1）开证行在给通知行的信用证通知书中授权另一家银行（通知行）在信用证上加保。例如：

Adding your confirmation.

（2）通知行以加批注等方法列入信用证条款，以示该信用证具有保兑功能。例如：

This Credit is confirmed by us.

银行只能对不可撤销信用证加具自己的保兑。

保兑行有权决定是否将自己的保兑责任延展到信用证修改书的条款，并将自己的决定在传递修改书的同时，通知开证行和受益人。因此，受益人要注意保兑行的保兑责任是否延展到修改书的条款。

若保兑行是出口地银行，则受益人必须向保兑行交单；若保兑行不是出口地银行，则受益人在向出口地银行交单时应提请接受交单的银行，必须向保兑行寄单索偿或索汇，而不能绕开保兑行、径向开证行寄单索汇或索偿。

（二）不保兑信用证

不保兑信用证（unconfirmed L/C），是指没有另外一家银行加以保证兑付的信用证，即仅有开证行承担付款责任。国际上使用的信用证绝大多数是不保兑信用证，因为只要开证行信誉好，付款有保证，加保兑只是在非正常情况下的变通做法。

四、即期付款信用证、延期付款信用证、承兑信用证和议付信用证

信用证按兑付方式，可分为即期付款信用证、延期付款信用证、承兑信用证和议付信用证。关于四种信用证的比较如表 5-2 所示。

（一）即期付款信用证

即期付款信用证（sight payment credit）是指定一家银行凭受益人提交的单证相符的单据立即付款的信用证。这种信用证一般有"L/C is available by payment at sight"等类似词句，或者开证行在信用证上表明支付方式的栏目"by payment at sight"前的方框中打上"×"号。即期付款信用证的受益人将单据交给指定付款行，经审核单据相符付款。

由开证行充当付款银行的即期付款信用证被称为"直接付款信用证（straight credit）"。这种信用证所使用的货币通常是开证行所在国的货币。当信用证使用货币并非开证行所在国货币时，开证行就需要指定其本身在该货币结算中心的账户行作为被指定的付款银行。如果付款行不是开证行，付款行在付款后寄单给开证行索偿或按规定方式索偿款项，该付款的银行也可称为代付行。即期付款信用证可以规定需要或不需要汇票。如需要提供汇票，则汇票付款人应是开证行或被指定的付款行。开证行验单后对受益人的付款是无追索权的。被指定的付款行凭受益人的汇票付款后，也没有追索权，但可以用快捷的办法向开证行索偿，且应于索偿同日起息。

即期付款信用证的业务程序在第二节已做详细介绍。

（二）延期付款信用证

延期付款信用证（deferred payment credit），是指开证行在信用证上规定货物装运后若干天付款或交单后若干天付款的信用证。这种信用证一般有"L/C is available by deferred payment at ×× days after date of or sight..."等类似词句，或者开证行在信用证上表明支付方式的栏目"by deferred payment at..."前的方框内打上"×"号。

使用这种信用证是基于买卖双方签订的远期合同。延期付款信用证不要求受益人开立汇票。这是开证申请人为了避免承担其国内印花税的负担而提出的。但受益人也因此不可能利用远期票据贴现市场的资金，如需资金，只能自行垫款或向银行借款。由于银行贷款利息高于贴现利率，这种信用证的货物成交价要比银行承兑远期信用证方式的货价略高。

为了预防可能的被欺诈风险，未经开证行授权，在延期付款信用证项下，被指定银行不宜向受益人提供融资。而受益人可通过要求开证行提供另一家银行（如在不由开证行担任付款行时的付款行或偿付行）对该延期付款信用证加具保兑来降低风险。

表 5-2　四种信用证比较

条件	即期付款信用证	延期付款信用证	承兑信用证	议付信用证
汇票	需要或不需要	不需要	需要	需要或不需要
汇票期限	即期	—	远期	即期或远期
受票人	指定付款行	—	指定承兑行	开证行或议付行以外的其他银行
付款给受益人的时间	即期	延期	远期	即期付款但要扣减利息
起算日期	—	装运日、交单日或其他	承兑日、见票日或出票日	—
非保兑行的指定银行有无追索权	无	无	无	有
使用信用证的银行	开证行、通知行或其他行	开证行、通知行或其他行	开证行、通知行或其他行	开证行承付，通知行或其他行议付

扫码学习有关案例

（三）承兑信用证

承兑信用证（acceptance credit）是指规定出具远期汇票，受益人将远期跟单汇票提交给汇票付款行，经审单相符，该行在汇票上履行承兑行为，并在确定的到期日付款的信用证。开证行在信用证上表明支付方式的栏目"by acceptance of draft at ..."前的方框内打上"×"号，就表明该信用证为承兑信用证。承兑信用证项下，受益人必须签发汇票，信用证应在随后条款中明确汇票的受票人和付款时间等内容，而受票人不能是开证申请人。

承兑信用证的特点是在承兑前，银行对受益人的权利与义务是以信用证为依据的，承兑后单据与汇票脱离。承兑银行成为汇票的承兑人，按票据法的规定，应对出票人、背书人、持票人承担付款的责任。如果承兑行不是开证行，承兑行则单寄开证行索偿，说明汇票承兑及到期日，于到期日付款。如果受益人急需资金，可以提前要求承兑行贴现取得货款，但要扣除贴现息。承兑信用证的开出往往是基于买卖双方的远期付款合同。

在实务中，信用证所指定的付款行在承兑该信用证所要求的汇票后，并不将已承兑的汇票通过寄单行寄还出票的受益人，而是向受益人发出承兑通知书或承兑通知电，并自行保存汇票于承兑到期日付款，以避免已承兑汇票的寄送过程中可能发生的遗失等事故给最终付款造成困难。受益人收到承兑电或承兑书后，如欲加速资金周转，可以凭承兑电或承兑书向商业银行或贴现公司办理贴现，但相关的商业银行或贴现公司却无法利用这样的承兑电或承兑书办理再贴现。

（四）议付信用证

1. 议付与议付信用证

UCP600第二条规定：议付意指被指定银行在其应获偿付的银行工作日当日或之前，通过向受益人垫付或者同意垫付款项的方式，购买相符交单项下的汇票（其付款人为被指定银行之外的银行）/单据/汇票和单据的行为。UCP600对"议付"的定义可从以下四个方面理解。

（1）议付的前提是相符交单（complying presentation）。关于"相符交单"，UCP600中有明确定义。UCP600下，以往实践中经常发生的在不相符交单情况下办理的信用证项下的融资并不构成议付，交单行也不能获得议付行地位。

（2）议付是一种汇票/单据买入（purchase）行为。相对于UCP500的"付出对价"概念，UCP600所采用的"汇票/单据买入"的概念更为准确。因此，UCP600下指定银行是否具备议付行地位也更容易确定。

（3）议付是指定银行向受益人提供的一项融资——垫付或同意垫付款项。UCP600第十二条新增了融资许可条款：开证行指定一银行承兑汇票或做出延期付款承诺，即为授权该指定银行垫付或购买其已承兑的汇票或已做出的延期付款承诺。这一改变明确了有一定争议的远期议付信用证存在的合理性，同时也将指定银行对受益人的融资行为纳入国际惯例的保护范围。

（4）议付不局限于议付信用证。UCP500下只有议付信用证才能构成"议付"，在UCP600下不局限于议付信用证，议付信用证、即期付款信用证、延期付款信用证和承兑信用证均有可能构成"议付"。

议付信用证（negotiable credit）是指受益人在发运货物后可将跟单汇票或不带汇票的全套单据交给银行，请求其垫付票款的信用证。开证行在信用证上表明支付方式的栏目"by negotiation"前的方框内打上"×"号，即表明该信用证为议付信用证。议付信用证项下，若开证申请人要规避其国内印花税的需求，可要求受益人不签发汇票。

出口地银行经审单确认受益人已满足相符交单的要求，即可根据受益人的申请购买汇票、单据，垫款扣除从议付日到预计收款日的利息、议付费、单据邮寄及电信等费用（若该信用证在此前也由议付行通知受益人，而暂未向受益人收取信用证通知费，此时应一并收取）后将净款付给受益人，并背批信用证，然后按信用证规定将单据寄给开证行，向开证行或偿付行索偿。当开证行以确凿的理由说明受益人提交的单据存在不符点时，议付银行对受益人的议付有追索权。但如果保兑行议付，则对受益人无追索权。议付后，银行根据信用证规定寄出汇票、单据索偿。

概念辨析

议付、承付与承兑

议付（negotiation）——被指定银行（议付行）的汇票/单据买卖行为，属于"非终局"付款，有追索权。

承付（honour）——用于规定开证行和被指定银行的付款责任，属于"终局"付款，无追索权。

承兑（acceptance）——付款人承诺兑付远期汇票的票据行为，前提是必须有汇票。

有一句话较好地说明了议付和承付的不同，即开证行的行为永远不能称为议付，议付行的行为也永远不能称为承付，两者不能混用。

2. 议付信用证的种类

（1）限制议付信用证和自由议付信用证。按是否限定由某一家被指定的银行议付，议付信用证可分为限制议付信用证和自由议付信用证。

①限制议付信用证（restricted negotiable L/C），是指只能由开证行在信用证中指定的银行进行议付的信用证。限制议付信用证通常有如下类似文句："This credit is restricted with ××× bank by negotiation."产生限制议付信用证的原因可能是多方面的，其中最主要的一点是开证行为了给自己在受益人所在国家的分支机构、联行或代理行带来业务收入。限制议付信用证使受益人丧失了自由选择议付行的权利，对受益人不利；不仅如此，若开证行指定的限制议付银行远离受益人所在地，将给受益人带来许多不便，会增加受益人的成本和费用，还可能延误交单。一家银行经常开立限制议付信用证，也可能导致未被其选择为议付行的代理行采取"投桃报李"的对待，结果将

影响与代理行的正常业务往来。因此，实务中，限制议付信用证的使用有限。

②自由议付信用证（freely negotiable L/C），是指可以在任何银行议付的信用证，也被称为公开议付信用证（open negotiable L/C）。信用证中通常有如下文句："This credit is available with any bank by negotiation." 根据自由议付信用证，受益人可将相关单据提交给就近的任何能办理国际结算的商业银行，委托其办理结算。这对受益人很方便，因此，在贸易洽商时，若双方选择以议付信用证方式办理结算，出口商可要求进口商申请开立自由议付信用证。

（2）即期议付信用证和远期议付信用证。按议付行向受益人实际预付信用证规定款项的时间划分，根据 UCP600 第二条对"议付"所下的定义，包括向受益人垫付或者同意垫付款项、购买相符交单项下的汇票及 / 或单据的行为两种情况，则议付信用证可分为即期议付信用证和远期议付信用证。这是 UCP600 对 UCP500 相关规定的一项变动，UCP600 不再像 UCP500 那样强调仅审核单据而未付给对价并不构成议付。

跟单议付信用证工作流程如图 5-9 所示。

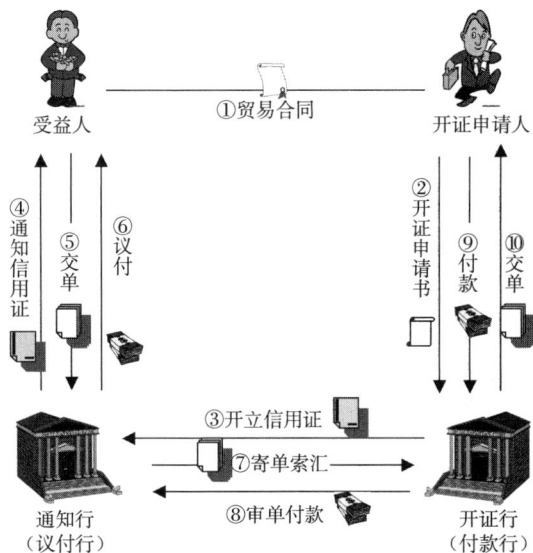

图 5-9 跟单议付信用证工作流程

五、假远期信用证

假远期信用证（usance credit payable at sight），是指在买卖双方商定以即期信用证付款的交易中，开证申请人出于某种需要，要求受益人开具远期汇票，但受益人可以即期收到足额款项，由开证申请人承担贴现利息和有关费用的信用证。因此，假远期信用证也被称为买方远期信用证（buyer's usance L/C）。判断一个信用证是否为假远期信用证，通常根据信用证是否具有"远期信用证可即期议付"等内容的条款来确定，信用证中通常有以下类似内容的条款：

"Usance draft can be negotiated at sight, discount and acceptance fee will for account of the applicant."

"Usance draft can be negotiated at sight, interest will be bore by the buyer." "Usance draft under this credit can be negotiated at sight."

"Draft at 180 days after sight ... This credit must be negotiated at sight basis."

（一）假远期信用证与即期信用证、远期信用证的区别

（1）假远期信用证项下的买卖合同规定的支付条件一般为即期信用证付款。远期信用证的买卖合同的支付条件则明确规定以远期信用证方式付款。

（2）假远期信用证和远期信用证均要求开立远期汇票，即期信用证则规定开立即期汇票或不使用汇票。

（3）假远期信用证规定汇票的贴现利息及承兑手续费等费用，概由开证申请人负担。远期信用证的远期汇票由于收汇而产生的利息、贴现息等一般由受益人负担，即期信用证没有贴现利息等问题。

（4）假远期信用证和即期信用证能即期收汇，而远期信用证不能即期收汇。

（5）即期信用证项下，申请人即期付款赎单，远期信用证和假远期信用证项下，申请人在到期日付款。

（二）使用假远期信用证的原因

（1）一些国家的银行利息一般较商人之间的借贷利息低，进口商使用假远期信用证，就是充分利用银行信用和较低的贴现息来融通资金，减轻经济负担，降低进口成本。

（2）一些国家由于外汇较紧张，外汇管理条例规定进口交易一律须远期付款。因此，银行只能对外开立远期信用证。在即期付款的交易中，进口商就采用远期信用证，而愿意承担贴现息、利息和费用的假远期做法。

（三）使用假远期信用证应注意的问题

（1）要审核来证中的假远期条款。例如来证明确规定开证银行负责即期付款或远期汇票可以在国外贴现，所有贴现利息及费用均由开证申请人或开证银行负担，一般可以接受。

（2）有的来证虽规定开证申请人负担利息及有关费用，但远期汇票不能贴现，待汇票到期一并收取本息，由于这种信用证实质是"远期加利息"而非"假远期"，特别是利息率不明确的，应该慎重考虑。例如来证仅规定受益人可以即期收汇而没有明确由何方负担有关费用，应要求开证申请人明确责任后，再给予考虑。

扫码学习有关案例

六、可转让信用证与不可转让信用证

根据受益人对信用证的权利是否可转让，可将信用证分为可转让信用证和不可转让信用证。

（一）可转让信用证

可转让信用证（transferable L/C）是指信用证的受益人（第一受益人）可以要求授权付款、承担延期付款责任、承兑或议付的银行（统称"转让行"），或当信用证是自由议付时，可以要求信用证中特别授权的转让行将该信用证全部或部分转让给一个或数个受益人（第二受益人）使用的信用证。

在国际贸易实务中，可转让信用证的第一受益人通常是中间商，他们利用其国际交往关系向国外进口商出售商品，自己并非实际供货人。中间商与国外进口商成交后，将信用证转让给实际供货人办理装运交货，以便从中赚取差价利润。中间商要求国外进口商开立可转让信用证，是为了转让给实际供货人。但是，信用证的此类转让并不等于销售合同的转让，倘若信用证的受让人（第二受益人）不能按时交货，或提交的单据有不符点，第一受益人仍应对销售合同规定的卖方义务负连带责任。

1. UCP600 第三十八条对可转让信用证的规定

（1）银行无办理信用证转让的义务，除非其明确同意。

（2）只在开证行在其开立的信用证中明确注明可转让（"transferable"）的信用证才能转让，类似文句有："This Credit is Transferable"或"Transfer to be Allowed"；可转让信用证可应受益人（第一受益人）的要求，通过银行办理转让，转为全部或部分由另一受益人（第二受益人）兑用。

（3）信用证中若使用诸如"divisible""fractionable""assignable""transmissible"等用语，并不能使信用证可转让，因此银行可不予理会。

（4）信用证通常只能转让一次，即由第一受益人转让给第二受益人；已转让的信用证不得应第二受益人的要求转让给任何其后受益人。第一受益人不视为其后受益人。而且，只要信用证不禁止分批装运或分批支款，可转让信用证就可以分为若干部分分别转让，这些转让的总和将被视为只构成信用证的一次转让。

（5）可转让信用证必须通过银行办理，而不能由第一受益人自行转让给第二受益人。应第一受益人要求办理可转让信用证转让手续的银行被称为转让行。开证行可以特别授权某银行办理信用证转让，也可以自己担任转让行。既非开证行也非保兑行的转让行对该信用证不承担付款或议付的责任。

（6）信用证只能按原证中规定的条款转让，但对于信用证金额、货物单价、信用证的到期日、最后交单日、装运期限这5项中的任何一项或全部均可以减少或提前；而对于必须投保的保险金额比例可以增加。此外，还可以用第一受益人名称代替原证中的开证申请人名称，但若原证中明确要求原申请人的名称应在除发票以外的单据上出现时，必须要求照办。

（7）若信用证允许部分支款或部分发运，该信用证可分部分地转让给数名第二受益人。

（8）在信用证转让后，第一受益人有权以自己的发票替换第二受益人的发票，其金额不得超过信用证规定的原金额；若信用证规定了单价，应按原单价开具发票。替换发票后，第一受益人可以在信用证项下支取其自己的发票与第二受益人之间的可能差价。第二受益人或代表第二受益人的交单必须交给转让行。

（9）如果第一受益人应提交其自己的发票和汇票（若有），但未能在第一次要求时照办，或第一受益人提交的发票导致第二受益人的交单中本不存在的不符点，而其未能在第一次要求时修正，转让行有权将从第二受益人处收到的单据交开证行，并不再对第一受益人承担责任。

（10）除非另有约定，第一受益人必须承担转让信用证的有关各项费用，并且在第一受益人未付清这些费用之前，转让行没有办理转让的义务。

（11）可转让信用证转让给多个第二受益人之后，如有修改，则一个或多个第二受益人接受或拒绝对信用证的修改，不影响其他第二受益人拒绝或接受对信用证的修改。换言之，若某一已转让信用证有两个或多个第二受益人，则允许这些第二受益人对该信用证的修改持有不同的态度：接受或拒绝。

在实务中，可转让信用证上一定要加"THIRD PARTY DOCUMENTS ACCEPTABLE"，这样受让人（第二受益人）的名称、地址就可以出现在单据里。如果受让人是国内的一家出口商，提单上也可以作为 SHIPPER，在产地证上也可以作为 SHIPPER，就可以办理产地证。

2. 可转让信用证业务流程

可转让信用证业务办理中，涉及的当事人及业务流程相对复杂。基于转让行就是通知行或议付行，并且由转让行兼做第二受益人的通知行或议付行的情况下，可转让信用证的业务流程大致有下列几个环节（图 5-10）：

（1）中间商分别与进口商和实际供货人签订贸易合同。

（2）进口商根据合同规定，申请开立可转让信用证。

（3）开证行开立可转让信用证。

（4）通知行将可转让信用证通知中间商（第一受益人）。

（5）中间商（第一受益人）向转让行提出转让信用证。

（6）转让行将信用证转让并通知实际供货人（第二受益人）。

（7）实际供货人（第二受益人）将货物出运后，备齐单据向议付行交单。

（8）议付行通知中间商（第一受益人）替换发票和汇票。

（9）中间商（第一受益人）替换发票和汇票要求议付。

（10）议付行向开证行交单索汇。

（11）开证行对单证进行审核，确认无误后付款或偿付。

（12）开证行通知进口商付款赎单。

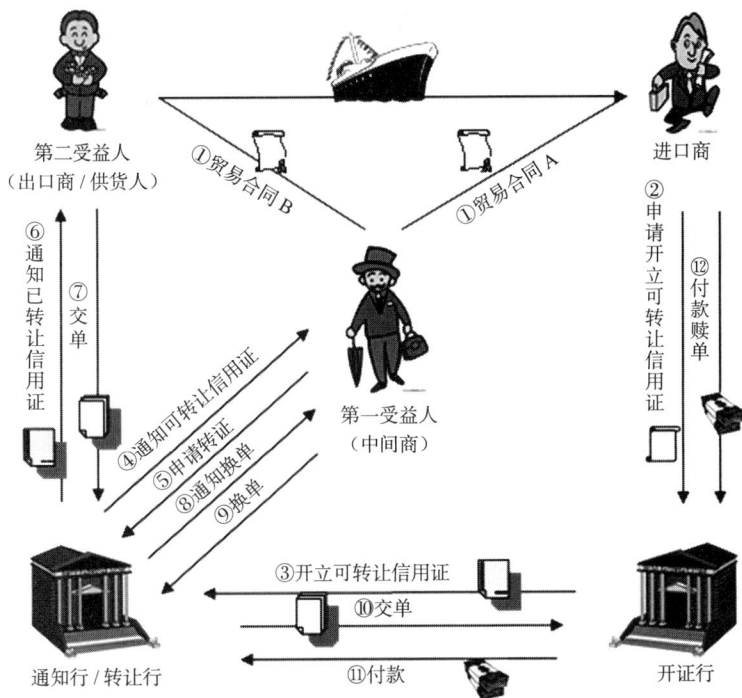

图 5-10 可转让信用证流程（转让行为通知行或议付行）

（二）不可转让信用证

不可转让信用证（non-transferable L/C）是指信用证项下的权利只能由受益人本人享有，不能以转让形式给他人使用。若受益人不能执行信用证条件，信用证只能作废。凡未注明"可转让（transferable）"字样的信用证都是不可转让信用证。

扫码学习有关案例

七、背对背信用证

背对背信用证（back to back L/C），是指中间商收到进口方开来的、以其为受益人的原始信用证（original L/C，又称为主要信用证 master L/C）后，要求原通知行或其他银行以原始信用证为基础，另外开立一张内容相似、以其为开证申请人、开给另一受益人的新的信用证（称为对背信用证 back L/C）。在国际贸易中，主要是在信用证不允许转让的情况下，或者实际供货人不接受买方国家银行信用证作为收款保障时，出口中间商凭以他为受益人、国外开立的信用证作为抵押品，要求他的往来银行开立以实际供货人为受益人的信用证。例如，中国香港地区中间商收到了一张出口孟加拉国的纺织面料的信用证，但真正的供货商在内地，于是，中国香港中间商以该孟加拉国的信用证作抵押，向中国香港某银行申请要求开立以自己为开证申请人、内地的供货商为受益人的信用证，新证的内容与孟加拉国的来证内容相似，该新证就是背对背信用证。

对应信用证与原始信用证相比较，所要求的商品是同样的，一般都要求使用中性包装，以便中间商做必要改装或再加工；若该商品属于易损商品，则数量上可能略多，以备若有损耗，可以满足原始信用证的要求。就两证本身比较，对应信用证的金额和商品单价均应低于原始信用证，以便中间商有利可图；对应信用证有效期、最迟装运期和最迟交单期都应早于原始信用证，以便中间商有时间进行再加工和办理商品转口手续。

可转让信用证与背对背信用证的区别如下。

（1）可转让信用证是将以出口商为受益人的信用证全部或部分转让给供货人，允许供货人使用。可转让信用证是一份信用证。而背对背信用证则与原证完全是两个独立的信用证，两者同时存在。

（2）可转让信用证的权利转让要以开证申请人及开证银行准许为前提；而背对背信用证的开立则与原证开证申请人及开证银行无关。可转让信用证的受让人，即第二受益人，与第一受益人处于同等地位，均可获得开证银行的付款保证；而背对背信用证的受益人不能获得原证开证行的付款保证，只能得到背对背信用证开证银行的付款保证。

（3）可使用可转让信用证的银行如果开出新证，不因信用证转让而改变该行的地位或增加责任；而背对背信用证如果经通知行开立，则其地位即改变为背对背信用证的开证行。

（4）国际商会的UCP600第三十八条对可转让信用证的限制，对背对背信用证不起作用。背对背信用证一般用于由于某些限制而不能开立可转让信用证的情况，或者用于当开证申请人不打算开立可转让信用证的情况。

（5）可转让信用证的转让条款内容受到原信用证的一定约束，而背对背信用证的条款可变动的幅度则大得多。

背对背信用证的开立、传递流程如图5-11所示。

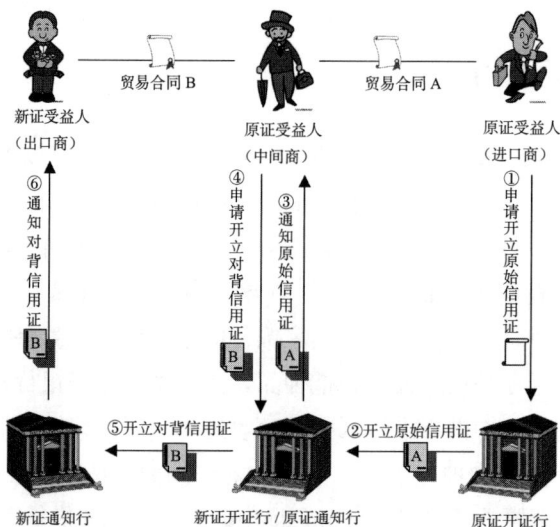

图5-11 背对背信用证业务流程

八、对开信用证

对开信用证（reciprocal L/C）是指两张信用证的开证申请人互以对方为受益人而开立的信用证。开立这种信用证是为了达到贸易平衡，以防止对方只出不进或只进不出。第一张信用证的受益人就是第二张信用证（也称回头证）的开证申请人；同时，第一张信用证的开证申请人就是回头证的受益人，其信用证的通知行往往就是回头证的开证行。

这种信用证一般用于来料加工、补偿贸易和易货交易。当对开信用证用于易货贸易时，两张信用证的金额相等或大体相等，而且两证的种类一样，两份信用证的有效期、最迟装运期和最迟交单期一样或相近，以督促双方同时或在相近时间内出运货物和向银行交单，通过相互对抵，完成结算。若对开信用证用于加工贸易，则两证金额必然有一定的差距，这个差距就是受委托加工方的加工费的毛收入。两证要求规定对方受益人出运商品的最迟装运期和交单期必然有先有后，而信用证本身又要同时到期，以便对抵后由委托方向加工方支付加工费——两份信用证金额的差额，因此，这两份信用证规定的期限、种类必然不同，如加工方通过银行向委托方开出的是远期信用证，而委托方开出的则是即期信用证。对开信用证两证可同时互开，也可先后开立。

对开信用证的生效方法是：

（1）两张信用证同时生效。第一证先开出暂不生效，待对方开来回头证，经受益人接受后，通知对方银行，两证同时生效。

（2）两张信用证分别生效。第一证开立后立即生效，回头证以后另开，或第一证的受益人在交单议付时，附有一份担保书，保证在若干时间内开出以第一证开证申请人为受益人的回头证。分别生效的对开信用证只有在易货双方互相信任的情况下才会开立，否则先开证的一方要承担后开证的一方不开证的风险。对开信用证的业务流程如图 5-12 所示。

对开信用证与背对背信用证有某些类似之处：各有两份信用证，其中，某一份信用证的受益人是另一份信用证的开证申请人。但两者的区别也是显而易见的。

（1）贸易背景不同。背对背信用证通常在中间商参与的转口贸易中使用；而对开信用证通常在易货贸易或者加工贸易中使用，并且一般不存在中间商的参与，是进出口双方的直接贸易。

（2）信用证中货物的名称不同。背对背信用证中，前后两个信用证的货物名称相同，只是装运期、有效期等与货物本身无关的条款，以及货物的单价、总价等不同；而对开信用证的前后两个信用证的货物不同。

（3）信用证生效的要求不同。背对背信用证，前后两个信用证的生效时间是确定的，只要开立信用证，就已生效，而对开信用证的生效时间是不确定的，开立了信用证，未必一定生效，需要根据信用证的条款规定来判断生效时间。换言之，背对背信用证是彼此相关但又互相独立的两份信用证，而对开信用证则是彼此互相依存的两份信用证。

（4）对开的两份信用证申请人分别是对方申请开立的信用证的受益人，而背对背信用证只有中间商才既是原始信用证的受益人，又是对应信用证的申请人，最初的出口商和最终的进口商则分别只是对应信用证的受益人和原始信用证的申请人。

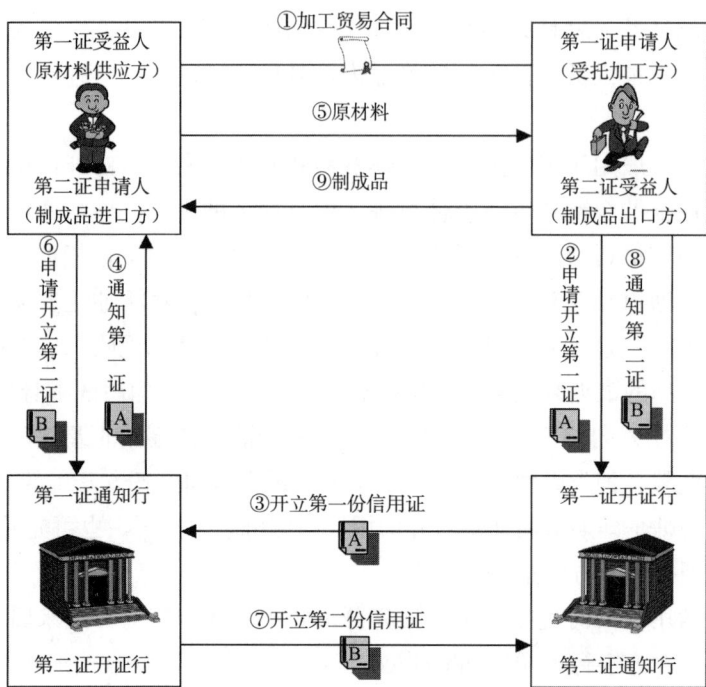

图 5-12　对开信用证业务流程

九、循环信用证

循环信用证（revolving L/C），是指信用证的全部或部分金额使用后，仍可恢复原金额继续多次使用的信用证。国际贸易中买卖双方订立长期合同，分批交货，进口商为节省开证费用和减少手续，常利用循环信用证方式结算。它对出口商来说，也可以减少逐笔催证和审证手续，保证收回全部货款。循环信用证的特点是：信用证被出口商全部或部分利用后，能够重新恢复原信用证的金额而再使用，周而复始，一直到规定的循环次数或规定的总金额达到为止。

循环信用证有按时间循环和按金额循环两种。按时间循环的信用证是受益人在一定时间内（如一个月）可支取信用证规定的金额，支取后在下次的一定时间内仍可再次支取。按金额循环的信用证是受益人在一定的金额使用完毕后，仍可在信用证规定的条件下再次支取一定的金额。

此外，循环信用证还可分为积累循环信用证和非积累循环信用证。上次未用完的余额可以移至下次合并使用的信用证为积累循环信用证（cumulative revolving L/C）；上次余额不能移至下次合并使用的信用证为非积累循环信用证（non-cumulative revolving L/C）。其具体的循环方式有三种。

（1）自动循环使用：出口商可按月（或按一定时期）支取一定金额，不必等待开证行的通知，信用证就可在每次支款后自动恢复到原金额。

（2）非自动循环使用：出口商每次支取货款后，必须等待开证行的通知，才能使信用证恢复到原金额，再加以利用。

（3）半自动式循环使用：出口商每次支取货款后，经过若干天，如果开证行未提出不能恢复原金额的通知，信用证即自动恢复原金额。

十、预支信用证

预支信用证（anticipatory credit）允许出口商在装货交单前可以支取部分或全部货款。由于预支款是出口商收购及包装货物所用，所以预支信用证又叫打包放款信用证（packing L/C）。申请开立预支信用证的进口商往往需要开证行在信用证中加列预支条款。

根据允许预支货款的条件的不同，部分预支信用证可分为红条款信用证（red clause L/C）和绿条款信用证。其有关允许受益人预支信用证部分金额的条款分别以红色或绿色的字书写或打印，使之更醒目。

红条款信用证提供预支款项的方式可以是以货款垫付或以议付方式预先购买受益人的单据。待受益人向垫款的银行提交信用证规定的单据时，垫款的银行可从正式议付金额中扣回原先的垫款及垫款期间的利息，将所余的净额付给受益人。若受益人届时不能向垫款的银行提交信用证规定的单据，垫款的银行可向开证银行追索垫付的款项。

绿条款信用证要求受益人在货物装运前以提供预支款项的银行的名义将货物存入仓库，并将存仓单据交给垫款银行，以支取预支款项。银行则凭受益人开立的汇票（或收据）及货物存仓单给受益人垫款。若受益人届时不能向垫款的银行交单，则银行可以通过处理上述存仓单收回所垫付的款项。

银行按信用证规定应受益人请求预支款项后，往往要求受益人交出正本信用证，以控制受益人向该行交单。如果受益人预支了款项却未发货交单，预支行可以要求开证行偿付。开证行偿付后再向开证申请人追索。由于存在这种风险，进口商只有对出口商资信十分了解或在出口商是可靠、稳定的贸易伙伴时，才会向开证行提出开立预支信用证的要求。

第四节　DOCDEX 规则

当发生关于信用证如何执行、不符点是否成立等方面的纠纷时，一般首选以协商方式解决，但有关当事人往往各执一词，很难达成和解。而诉讼所花费的金钱和时间过多，甚至有可能得不偿失，且由于各国法院与律师对国际贸易惯例与规则的理解和适用存在差异，误判的情况在所难免，也不易使当事人信服。当然，如果当事人在合同中订立了仲裁条款，由于仲裁的中立性、保密性、灵活性以及裁决易于执行等特点，能使上述大部分困难得以克服。但正如法院诉讼一样，仲裁有时也容易使当事人陷入争论不休的尴尬局面。解决信用证纠纷费时耗力，影响了信用证业务的正常运作，甚至削弱了有关当事人使用信用证进行结算的信心。而 DOCDEX 规则为国际商界有效解决信用证纠纷提供了一种渠道。

一、什么是 DOCDEX 规则

（一）DOCDEX 规则简介

DOCDEX，全称为《国际商会跟单票据争议专家解决规则》（*ICC Rules for Documentary Instruments Dispute Resolution Expertise*），是由国际商会的银行技术与惯例委员会（ICC Commission on Banking Technique and Practice，简称银行委员会）制定并于 1997 年 10 月公布实施的，原为《跟单信用证纠纷专家解决规则》（*Documentary Credits Dispute Resolution Expertise*，ICC Publication No.577），主要解决由于适用《跟单信用证统一惯例》（*Uniform Customs and Practice for Documentary Credits*，UCP）和《跟单信用证项下银行间偿付统一规则》（*Uniform Rules for Bank-to-Bank Reimbursements under Documentary Credits*，URR）而引发的争议。

根据此规则，信用证中的任何一方当事人与其他当事人对信用证产生争议时，可以向国际商会设在法国巴黎的国际专业技术中心（International Centre for Expertise，简称"中心"）提出书面申请，由该中心在银行委员会提名的一份专家名单中指定三名专家，根据当事人陈述的案情和有关书面材料，在与银行委员会的技术顾问（technical adviser）协商后，以该中心的名义就如何解决信用证争议作出决定，称为 DOCDEX 裁决（decision）。

为适应新的形势要求，银行委员会于 2002 年 3 月对 DOCDEX 进行了修订（ICC Publication No.811），将 DOCDEX 的适用范围由原来的 UCP、URR 扩展到其他国际商会规则，包括《托收统一规则》（*Uniform Rules for Collection*，URC）和《见索即付保函统一规则》（*Uniform Rules for Demand Guarantees*，URDG），以使得用户可从中获益。目前最新版的 DOCDEX 规则为 2015 年 5 月 1 日修订生效的版本（ICC Publication No.872-1），该版本将其适用范围进一步拓展至银行间付款及融资的纠纷裁定。

扫码学习 DOCDEX
规则的适用范围

令人遗憾的是，DOCDEX 的独特解决机制并没有引起国内银行界、外贸界、法律界的足够重视。迄今为止，国内真正了解 DOCDEX 的机构并不多见，通过 DOCDEX 程序解决信用证纠纷的个案更是寥寥无几。很多企业甚至在收到含有指定 DOCDEX 作为纠纷解决方式条款的信用证时，仍然不知其为何物。

扫码学习有关案例

（二）DOCDEX 规则的特点

1. 程序简便快捷、费用合理

DOCDEX 程序以一方当事人提出书面请求开始，中心在收到请求和标准费用后，将通知对方当事人在规定的时间内提交答辩。全部程序只通过书面进行。规则要求专家在收到全部材料 30 天内提出专家意见，然后与银行委员会的技术顾问协商后，作为 DOCDEX 裁决出具。完成整个程序不过两三个月时间。

在争议金额不超过 100 万美元的情况下，每笔案件的标准费用为 5000 美元。如果涉案金额超过 100 万美元，则标准费用为 10000 美元。标准费用包括中心的管理费和指定专家费。额外费用可由中心根据争议事实与文件予以确定，一般不超过标准费用的 50%。

扫码学习有关案例

2. DOCDEX 裁决不具法律约束力，但具有很高的权威性

根据 DOCDEX 规则的规定，除非当事人之间另有约定，DOCDEX 裁决对各当事人是不具法律上的约束力的，只代表一种专家意见。但由于它同时也代表了国际商会银行委员会的意见，而且那些专家在相关领域都具有丰富的经验和渊博的知识，在案件审理过程中要求所指定的专家做到独立、公正、及时，并不允许与有关当事人接触，审理该案件的专家的姓名等信息对当事人都是严格保密的，因此 DOCDEX 裁决具有很高的权威性。这也是 DOCDEX 规则赖以解决争议的基础。国际商会督促银行在自愿的基础上尊重 DOCDEX 裁决。即使当事人之间的争议走到诉讼或仲裁的地步，DOCDEX 裁决也会得到法官或仲裁员的尊重，进而可能被采纳为法官的判决或仲裁员的裁决而具有法律上的约束力。正因如此，DOCDEX 裁决通常都能得到当事人的遵守。

3. 管辖灵活

无须当事人之间有专门解决争议的协议，即可将争议提交中心按照 DOCDEX 规则解决。无论对方当事人是否同意，中心最后都会按 DOCDEX 规则和程序做出裁决。而不像仲裁协议是仲裁管辖权的来源和基础，而且能避免诸如在诉讼中大量出现的管辖权冲突等问题。

国际商会通过其中心及银行委员会向世人展示了一种以专业技术来解决纠纷的新模式，这种专业技术为一些复杂的问题提供了灵活的解决方案，而且有理由相信在未来一定会获得成功。

DOCDEX 与商事仲裁的比较如表 5-3 所示。

表 5-3　DOCDEX 与商事仲裁比较

项目	DOCDEX	商事仲裁
适用范围	因适用国际商会规则而引发的争议，包括 UCP、URR、URC、URDG 和 URBPO	除法定不具可仲裁性的事项以外的所有商事纠纷
管辖依据	无须当事人之间有专门解决争议的协议	当事人在自愿基础上的仲裁协议是仲裁管辖权的来源和基础
裁断人产生	三人专家小组的人选由国际专业技术中心从银行委员会管理的专家名单中指定，争议当事人对此并没有发言权，而且不会被告知专家小组的名单和成员的身份	当事人有权指定仲裁员。一般是由争议双方在仲裁机构的仲裁员名册中各自指定一名仲裁员，或委托仲裁机构指定。第三名仲裁员（首席仲裁员）由双方当事人共同选定或者共同委托仲裁机构指定
审理程序	书面审理。对时间限定很严，前后用时一般为 2～3 个月	通常开庭审理。前后历时半年至一年不等，有时则更长
裁决的效力	除非当事人另有约定，其裁定不具强制约束力	仲裁裁决具有法定约束力，且不得上诉
收费	每笔案件的标准费用（含管理费和专家费）为 5000 美元，最高费用为 1 万美元。费用由申请人支付，且不可返还	根据涉案金额确定一个比例。费用一般由申请人预交，仲裁庭有权在裁决中决定最终的费用分担

二、DOCDEX 规则的运作程序

依据 DOCDEX 规则解决争议，一般要经过申请（claim）、答辩（answer）、补充（supplements）、指定专家（appointed experts）以及做出裁决（decision）等环节。

（一）申请

申请 DOCDEX 裁决，一个或多个申请人（claimant）必须使用规则提供的标准模板格式一提起，同时支付申请费。中心会确定申请是否属于 DOCDEX 规则适用范围。为此，中心可以咨询 ICC 银行委员会的技术顾问。最终要么驳回申请，要么将申请通知被申请人（respondent）。

在 DOCDEX 规则可适用的情况下，一收到完整的申请及申请费，中心会发送一份申请书的副本给每一个被申请人，同时邀请每一个被申请人提交答辩。

申请书标准模板用格式一包含以下必要信息。

（1）正式要求根据国际商会 DOCDEX 规则做出裁决的声明。

（2）一致性声明：DOCDEX 规则术语与申请书使用术语的含义相同；根据规则提交给中心的申请书及所有附件材料的电子版和纸质版完全相同。

（3）当事人信息。申请人（包括律师）的全称和地址，及其在信用证、托收或担保业务中的角色。如果不是由争议各方共同提出申请，则须注明被申请人的全称和地址，及其在信用证、托收或担保业务中的角色。

（4）背景及争议概况。

（5）申请人的主张。

（6）申请裁决的问题。

（7）费用和已交费确认。

（二）答辩

被申请人可使用标准模板格式二针对申请书提出答辩，中心在通知申请书的同时会发送一份标准模板格式二的电子版给被申请人。

标准模板格式二包含以下必要信息：

（1）正式要求根据国际商会 DOCDEX 就所提交答辩做出裁定的声明。

（2）一致性声明：DOCDEX 规则术语与答辩书使用术语的含义相同。

（3）当事人信息。

（4）被申请人的主张。

参与 DOCDEX 程序，被申请人无须付费，是否提交答辩则由被申请人自主决定。答辩必须在中心规定的时限内提出，不超过被申请人收到申请书通知之日起 30 天。规定时限到期后收到的任何答辩将不予置理。

无论被申请人是否就申请书提交答辩都不影响 DOCDEX 程序的进行。不过，没有提交答辩的被申请人不会收到 DOCDEX 裁决的副本。

（三）补充

中心可以要求申请人或被申请人提交与 DOCDEX 裁决相关的补充信息或文件副本。申请人和（或）被申请人须使用标准模板格式三提交这样的补充信息，并在中心提出要求后的 14 天内完成。中心将把每一份补充信息转达给每一个申请人和被申请人。除非收到中心的邀请或请求，否则，DOCDEX 程序不接受补充。

标准模板格式三主要包括以下信息：

（1）提交补充当事人的名称。

（2）补充性文件。列出信息与所附支撑文件。

（四）指定专家

收到申请并被受理的情况下，中心会从 ICC 银行委员会的专家名单中指定三名专家组成专家小组。上述专家具备贸易融资交易方面的经验和知识。

在选任专家方面，中心会咨询 ICC 银行委员会的技术顾问。他们会就申请所需及指定专家所应具备的专业知识领域提供指导。中心会指定专家之一担任主席。

在指定前，拟任专家必须就接受任命、有时间处理案件、公正性和独立性签署一份声明，并向中心书面披露申请人或被申请人有可能就独立性和公正性提出质疑的任何事实或情况。在指定前，中心会就此披露进行相应考虑。

指定专家的身份予以保密，当事人只能通过中心与指定专家沟通。

（五）裁决

DOCDEX 裁决采用标准模板格式四（附式 5-5）以英文做出。中心将发送一份标准模板格式四的电子版给指定专家。

指定专家仅依据申请、答辩与补充、与贸易融资有关的票据、承诺或协议的条款与条件、可适用的 ICC 银行规则以及贸易融资国际标准银行实务做出裁决。如果指定专家认为申请超出规则范围，中心将驳回申请。如果申请人与被申请人对于申请是否属于规则范围未出现分歧，指定专家依然会继续进行相应程序，并在其认为申请属于规则范围的限度内做出裁决。

经指定专家商议，主席准备并向中心提交一份裁决草稿。该裁决草稿必须在指定专家收到他们认为对于解决争议所有必要的信息和文件后 30 日内提交。

附式 5-5　DOCDEX 裁决样本（格式四）

FORM 4: **DECISION**
SPECIMEN ONLY

This Form is available upon request at docdex@iccwbo.org

DOCDEX No:			
Date:	Day:	Month:	Year:
PART I: PARTIES			
Claimant 1:[1]	Name:		
	Address:		
Provide details of any additional Claimants and their counsel here.			
Respondent 1:[2]	Name:		
	Address:		
	Did this Respondent submit an Answer		□ YES　□ NO
Provide details of any additional Respondents and their counsel here.			

PART II: CLAIMANT'S/CLAIMANTS' CLAIM

PART III: PARTIES' SUBMISSIONS
i) Claimant's/Claimants' submission(s)

ii) Respondent's/Respondents' submission(s)

PART IV: ISSUES TO BE DECIDED

PART V: ANALYSIS

PART VI: CONCLUSION
This is a unanimous/majority[3] Decision.

中心收到主席的裁决草稿后，会转交技术顾问审查。技术顾问可就裁决草稿的形式进行修改，在不影响指定专家的裁决自由的情况下，也可以提请指定专家注意相关实质要点。只有在技术顾问对裁决草稿的形式认可的情况下，指定专家才能做出裁决。

裁决一旦做出，中心将发送裁决的副本给每一个申请人以及按照规则第 4 条提交答辩的所有被申请人。

根据规则提供的标准模板格式四，DOCDEX 裁决包括以下内容：

（1）申请人和被申请人的名称。

（2）申请人的请求。

（3）双方提交的材料。

（4）有待裁决的问题。

（5）分析。

（6）结论。一致裁决或多数赞成。

本章小结

信用证是开证行应申请人要求，向受益人开立的有条件的付款承诺。信用证结算方式是以银行信用为基础的结算方式，其产生与运用解决了贸易双方互不信任的问题。在跟单信用证业务中，代表资金收付关系的汇票 / 发票 / 汇票和发票的流动方向与资金的流动方向相反。因此，信用证结算属于逆汇方式。

信用证有三大特点：信用证是一种银行信用，开证行负第一性付款责任；信用证是一份独立文件，它不依附于贸易合同；信用证是一项单据业务，银行处理的是单据，而不是单据可能涉及的货物。

信用证业务中存在三组合同关系：进、出口商双方的商品贸易合同关系，进口商（开证申请人）与开证银行之间以开证申请书为标志的开立信用证的合同关系和开证银行与出口商（受益人）之间以信用证为标志的合同关系。信用证一经开立，这三组关系就各自独立。

根据信用证开立方式，可将信用证分为信开信用证和电开信用证。

信用证业务的基本环节包括：进口商申请开证，开证行开证，通知行通知信用证，议付与索汇以及付款赎单等。

信用证可以从不同的角度来进行分类。一份信用证可以具有多种信用证的特征。例如一份信用证可以同时具备即期的、不可撤销的、加具保兑的、可转让的、可循环的等特征。每一种信用证都是与进出口业务的实际需要紧密联系在一起的，在实际应用中注意选择适用。

当发生关于信用证如何执行、不符点是否成立等方面的纠纷时，一般首选以协商方式解决，但有关当事人往往各执一词，很难达成和解。而 DOCDEX 规则为国际商界有效解决信用证纠纷提供了一种渠道。

思考题

（1）跟单信用证的定义是什么？其结算的基础是什么？

（2）跟单信用证的特点是什么？

（3）跟单信用证的主要当事人有哪些？其各自的责任与权利是什么？

（4）跟单信用证有哪些作用？

（5）银行在受理开证申请时应注意哪些事项？

（6）通知行在受理信用证时应注意哪些事项？

（7）银行在审查信用证项下单据时掌握的原则是什么？

（8）信用证业务中，银行间的有关头寸拨付有哪些情况？

（9）对开信用证、背对背信用证、循环信用证、可转让信用证分别适用于哪些贸易方式？

（10）规范跟单信用证业务的国际惯例是什么？规范信用证项下银行间偿付业务的国际惯例又是什么？

（11）信用证项下银行间偿付的条款主要有哪些？

（12）什么是DOCDEX规则？它与协商、仲裁、诉讼相比有何优点？

案例讨论

根据所提供的合同审核信用证。

（1）买卖双方签订的合同如下：

托普纺织品进出口公司

TOP TEXTILES IMP AND EXP CORPORATION

127 Zhongshan Road East One， Shanghai P. R. of China

No. 28CA1006

Date：20180306

销售确认书

SALES CONFIRMATION

Messrs：THOMSON TEXTILES INC.
    3384 VINCENT ST.
    DOWNS VIEW, ONTARIO
    M3J, 2J4, CANADA

Article No.	Commodity and Specification	Quantity	Unit Price	Amount
77111	DYED JEAN FABRIC,			
	COTTON 70% POLYESTER 30%			
	112/114CM WIDTH, 40M CUT LENGTH			CIF TORONTO

	Colour	Quantity（M）	USD/M	USD
	RED	4000	1.56	6240.00

SILVER	4000	1.32	5280.00
DK NAVY	4200	1.62	6804.00
WINE	2800	1.62	4536.00
DK BLUE	4800	1.44	6912.00
BLACK	4200	1.62	6804.00
	TOTAL 24000M		USD 36576.00

10% MORE OR LESS BOTH IN AMOUNT AND QUANTITY ALLOWED.

PACKING：FULL WIDTH ROLLER ON TUBES OF 1.5 INCHES IN DIAMETER IN CARTONS.

SHIPMENT：ON OR BEFORE APR. 30 2018

DELIVERY：FROM SHANGHAI TO TORONTO PARTIAL SHIPMENT AND TRANSSHIPMENT
ALLOWED.

INSURANCE：TO BE EFFECTED BY THE SELLER COVERING ICC（A）DATED 01/01/1982
FOR 110% OF THE INVOICE VALUE W/W CLAUSE INCLUDED.

PAYMENT：BY 100 PCT IRREVOCABLE L/C AVAILABLE BY DRAFT AT SIGHT TO
BE OPENED IN SELLERS FAVOUR 30 DAYS BEFORE THE DATE OF THE
SHIPMENT AND TO REMAIN VALID IN CHINA FOR NEGOTIATION UNTIL THE
15th DAY AFTER THE DATE OF SHIPMENT.

Buyer Signature　　　　　　　　　　　Seller Signature
Charles Brown　　　　　　　　　　　　李　明

（2）进口国开来的信用证如下：

ZCZC AHS302 CPUA520 S9203261058120RN025414394

P3 SHSOCICRA

TO　10306 26BKCHCNBJASH102514

FM　15005 25CIBCCATTFXXX05905

CIBCCATTFXXX

*CANADIAN IMPERIAL BANK OF COMMERCE

*TORONTO

MT 700 01

27 SEQUENCE OF TOTAL：	1/1	
40A FORM OF DOC. CREDIT：	IRREVOCABLE	
20 DOC.CREDIT NUMBER：	T-017641	
31C DATE OF ISSUE：	20180325	
31D DATE AND PLACE OF EXPIRY：	20180505 CANADA	
50 APPLICANT：	THOMSON TEXTILES INC.	
	3384 VINCENT ST	
	DOWNS VIEW, ONTARIO	
	M3J.2J4 CANADA	
59 BENEFICIARY：	TOP TEXTILES IMP AND EXP COMPANY	
	127 ZHONGSHAN ROAD EAST ONE	
	SHANGH AI P. R. OF CHINA	
32B AMOUNT AND CURRENCY：	USD 36576.00	
39A POS/NEG TOL（%）：	05/05	
41D AVAILABLE WITH/BY：	AVAILABLE WITH ANY BANK IN CHINA	
	BY NEGOTIATION	
42C DRAFTS AT：	30 DAYS AFTER SIGHT	
42D DRAWEE：	CIBE, TORONTO TRADE FINANCE CENTRE TORONTO	
43P PARTIAL SHIPMENTS：	PROHIBITED	
43T TRANSSHIPMENT：	PROHIBITED	
44E PORT OF LOADING：	SHANGHAI	

44F PORT OF DISCHARGE: TORONTO
44C LATEST DATE OF SHIP: 20180430
45A SHIPMENT OF GOODS: DYED JEAN FABRIC, AS PER S/C NO. 82CA1006
                                   CIF TORONTO
46A DOCUMENTS REQUIRED:
    + COMMERCIAL INVOICE IN QUADRUPLICATE
    + CERTIFICATE OF ORIGIN FOR TEXTILES
    + FULL SET CLEAN ON BOARD BILLS OF LADING MADE OUT TO SHIPPERS
      ORDER BLANK ENDORSED MARKED FREIGHT PREPAID NOTIFY
      APPLICANT
    + INSURANCE POLICY OR CERTIFICATE ISSUED BY PEOPLES INSURANCE
      COMPANY OF CHINA INCORPORATING THEIR OCEAN MARINE CARGO
      CLAUSES ALL RISKS AND WAR RISKS FOR 110 PERCENT OF CIF INVOICE
      VALUE WITH CLAIMS PAYABLE IN CANADA
    + DETAILED PACKING LIST IN TRIPLICATE
47A ADDITIONAL CONDITIONS:
    THE NUMBER AND THE DATE OF THIS CREDIT AND THE NAME OF OUR
    BANK MUST BE QUOTED ON ALL DRAFTS REQUIRED.
    AN ADDITIONAL FEE OF USD 80.00 OR EQUIVALENT WILL BE DEDUCTED
    FROM THE PROCEEDS PAID UNDER ANY DRAWING WHERE DOCUMENTS
    PRESENTED ARE FOUND NOT TO BE IN STRICT CONFORMITY WITH THE
    TERMS OF THIS CREDIT.
71B: DETAILS OF CHARGES:
    ALL BANKING CHARGES OUTSIDE CANADA ARE FOR THE BENEFICIARY'S
    ACCOUNT AND MUST BE CLAIMED AT THE TIME OF ADVISING.
48: PRESENTATION PERIOD:
    WITHIN 5 DAYS AFTER THE DATE OF ISSUANCE OF THE SHIPPING
    DOCUMENTS BUT WITHIN THE VALIDITY OF THE CREDIT.
49: CONFIRMATION: WITHOUT
78: INSTRUCTIONS:
    UPON OUR RECEIPT OF DOCUMENTS IN ORDER WE WILL REMIT IN
    ACCORDANCE WITH NEGOTIATING BANK'S INSTRUCTIONS AT MATURITY.
MAC/OBTDE84E
DLM
SAM
=03261058
NNNN

思考题：

请分析以上信用证存在哪些问题。

关键术语

信用证（letter of credit, L/C）   跟单信用证（documentary credit）
跟单信用证统一惯例（UCP600）   议付（negotiation）
相符交单（complying presentation）
跟单票据争议专家解决规则（DOCDEX）

第六章

其他结算方式

扫描二维码，获取

本章配套教学课件

本章学习目标

（1）了解其他结算方式产生的原因、发展的必要性，BPO 的概念、特点与优势，银行保函的概念、特点和种类，备用信用证的概念、性质及使用。

（2）理解银行保函、备用信用证与跟单信用证的不同。

（3）理解出口信用保险的特点与作用，并学会运用出口信用保险这一重要的政策工具。

（4）掌握各种结算方式的选择与综合运用技巧。

| 引导案例 |

很多中小出口企业在参加广交会时有一个比较头疼的问题，就是不知道该使用何种结算方式跟外商洽谈，因为以往他们一直坚持使用信用证，结果一些眼看到手的生意因结算方式无法达成一致而泡汤了。杨先生是浙江大学英语专业毕业生，从事国际结算工作 16 年。他经常跟参加广交会的朋友聊起这件事，他认为信用证固然风险小，但比较烦琐，去银行开立信用证还占用它的授信额度，并且银行要手续费，特别是中小出口企业不一定有固定的单证人员，制单能力不强，就很有可能造成信用证项下的不符点。因此建议企业考虑采用新的结算方式，他提出若干方案供参考：后 T/T 加出口信用保险，出口信用保险有国家做后盾，保障程度高；保函，有的外商（比如希腊）习惯采用保函，其实保函和信用证一样，都是银行出具的，有的保函条款比信用证更清晰、简单，在制单上的压力更小，还是有保障的；做保理，保理主要是针对赊销方式开发的一种产品，在我们国家现在基本上是在银行做的。用保理，保理商可以代你去催款，保理商还有保理商协会，如不付款会有不良记录，今天在我这里有不良记录，那你以后想要在我这里做生意可能不会给你做。

鉴于汇款、托收、信用证等传统结算方式的固有缺陷，近年来一些新型的结算方式应运而生。本章我们将重点介绍除以上三种结算方式之外的其他结算方式。

第一节　BPO

BPO 是近些年兴起的一种新型的国际贸易结算方式，集合了信用证的安全性与赊销的快捷，具有业务自动化操作、无纸化处理、便捷、高效、低成本、低风险等特点。

一、BPO 的概念

BPO（bank payment obligation），即银行付款义务。2013 年实施的国际商会《银行付款义务统一规则》（*Uniform Rules for Banking Payment Obligations*，URBPO）给出了相应定义："bank payment obligation" or "BPO" means an irrevocable and independent undertaking of an obligor bank to pay or incur a deferred payment obligation and pay at maturity a specified amount to a recipient bank following submission of all data sets required by an established baseline resulting in a data match or an acceptance of a data mismatch. 即 BPO 是一项不可撤销的独立承诺，在接收行（recipient bank）提交的数据包与基础交易框架的数据匹配或接受不匹配的情况下，由债务行（obligor bank）付款或承担延期付款责任并在到期日将相关款项支付给接收银行。BPO 产品适用于赊销贸易，以银行信用代替商业信用，为银行开发新的融资产品提供了可能。

数据化是 BPO 的核心特点。贸易双方签订合同后，买卖双方分别向加入 TSU（Trade Services Utility）平台的银行提交提取自货物订单中的关键数据，债务行（obligor bank，通常是买方银行）和接收行（recipient bank，通常是卖方银行）就来自客户基础合同中的关键数据通过 TMA（trade matching application）进行订单信息匹配，并达成交易框架。卖方装船发货后，向银行提交发票和运输等重要单据的关键数据，TSU 系统中的 SWIFT 云应用 TMA 将这些单据数据与之前的订单数据匹配，数据一旦匹配成功，开立 BPO 的银行就承担付款义务并按先前约定对外付款。

扫码学习什么是 TSU　　　　　扫码学习有关案例

BPO 简单快捷，又代表银行信用，这为企业在国际市场进行采购增加了筹码，提高了谈判地位。BPO 业务具有以下三个主要特点。

（1）数据化处理。与信用证处理单据不同，BPO 处理的是数据。数据化是 BPO 的核心特点。BPO 的关键在于两次数据的匹配：一是卖方银行与买方银行录入基础贸易信息数据相匹配，建立基线（baseline）；二是卖方银行录入的贸易单据信息与已建立的基线相匹配，或虽不匹配但买方银行接受不匹配（mismatch）。在整个过程中，银行仅根据买方或卖方提供的数据进行录入，不对买方或卖方提供数据的来源、真实性、准确性负责，也不需要审查或传递相关贸易单据。

（2）BPO 结算属于金融机构间的银行信用。与信用证不同的是，BPO 业务的受益人是卖方银行而非卖方，BPO 是买方银行对卖方银行的付款责任。因此，与 UCP600 等国际惯例不同，URBPO 中并未对买方、卖方、船公司等贸易的实际参与方的相关权利义务关系进行表述，仅规范银行等金融机构之间的权、责、利关系。银行与买方、卖方之间的关系需要另行通过法律文本约定，不在 URBPO 的管辖范围之内。

（3）速度快、成本低、保障强。首先，BPO 没有信用证开立、邮递单据、审核单据的过程，通过特殊网络进行核心数据匹配，减少了贸易处理环节，实现了无纸化。

也正是基于此，BPO拥有媲美 T/T 的处理速度。据 ICC 统计，使用信用证结算，即使是即期付款信用证，从交单到收汇，平均每单交易耗时也要将近 11 天，而使用 BPO则通常 3 ～ 5 天就可以。其次，降低了交易成本。对银行来说，无须再耗费大量人力审核单据，减少了操作成本。对贸易双方来说，降低了制单成本和行政成本，以及由于单据分歧产生的纠纷及诉讼成本。最后，BPO 收汇保障更强。跟单信用证实务中，尽管某些不符点无足轻重，但买方以存在不符点为由要求卖方降低货物价格或拖延付款期限的现象屡见不鲜，这就极易损害卖方的利益。BPO 大大减少了这种可能。另外，BPO 中债务行的付款义务更易明确，这也降低了卖方收汇风险。BPO 与其他结算方式的比较如表 6-1 所示。

表 6-1　BPO 与其他结算方式的比较

项目	BPO	货到付款	信用证	保函	保理
信用等级	银行信用	商业信用	银行信用	银行信用	银行信用
操作复杂度	简单	简单	专业	专业	专业
付款时效性	快，出货后	慢，货到后	较慢，出货寄单后，加寄单和审单 5 个工作日	慢，货到未获付款后，加寄单和偿付时间	较快，出货后可获得保理融资
风险平衡性	卖方风险小，买方风险大	卖方风险大，买方风险小	买卖双方风险较平衡	买卖双方风险较平衡	双保理下买卖双方风险较平衡
收费	预计较低	低	中等	高	高
对进口方的融资	授信开立BPO，可以办理 BPO 下进口融资	可做预付款融资和 TT融资	授信开证，进口押汇等	授信开立保函	进口保理融资
对出口方的融资	可在 BPO项下办理出口融资	可做出口订单融资和发票融资	信用证保兑，出口押汇和贴现等	无	出口保理融资
进口方银行可否实际控制物权	不可	不可	信用证要求物权单据，银行为收货人情况下可以	不可	发票让渡给进口保理商情况下可以
供应链融资	控制资金流和信息流	无	控制资金流、物流和信息流	无	控制资金流、物流和信息流

二、BPO 业务流程

BPO 业务流程大致可以分为三步：基础交易数据匹配、货运单据数据匹配与资金划转，如图 6-1 所示。

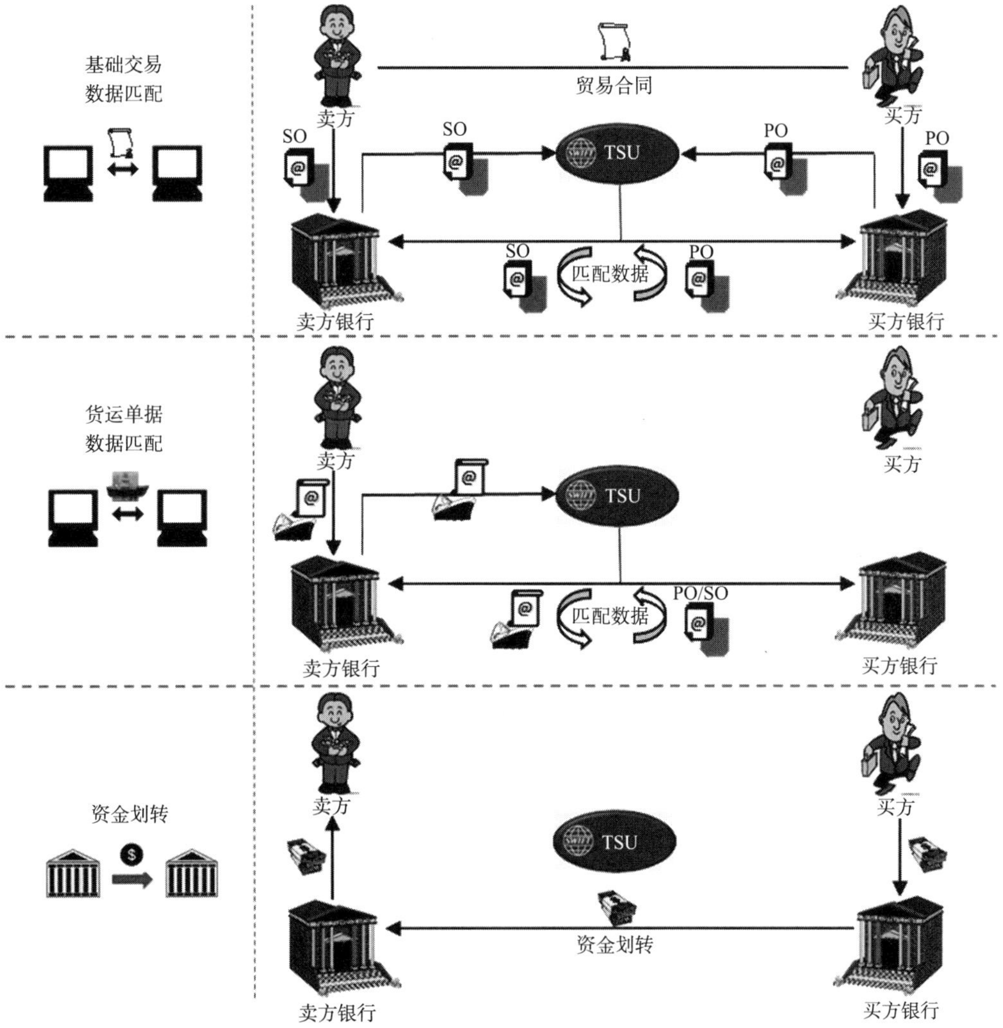

图 6-1　BPO 业务流程

（一）基础交易数据匹配

买卖双方签订贸易合同，并在合同中约定采用 BPO 方式结算。然后，买方提供 PO（purchase order）数据给买方银行，买方银行在 TSU 平台上录入 PO 数据；卖方提供 SO（sales order）数据给卖方银行，卖方银行在 TSU 平台上录入 SO 数据；PO/SO 数据匹配成功后，建立基线（baseline），达成基础交易框架。

（二）货运单据数据匹配

基础交易数据匹配成功后，卖方装船发货。卖方发货后，将货物发运等相关数据信息（data set）告知卖方银行，卖方银行在 TSU 平台录入数据；卖方银行将第二次录入的数据与先前录入的基础交易数据进行比对，确认是否匹配。

（三）资金划转

匹配成功后，买方银行付款或承兑，并借记买方账户，卖方银行贷记卖方账户。

扫码学习银行付款义务
统一规则（URBPO）

三、BPO 的应用与实践

BPO 业务的开展时间不长，目前主要在可以使用 TSU 系统的银行和信誉良好的大企业之间开展。根据 SWIFT 的 2021 年最新数据，全球已有 51 个国家和地区签署了 TSU 使用协议，有 194 家银行已经能够联接 TSU 平台，有 56 个银行集团已正式采用 BPO。在全球排名前 20 的银行中，已有 18 家能够通过 TSU 开展 BPO 业务。

SWIFT 相关报告显示，中国银行业在开展 BPO 的硬件方面是国际领先的，在中国大陆有 19 家银行能够使用 TSU 服务。中国作为世界第一贸易大国，在 BPO 业务的开展方面走在前列。中国银行在 2007 年就加入了 TSU 平台，并在 2010 年与东京三菱银行采用 BPO 方式完成了一次跨国进出口结算，成为国内第一家在国际结算领域开立 BPO 业务的银行。虽然我国较早在国际结算领域运用 BPO 处理业务，但是我国至今仅有中国银行、中信银行、民生银行和交通银行 4 家银行正式采用了 BPO，这说明 BPO 结算方式在我国的推广和发展进程缓慢。

对于商业银行和企业而言，应该把握 URBPO 出台的有利市场契机，大力推进 BPO 业务。由于 BPO 同时兼具赊销的快捷性和信用证的安全性，采用 BPO 创新结算方式一定能在未来几年给交易双方带来双赢的效果，也必将给当下的国际贸易结算方式带来深刻的变革。当然，BPO 在应用中也存在一定的问题和挑战，需要我们加以关注。

一个是 URBPO 给卖方银行带来的挑战。BPO 的受益人为卖方银行，即卖方银行是未来获得买方银行付款的权利人。在这一制度安排下，卖方银行要面临两个核心问题：一是卖方的接受程度问题。在实际贸易中，卖方作为贸易合同的供货方，无疑具有最终向买方或其银行收款的权利。在信用证等传统结算方式项下，卖方也是不二的受益人，而 URBPO 则将这一权利赋予了卖方银行。虽然卖方银行与卖方之间的关系可以通过 URBPO 框架之外的合同另行约定，但这在一定程度上会影响卖方对叙做 BPO 业务的意愿。二是法律的适用性问题。URBPO 无仲裁条款，银行间通过约定适用法律作为出现争议后的法律依据。在某些法律体系（比如我国）下，卖方银行必须向卖方支付相应对价，如为卖方提供买断类融资等，以获得 BPO 业务项下的"合法"受益人地位。这一方面会增加卖方银行与卖方签订合同的法律风险，另一方面在无形中"绑架"了银行融资，使得卖方银行难以仅仅作为中介协助卖方完成贸易款项回收操作。

另一个是 URBPO 给买方银行带来的挑战。URBPO 制度安排的核心之一是要规范买方银行的责任，即明确约定在满足条件时，买方银行即承担独立的、不可撤销的第一性付款义务，不论买方银行是否能够从买方得到偿付。因此，买方银行责任重大。相比之下，URBPO 对卖方银行的相关责任则没有明确的要求，也不要求其对数据的真实性、准确性负责。在这种重点"保护"卖方银行的制度安排下，买方银行很可能在完全见不到单据的情况下就已承担了对外付款责任，对贸易背景的控制力度相对于信用证等传统结算方式要弱很多。因此，买方银行的业务风险除了来自客户的信用风险外，还面临一定的卖方及卖方银行的风险：卖方为确保 BPO 成立，向卖方银行提交虚假或与实际发货情况不符的数据；卖方银行操作失误导致数据录入错误或卖方银行恶意录入虚假数据。

因此，银行要充分领会 URBPO 的核心要点，认清 URBPO 对银行业务实践的挑战，更好地运用 URBPO 这一有力武器。同时，应重点关注现行 URBPO 框架下自身业务所面临的主要风险，确保在实现风险可控的前提下，把握 BPO 业务发展带来的市场机遇。

第二节　银行保函

在国际经济交往中，由于交易双方缺乏信任和了解，往往给交易的达成和合同的履行造成一定的障碍。为促使交易双方顺利达成交易，使国际经济活动正常进行，就出现了由信誉卓著的银行或其他机构充当担保人，为一方（申请人）向另一方（受益人）提供书面担保文件，担保人以自己的资信向受益人保证申请人履行双方签订的商务合同或其他经济合同项下的责任与义务。原则上，担保可以由任何有能力独立履行经济义务的机构、个人或法律实体签发。从保函的受益人角度看，由于银行或保险公司以外的实体资信状况不确定，其签发的担保的安全性要低一些。因此，受益人一般要求由信誉良好的银行签发担保函即银行保函。

一、银行保函的概念

银行保函（letter of guarantee，L/G or bonds）又称银行保证书，是指银行（担保人）应申请人的请求，向第三方（受益人）开立的一种书面信用担保凭证，保证在申请人未能按双方协议履行义务时，由担保人代其履行一定金额、一定期限范围内的某种支付责任或经济赔偿责任。银行保函的一般结构如图 6-2 所示。

银行保函多为独立性保函。不同于从属性保函银行承担第二性付款义务（secondary obligation），在独立性保函下，担保行承担第一性付款义务（primary obligation），即受益人在独立保函项下提交了书面索赔要求及保函规定的单据时，担保行就必须付款，而不管申请人是否同意付款，担保行也无须调查商务合同履行的事实。与从属性保函相比，独立性保函使得受益人的利益更有保障，并简化了受益人主张其合同权利的手续，担保行也可避免陷入商务纠纷中。国际商会《见索即付保函统一规则》（简称 URDG758）规定的保函就属于独立性保函。从属性保函与独立性保函的比较如表 6-2 所示。

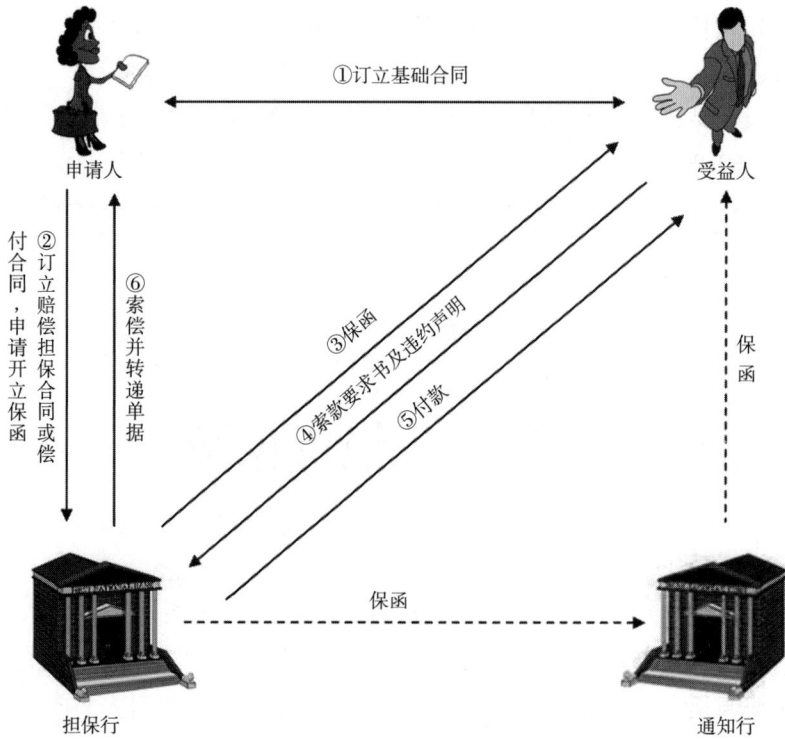

图 6-2　银行保函的一般结构

注　虚线表示可有可无环节。

表 6-2　从属性保函与独立性保函比较

项目	从属性保函	独立性保函
担保人责任的独立性	附属性	独立性
义务的第一性和第二性	第二性的付款义务	首要付款义务
担保人对基础合同抗辩的援引	有权援引所有的抗辩	无权援引任何基础合同项下的抗辩

续表

项目	从属性保函	独立性保函
单据条件和事实条件	以基础合同项下债务人违约为事实条件	凭保函中规定的单据付款
担保人拒付理由	基础合同项下抗辩 申请书项下抗辩 单据不符点 欺诈 滥用合同权利 不公平索款	单据不符点 欺诈 滥用合同权利 不公平索款

扫码学习有关案例　　　　　　　扫码学习 URDG758

二、银行保函的作用

（一）提供担保

提供担保即在主债务人违约时给予债权人以资金上的补偿。在银行担保下，受益人获得支付的权利仅依赖于保函中规定的条款和条件。银行一旦同意开立独立性保函，担保银行就为主债务人承担了对受益人的一切义务。担保银行向受益人支付了保函的款项，就取得了对主债务人的立即追索权。因此，担保银行处于一种信贷风险中，它通常要求以补偿来降低这种风险，而不是作为一个保险人行事。这种补偿通常由申请人提供抵押或另一家银行为申请人提供反担保来实现。

（二）均衡当事人所承担的风险

从广义上说，特别是从主债务人和债权人的观点来看，银行保函代表了当事人承担的风险。当事人承担风险的程度或者范围取决于付款条件的类型。在见索即付保函下，受益人只需提供表面与保函要求一致的单据就可以得到付款，而担保银行作为值得信赖的金融机构，既因其信誉良好，也因为它有对主债务人的立即追索权，通常会毫不延迟地付款。如果主债务人认为自己已经正确履行了合同义务，那么他想重新取回已经支付的款项就会有相当的困难。比如，一个主债务人已经正确履行了合同，但受益人凭见索即付保函，通过提交与保函表面一致的单据，向担保行索偿并得到支付。主债务人因此向法院提起诉讼或向仲裁机构申请仲裁并胜诉，但面临以下风险：判决或裁决因受益人是一个政府机构而得不到执行。相反，如果没有这种保函，若主债务人没有正确履行合同，受益人因此向法院提起诉讼或向仲裁机构提请仲裁并胜诉，受益人要面临判决或裁决因主债务人破产或者是一个政府机构而得不到执行的风险。

（三）见索即付保函的清偿功能

受益人认为主债务人违约时，通过提交与保函要求表面一致的单据就可以得到支付，而无须首先证实主债务人的违约。见索即付保函的另一个重要作用是能使受益人通过实现担保对债务人施加压力，使主债务人按照他的要求完成合同。这种持续的压力对主债务人来说是促使他迅速、充分地履行义务的强制性压力。

（四）作为一种融资工具

在主债务人需要向受益人支付预付款或进行中间付款时，银行保函可以作为替代品，起到暂缓付款的作用，从而等于向主债务人提供了融资的便利。

（五）见证作用

银行保函可以证明委托人的履约能力，从一开始就把不具备资格的人排除在外。因为提供保函就意味着不可撤销的付款承诺，所以，在对债务人（委托人）的资金实力和履约能力进行全面审查并得到满意的结果前，银行是不会轻易做出付款承诺的，而不能得到银行为其开立保函的交易商也不会是一个值得信赖的贸易伙伴。

另外，世界银行、亚洲开发银行以及各国政府的贷款都以得到相应的担保为前提条件。这些贷款项下的项目，凡超过一定金额的，必须采用国际竞争性招标，无论国内还是国际企业投标都要按招标书要求提交投标保函，中标签约时提供履约保函等。可见，银行保函已经成为国际贸易结算与融资的一个重要组成部分，在国际经济交易中发挥着重要作用。

三、银行保函的当事人

银行保函的基本当事人有三个，即申请人、担保人和受益人。另外，有时可能有通知行、保兑行和转开行。

（一）基本当事人

申请人（applicant），又称委托人（principal），即要求银行开立保函的一方，是与受益人订立合同的执行人和债务人。在投标保函项下为投标人；在出口保函项下为出口商；在进口保函项下为进口商；在还款保函项下为定金和预付款的收受人。

担保人（guarantor），也称保证人，即开立保函的银行，有时也可能是其他金融机构。担保人根据申请人的申请，并在申请人提供一定担保的条件下向受益人开具保函。

受益人（beneficiary），即为收到保函并凭以要求银行担保的一方，是与申请人订立合同的执行人和债权人。

（二）其他当事人

通知行（advising party），也称转递行（transmitting bank），即根据开立保函的银行的要求将保函转递给受益人的银行。

保兑行（confirming bank），即在保函上加具保兑的银行。受益人可得到双重担保。

转开行（reissuing bank），即接受申请人所在国银行的要求，向受益人开出保函的受益人所在国银行。这种保函发生赔付时，受益人只能向转开行要求赔付。在国际贸易中，由于申请人与受益人分处不同国家（地区），受益人往往对国外的银行不了解，只希望接受本国银行开立的保函，因此，申请人通常求助于本国银行，请其转托受益人所在国的银行开具保函。这家申请人所在国的银行由于要向受益人所在国的转开行发出开立保函的委托指示，所以往往被称为"指示人"（instructing party）。由于转开行开立保函以遭到索赔时由指示人担保立即予以偿付为条件，因此指示人又称反担保人（counter guarantor）。

四、银行保函的主要内容

根据《见索即付保函统一规则》URDG758 第八条的规定，银行保函内容应清楚、准确，但应避免列入过多细节。其主要内容如下。

（一）保函的当事人

保函应详细列出主要当事人，即申请人或委托人、受益人、担保行的名称和地址。若有通知行、保兑行或转开行，还应列明通知行、保兑行或转开行的名称和地址。

（二）开立保函的依据

开立保函的依据是基础合同。保函应在开头或序言中说明与基础合同的关系，如投标保函、履约保函、付款保函等。在保函中提出开立保函依据的基础合同主要是为了说明提供保函的目的及防范的风险，而且意味着根据何种基础关系对担保提出要求。关于基础合同的文字一般都很简明扼要，除了申请人、受益人的名称，还包括基础合同签订或标书提交的日期、合同或标书的编号，有时也包括对标的的简短陈述，例如货物供应等。保函指出基础合同并不会把独立性保函变成从属性保函。

（三）担保金额及金额递减条款

银行作为担保人的责任仅限于当申请人不履行基础合同时，负责向受益人偿付一定金额的款项，因此，担保合同中必须明确规定一个确定的金额和货币种类（担保的金额可以用与基础货币不同的币种表示）。对于担保行来说，明确保函项下的特定债务是十分重要的，否则将面临难以承担的风险。一般情形下，担保金额只是所担保债务的一定比例，受益人的要求不能超过担保的最大数额，即使他能证明他所遭受的损害或应得的利息远远超过这个数额。

担保金额递减条款的作用在于随着申请人逐步履行基础合同，担保的最大数额相应减少。在预付金退还保函中，普遍使用该条款。例如，申请人的工程进度已实现了预付金的全部价值时，担保金额就递减为零。保函中一般都会规定金额递减的方法。有时，保函中没有这项规定，而是在反担保中做出相应规定。在货物供应合同中，指定出口商提交某些单据，例如，以出口商自己为受益人的跟单信用证；在建筑工程承包合同和机器设备安装合同中，当申请人提交运输单据或第三方提交单据证实货物已经到达或项目的前期阶段已经完成时，担保的金额相应减少。在履约保函中，担保金额递减条款并不常见，因为履约保函的担保数额通常只是整个合同价值的一定比例。

（四）先决条件条款

保函生效的先决条件是为了保护申请人的利益。这项条款规定担保在先决条件满足后才能生效，而不是自保函开立之日起生效。因此，只有先满足了与基础合同有关的某些重要的先决条件，受益人才能对保函项下的偿付提出要求。例如，洽商中，当事人一方要求对方提交履约保函，以示谈判诚意。出口商认为在合同订立前，进口商就提交履约保函，可以表明其对交易是慎重的，其财务状况是值得信赖的。但是，对进口商来说，尽管这样做可以增强其谈判实力，但毕竟谈判尚未结束，商务合同还未订立，因而往往不愿意在这个阶段就提供履约保函。在这种情况下，折中的办法是进口商虽然按照出口商的要求开立履约保函，但是在保函中加入一个条款规定："合同缔结时本保函才生效"或者"合同中的先决条件已经满足时，本保函才能生效"。有些保函也可同时使用上述两种方法，如"本保函在我方（担保银行）收到账户方的书面确认、经我方签发书面修正书后生效。"但是，银行往往不愿意接受这样的条件，因为它很难判断先决条件是否已经满足。银行、受益人和申请人在这一点上难以达成共识。解决这一问题有两种方法：第一种方法是在申请人提供的反担保中，强调银行审查先决条件是否满足的责任仅限于尽到合理的注意，或者在银行与债务人的关系方面免除银行的审查义务；第二种方法是提交某些单据来证明先决条件已经满足，最适合且最常用的单据就是来自申请人的声明。银行往往愿意接受第二种方法。受益人则面临着先决条件已经满足、申请人却拒绝提交声明的风险。但是这种情况在实践中很少出现，因为一旦申请人拒绝提交这样的声明，就剥夺了自己在基础合同中的利益，这时基础合同也不能生效。

当根据基础合同的条款受益人应先支付一笔预付金或开立跟单信用证时，申请人就应将履行这项义务作为履约保函生效的先决条件。

在预付金保函和留置金保函中，一般都要规定在出口商收到预付金或承包商收到留置金以后，保函才能生效。有时预付金保函或留置金保函中明确规定预付金或留置金要转到申请人在担保银行开立的账户上，以保持申请人账户的收支平衡，为银行提供附属担保品。

（五）索赔条件

担保行在收到索赔书、支持声明以及保函中规定的其他文件（如有关证明书、法院判决书或仲裁裁决书）后，认为这些文件表面上与保函条款一致时，即可支付保函中规定的款项。如果这些文件表面上不符合保函条款要求，或文件之间表面上不一致，担保行可以拒绝接受这些文件。

一般来说，保函项下的任何付款条款均应书面规定，保函规定的其他文件也应是书面的。URDG758第八条建议，明确索赔书或其他单据是否应以纸质/电子形式/纸质和电子形式进行提交。同时，URDG758第十四条 e 款又规定，如果保函没有标明交单是采用纸质形式还是电子形式，则应采用纸质形式。

（六）有效期条款

1. 保函生效日期

除非保函另有规定，否则保函自开立之日起生效。在预付金保函、履约保函和付款保函中，这意味着保函一旦生效，即使根据基础合同债务人履行合同义务的期限尚未到来，受益人也可以对担保行提出要求。为了避免这种风险，可以将保函的生效时间与担保的先决条件联系起来，或在保函中规定其生效条件。例如，保函规定：保函自订立之日起若干天后生效或者保函开立之日起若干天内受益人不得对担保提出索赔要求。

2. 保函失效日期

在保函中应规定保函失效日期。具体方法有三种：

（1）规定一个具体的日历日期为保函失效日期，这是最常用的方法。

（2）将保函的有效期与基础合同直接联系起来。例如将失效期限和基础合同的履行期限或投标的期限协调起来，规定合同的履行期限或投标的期限加上若干个日（月）为保函的失效期（根据基础合同的性质，可以加 3 ～ 12 个月不等）。有的保函规定为从开立之日起若干个日（月）内有效。这种方法不如前一种方法明确，容易对保函的有效期产生争议。

（3）综合前两种方法，如规定保函在基础合同履行完毕后若干日（月）终止，但最迟不迟于某一具体的日历日期，并以两者中的较早者为准。应避免使用仅仅规定在申请人履行了合约义务后保函即失效的条款。因为在这种情况下，有可能出现由于受益人破产、倒闭等使得申请人无法履约而担保行的担保责任却无法得以解除的情况。

不管银行保函中是否规定失效条款，当保函退还给担保行或受益人书面声明解除担保行的责任时，不管是否已将保函及其修改书还给担保行，都认为该保函已被取消。

3. 保函延期条款

投标保函与履约保函往往赋予受益人将保函有效期延长的权利，即经受益人要求，保函的有效期可以适当延长。在评标的日期或最后完成的期限难以预先确定时，或者受益人和申请人、担保人在保函的有效期内难以达成一致意见的情况下，往往会使用延期条款。与受益人企图要求的无期限保函相比，延期条款有利于银行和申请人。但是，延期条款也可能使申请人处于一种危险境地，因为受益人经过请求可以使保函多次延长。在见索即付保函中虽然没有延期条款，但申请人仍然可能因为受益人提出付款或延期的要求而面临相同的风险。

4. 退还保函条款

保函中应规定，保函到期后，受益人应将保函退回担保行。这样做既便于担保行办理注销手续，也可避免发生不必要的纠纷。但在实践中，退还保函的条款有时难以奏效。如果在保函中有这样的条款，也应明确规定该条款与受益人的权利无关。例如：

"Upon its expiration, this L/G shall be null and void, and please immediately return it to us for cancellation."（保函一旦到期即告失效，请将其立即退回我行注销。）

"If we receive no claim from the beneficiary on or before（date），then this guarantee shall become automatically null and void."（如果在某特定日期或该日以前我们没有收到来自受益人的索赔要求，本保函将自动失效。）

5. 失效期条款的欠缺

若保函中未规定失效期，除了例外情况，则意味着保函是无限期的。在某些特定情形下，也可能出现保函没有规定失效期的情况。这些特殊情形是：以提交法院判决和裁决为付款条件的保函在开立时通常都不提及失效期，这是司法保函的一般实践；以税收机构和提供政府补助的机构为受益人的付款保函，以及为扩大信贷便利以其他银行为受益人的付款保函也可能是无期限的。在后一种情形下，保函通常规定，担保银行在向受益人发出通知后，经过一段合理的时间，可以撤销保函。这时，如果主债务人不能安排新的保函，受益人将不再继续给予先前授予主债务人的信贷便利。根据URDG758 第二十五条 c 款的规定，如果保函未规定失效期或失效事件，那么保函将自开立之日起三年之后终止。

URDG758 附录中提供了保函和反担保函的标准模板，这有利于统一操作规范，更好地指导实务。附式 6-1 为 URDG758 项下见索即付保函的模板。

五、银行保函的常见类型

在实际业务中，银行保函的使用范围很广，它不仅适用于货物买卖，而且广泛适用于其他国际经济合作领域。按照银行保函的用途，将其分为投标保函、履约保函、预付款保函、质量 / 维修保函、留置金保函、关税保函等。

（一）投标保函

投标保函（tender guarantee/bid bond）是指担保人（银行）应申请人（投标人）的要求向受益人（招标人）开立的，保证申请人在投标有效期内不撤标、不改标，不更改原报价条件，并且一旦中标将按照招标文件的规定在一定时间内与招标人签订合同或提交履约保函或保证金，如投标人违约，则由银行按照约定向招标人支付一定金额的款项作为补偿的书面承诺。

投标保函金额一般为投标金额 1% ～ 5%。有效期从开立保函之日到开标日期后的一段时间，有时会再加一定天数的索偿期。如投标人中标，则保函有效期自动延长至投标人与招标人签订合同、提交履约保函为止。

（二）履约保函

履约保函（performance guarantee）是担保人（银行）应申请人（出口方或承包商）的请求向受益人（进口商或业主）出具的保证严格履行合同义务的书面承诺。履约保函金额一般是合同金额的 5% ～ 10%。

附式 6-1 URDG758 项下见索即付保函格式

Form of Demand Guarantee under URDG758

[*Guarantor Letterhead or SWIFT identifier code*]

To: [*Insert name and contract information of the Beneficiary*]

Date: [*Insert date of issue*]

- **Type of GUARANTEE:** [*Specify tender guarantee, advance payment guarantee, performanceguarantee, payment guarantee, retention money guarantee, warranty guarantee, etc.*]
- **GuaranteeNo.** [*Insert guarantee reference number*]
- **The Guarantor:** [*insert name and address of place of issue, unless indicated in the letterhead*]
- **The Applicant:** [*Insert name and address*]
- **The Beneficiary:** [*Insert name and address*]
- **The Underlying Relationship:** The Applicant's obligation in respect of [*Insert reference number or other information identifying the contract, tender conditions or other relationship between the applicant and the beneficiary on which the guarantee is based*]
- **Guarantee amount and currency** [*insert in figures and words the maximum amount and the currency in which it is payable*]
- **Any document required in support of the demand for payment, apparent from the supporting statement that is explicitly required from text below** [*insert any additional documents required in support of the demand for payment. If the guarantee requires no documents and the supporting statement, keep this space empty or indicate "none"*]
- **Language of any required documents** [*Insert the language of any required document. Documents to be issued by the applicant or the beneficiary shall be in the language of the guarantee unless otherwise indicate herein*]
- **Form of presentation** [*Insert paper or electronic form. If paper, indicate mode of delivery. If electronic, indicate the format, the system of data delivery and the electronic address for presentation*]
- **Place of presentation** [*Guarantor to insert address of branch where a paper presentation is to be made or, in case of an electronic presentation, an electronic address such as the Guarantor's SWIFT address. If no place of presentation is indicated in this field, the Guarantor's place of issue indicated above shall be the Place of presentation*].
- **Expiry** [*insert expiry date or describe expiry event*]
- **The party liable for the payment of any charges** [*Insert the name of the party*]

As a Guarantor, we hereby irrevocably undertake to pay the Beneficiary any amount up to the Guarantee Amount upon presentation of Beneficiary's complying demand, in the form of presentation indicated above, supported by such other documents as may be listed above and in any event by the Beneficiary's statement, whether in the demand itself or in a separate signed document accompanying or identifying the demand, including in what respect the Applicant is in breach of its obligations under the Underlying Relationship.

Any demand under this guarantee must be received by us on or before Expiry at the Place of presentation.

This guarantee is subject to the Uniform Rules for Demand Guarantees (URDG) 2010 revision, ICCPublication No. 758.

Signature(s)

（三）预付款保函

预付款保函（advance payment guarantee），也称定金保函（down payment guarantee）或还款保函（repayment guarantee），是指进口方或接受承包的业主在支付预付款或定金时要求出口方或承包商提供的银行担保。如果出口方或承包商未能履约，银行负责返还预付款项及其利息。预付款保函金额一般是合同金额的 15% ～ 25%，而且保函中会规定在收到有关预付款项后保函才生效。这种保函的有效期一般较长，因为等到所有发货或全部工程完工后，预付款在每笔付款中扣除至零为止。

扫码学习有关案例

（四）质量／维修保函

质量保函（quality guarantee）是指银行作为担保人就合同标的物的质量所出具的一种担保，凭以保证供货方所提供的货物和承包商承建的工程项目在一定时间（保修期或维修期）内符合合同所规定的规格和质量标准。如果在这一时期内发现货物的质量或工程的质量发生与合同规定不符的情况，而供货方或承包商又不愿或不予更换或维修，则买方或业主有权在这类保函项下向担保行索取一笔款项，以补偿其所受损失。

维修保函（maintenance guarantee）也是对质量的一种担保形式，但通常被用在有关工程建设的合同中，它是对工程项目的质量所作的担保。而质量保函则往往适用于买卖合同，尤其是在大型机电产品、成套设备、飞机等出口货物中使用得较多，是对货物质量的一种担保形式。由于二者在本质和作用方面十分相似，在实务中经常被混用。

质量保函与维修保函的金额一般为合同金额的 5% ～ 10%，有效期通常为合同规定的质量保证期满或工程维修期满另加 3 ～ 15 天索偿期。

（五）留置金保函

在大型机械设备进出口业务以及国际承包工程中，进口方或业主在支付货款或工程款时，总要留置一定比例的款项，待进口设备安装调试、验收合格并投入正常生产或等工程完工一定时期后，再视具体情况将这部分款项支付给出口方或承包商。为了能够提前收回这部分留置款项，出口方或承包商通常向本国银行申请开立以进口方或业主为受益人的留置金保函或保留金保函（retention money guarantee），保证如果卖方提供的货物或承包工程达不到合同规定的质量标准，出口方或承包商将这部分提前收回的留置款项退回给进口方或业主，否则，由担保银行负责赔偿。

此类保函的金额一般为合同总价的 5% 左右，有效期通常为合同规定的索赔期满另加 3 ～ 15 天索偿期。

（六）关税保函

关税保函（customs guarantee）主要有两种情况：一种情况是担保银行应进口商（含加工贸易企业）的申请向海关出具的、保证进口商履行缴纳关税义务的书面文件。如果日后进口商不按期缴纳关税或未执行海关的其他具体规定，银行将受理海关或海关指定的金融机构的索赔，按照保函约定承担保证责任。另一种情况是在国际工程承包或国际展览、展销等活动中，施工机械或展品运往工程或展览所在国时，应向该国海关缴纳一笔关税作为押金，工程或展览完毕将机械或展品运出该国时，海关将这笔税金退还。此时承包商或参展商可要求银行向该国海关出具担保以代替押金，保证如承包商或参展商未将该机械或展品运出该国，由银行支付这笔税金。

此类保函的金额即为各国海关规定的关税金额，有效期为合同规定施工机械或展品等撤离该国的日期另加半个月。

扫码学习有关案例

第三节　备用信用证

银行保函的适用范围相当广泛，然而美国原有的《联邦银行法》规定，在美国的商业银行不得开立保函。为了规避法律对银行保函的禁止，满足客户提出的为其经营活动提供担保的要求，美国的商业银行开立了具有保函性质的备用信用证。

一、备用信用证的概念

备用信用证是开证行根据开证申请人的申请，以自己的名义向受益人开立的承诺承担某种责任的凭证，以保证货款或预付款在到期或违约时，或某一不确定事件发生或不发生时，对受益人履行所规定责任的信用证。即在开证申请人未能履行合同规定的其应履行的义务时，受益人可提示备用信用证规定的单据（如汇票索款要求、所有权凭证、投资担保、发票、违约证明等）或证明文件，从开证行得到其承诺的偿付。备用信用证格式如附式6-2所示。

备用信用证虽然带有"信用证"的名义，也确实是以开证银行的信用加强交易的可信程度，但其性质则更贴近银行保函。因此，联合国将备用信用证与独立保函一并制定公约。也正因此，备用信用证又被称为"担保信用证"或"保证信用证"（guarantee letter of credit）。

附式 6-2　备用信用证

备用信用证

我行兹开立号码为×××、金额为×××、以 ABC 为受益人、XYZ 为申请人、有效期为×××的备用信用证。

在本备用信用证项下，我行将凭议付行的加押电传或 SWIFT 付款，同时请提交受益人的声明，该声明内容为开证申请人未履行×××合同号项下的付款。

当收到与本备用月信证条款及条件相符的单据后，我行将按你方指示付款。

本信用证根据《跟单信用证统一惯例》(2007 年修订本)，国际商会第 600 号出版物开立。

(We open our irevocable Standby Letter of Credit No. ... in favor of ABC for account ofXYZ for amount... expiry date...

This standby Letter of Credit is available against presentation of negotiating bank's testedtelex or SWIFT to us accompanied by beneficiary's signed statement stating that the applicantdid not effect payment under the contract No. ...

Upon receipt of the documents drawn in compliance with terms and conditions of thisstandby Letter of Credit, we shall remit thc proccds to you in accordancc with yourinstruction.

This standby Letter of Credit is subject to Uniform Customs and Practice forDocumentary Credit (2007 revision), ICC publication.)

二、备用信用证的性质

根据国际商会于 1998 年 4 月 6 日正式颁布并自 1999 年 1 月 1 日生效的第 590 号出版物《国际备用信用证惯例》（*International Standby Practices* 1998，ISP98），备用信用证的性质如下。

（一）不可撤销性

除非信用证另有规定，否则，备用信用证一经开立，在其有效期内，未经受益人同意，开证行不能单方面地修改或撤销其在该备用信用证下的责任。

（二）独立性

开证行对受益人的义务，不受任何适用的协议、惯例和法律下，开证行对受益人的权利和义务的影响。

扫码学习有关案例

（三）单据性

备用信用证的办理以该备用信用证规定的单据为对象。备用信用证与跟单信用证是一致的，不过，跟单信用证只适用于有形商品贸易，不同种类的跟单信用证所要求受益人提交的单据可能存在某些差别，如应开证申请人的要求，受益人开立汇票与否，或汇票的付款期限可能有所不同；保险单据的提供与否取决于交易选择价格术语的不同；检验证书的种类取决于商品的种类及进口国的法律规定等。但是，基本的单据如商业发票、运输单据等则是必然要求的。然而，备用信用证由于适用的范围很广，因此所要求的单据彼此差别可能很大。

（四）强制性

备用信用证一经开立，开证人即受其强制性约束，而不论开证人有否向开证申请人收取或收足开证保证金或其他形式的某种担保，也不论受益人是否收到该备用信用证。

备用信用证的这些基本性质与跟单信用证的性质基本相同。因此，国际商会《跟单信用证统一惯例》的连续三个版本都规定了该惯例：适用于所有在其文本中明确表明受本惯例约束的跟单信用证，在其可适用的范围内，包括备用信用证。

扫码学习备用信用证与跟单信用证的比较

扫码学习有关案例

三、备用信用证与银行保函的比较

（一）备用信用证与银行保函的相同点

（1）均为见索即付的银行保证文件。

（2）都具有自足性，即一经开立，其业务的办理独立于其产生所依据的基础合同。

（3）都具有单据性，即其业务的办理仅以所规定的单据为对象，而不涉及相关的货物、服务或其他当事人（如申请人等）；对所提交的非备用信用证或银行保函规定的单据，则不予审核或理会。

（4）都具有不可撤销性，即未经受益人同意，开证行或担保行在有效期内不能单方面宣布撤销或修改其保证文件的条款。

（5）都要求受益人在索偿时提交相应的索偿证明。

（二）备用信用证与银行保函的不同点

（1）适用的国际惯例不同。备用信用证适用《国际备用信用证惯例》（ISP98）的全部条款和《跟单信用证统一惯例》（UCP600）的部分条款；银行保函则适用《见索即付保函统一规则》（URDG758）。

（2）可转让性的不同。根据ISP98规则六的规定，备用信用证项下，受益人可以请求开证行或指定人向另外一个人承付，除非信用证明确禁止转让；银行保函则不能转让。

（3）开证行或担保行的利益维护手段不同。银行保函项下，开证行可以要求申请人提交反担保来保证担保行的利益维护；备用信用证则是以向申请人收取各项有关的费用方式让开证行得到偿付。

（4）银行偿付的责任可能不同。备用信用证的开证行承担第一性付款义务；银行保函的担保行视保函的不同，既可能承担第一性付款义务，也可能承担第二性付款义务。

（5）在所提交的单据之间存在不一致时的处理不同。备用信用证项下，不能将此作为拒付的理由；银行保函项下，则可以将此作为拒付的理由。

（6）在实务中，备用信用证已成为适用于各种用途的融资工具，其适用范围比见索即付保函更广泛。

备用信用证与银行保函的主要区别如表 6-3 所示。

表 6-3 备用信用证与银行保函的主要区别

比较项目	备用信用证	银行保函
用途	更广泛（用于各种用途融资）	相对窄（主要用于担保）
适用惯例	ISP98 和 UCP600	URDG758
可转让性	可以转让	不能转让
利益维护手段	向申请人收费	要求申请人提交反担保
银行偿付责任	第一性付款责任	第一性或第二性付款责任
单据要求	一般要汇票，但违约证明相对宽松	不要汇票，但违约证明更严格

第四节　出口信用保险

出口信用保险虽然是一种政策性保险业务，但与国际结算也有密切的关系，可以说是国际结算方式的"保护伞"。它有利于出口企业灵活选择多种结算方式，并能有效降低收款风险。

一、出口信用保险的概念

出口信用保险（export credit insurance），也叫出口信贷保险，是各国政府为提高本国产品的国际竞争力，推动本国的出口贸易，保障出口商的收汇安全和银行的信贷安全，促进经济发展，以国家财政为后盾，为企业在出口贸易、对外投资和对外工程承包等经济活动中提供风险保障的一项政策性支持措施，属于非营利性的保险业务，是政府对市场经济的一种间接调控手段和补充，是世界贸易组织（WTO）补贴和反补贴协议原则上允许的支持出口的政策手段。目前，全球贸易额的 12% ～ 15% 是在出口信用保险的支持下实现的，有些国家的出口信用保险机构提供的各种出口信用保险保额甚至超过本国当年出口总额的三分之一。它所承保的风险主要包括政治风险与商业风险。出口信用保险与一般商业保险的区别如表 6-4 所示。

表 6-4　出口信用保险与一般商业保险的区别

比较项目	出口信用保险	一般商业保险
性质	政策性保险	商业性保险
目的	支持出口，发展经济	利润最大化
政策	外经贸、外交、产业	公司自身发展战略
标的	合同权益	人身、财产
风险	政治风险与商业风险	自然灾害与意外事故
风险承担者	政府（最终承担者）	保险公司
法律规范	专门法规	保险法
办理机构	专门机构	多家经营

出口信用保险属于保险人与被保险人之间的一种保险合同关系，一般涉及三方主体，除了作为合同当事人的经营出口信用保险业务的保险人和作为被保险人的向国外进口商提供信用的出口商外，还包括被担保信用的进口商。出口信用保险关系如图 6-3 所示。

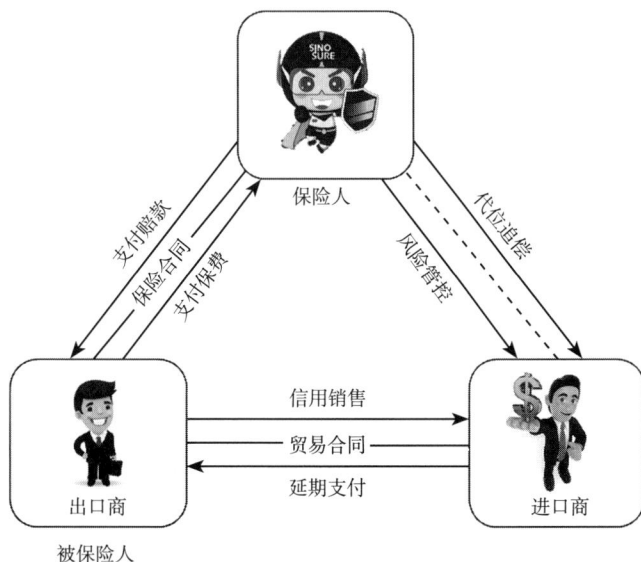

图 6-3　出口信用保险关系

从目前情况看，我国大多数出口企业最为看重的结算方式还是传统的信用证，一般公司内部对 D/P、D/A、O/A 等其他结算方式比较谨慎，有相当严格的权限规定，这在以买方市场为主导、大多数客户都有赊销方面要求的新的国际贸易大环境下，显然处于不利地位。利用出口信用保险则能从根本上改变这种状况。由于出口信用险承担了进口方国家的政治风险及进口商的商业信用风险，出口商才免除了因进口商破产、拒收货物、拒付货款而遭受的经济损失，出口收汇也有了一定的保证，从而减少了逾期账款甚至坏账的产生。

扫码学习有关案例

二、出口信用保险的作用

（一）解决企业采用灵活结算方式的后顾之忧，提高市场竞争能力

投保出口信用保险使企业能够采纳灵活的结算方式，接受银行信用方式之外的商业信用方式（如 D/P、D/A、OA 等），使企业给予其买家更低的交易成本，从而在竞争中最大限度抓住贸易机会，提高销售企业的竞争能力，扩大贸易规模。

（二）提升债权信用等级，获得融资便利

出口信用保险承保企业应收账款来自国外进口商的风险，从而变应收账款为安全性和流动性都比较高的资产，成为出口企业融资时对银行的一项有价值的"抵押品"，因此，银行可以在有效控制风险的基础上降低企业融资门槛。

扫码学习有关案例

（三）建立风险防范机制，规避应收账款风险

借助专业的信用保险机构防范风险，可以获得单个企业无法实现的风险识别、判断能力，并获得改进内部风险管理流程的协助。另外，交易双方均无法控制的政治风险可以通过出口信用保险加以规避。

（四）通过损失补偿，确保经营安全

通过投保出口信用保险，信用保险机构将按合同规定在风险发生时向投保企业进行赔付，有效弥补企业财务损失，保障企业经营安全。同时，专业的信用保险机构能够利用其追偿能力实现企业无法实现的追偿效果。

三、出口信用保险的特点

（1）出口信用保险承保的是被保险人在国际贸易中，因境外原因不能出口或者货物发运后不能收回货款的风险，包括政治风险和商业风险。

（2）出口信用保险是政府鼓励发展出口贸易的重要措施，其目的在于通过承担国际贸易中的收汇风险，鼓励企业开拓国际市场，积极扩大出口，保障收汇安全。

（3）绝大部分中长期和少部分短期出口信用保险承保的均是一般商业性保险机构

不愿或无力承保的业务，在性质上属政策性保险，不以盈利为目的，力求在长期经营中维持收支平衡。由于具有很强的政策导向性，出口信用保险的开展往往与国家的外交和外经贸政策密切结合。

（4）出口信用保险往往与出口贸易融资结合在一起，是出口信贷的重要组成部分，是出口商获得信贷资金的先决条件之一。

（5）一般来说，出口信用保险机构均由政府出资设立，大多以政府的财政为后盾，政府为其提供多种税收优惠政策，同时也是风险的最终承担者。

（6）出口信用保险的发展与一国的经济发展水平和国际地位相关。它既是一个国家经济实力尤其是经济的国际竞争力的晴雨表，又是一个国家经济发展和国际地位提高的必然要求。出口信用保险是对外经济贸易发展到一定阶段的产物，又反过来推动对外经济贸易的更大发展。

四、出口信用保险承保的风险

出口信用保险主要承担被保险人在经营出口业务过程中可能遭受的各种政治风险和商业风险。

1. 政治风险

政治风险（亦称国家风险或非商业风险），主要是指进口商所在国或有关国家法律、政策以及进口商所在国发生战争、内乱等导致无法履行合同的情况。这类风险与国家责任结合在一起，是买卖双方无法控制的，虽然发生频率低，但一旦发生则会造成巨大损失，出口企业自身往往难以承受。具体包括以下几种情况。

（1）买方所在国家或地区实行汇兑限制。

（2）买方所在国家或地区实行贸易禁运或吊销有关进口许可证。

（3）买方所在国家或地区政府颁布延迟对外付款政策。

（4）买方所在国家或地区发生战争、动乱等。

扫码学习有关案例

（5）其他导致合同无法履行的政治风险。

2. 商业风险

商业风险（亦称买家风险）比信用证更多承担了开证行破产、拖欠、拒绝承兑的责任。这类风险是由进口方原因所造成的，它的发生率高，风险分析技术复杂，很多出口企业要么因为担心风险而放弃贸易机会，要么冒险成交而随时面临收汇风险。主要有以下几种情况。

（1）买方被宣告破产或丧失偿付能力。

（2）买方拖欠货款超过一定时间（通常规定四个月或六个月）。

（3）买方在发货前无理中止合同或在发货后不按合同规定赎单提货等。

五、出口信用保险的主要险种

（一）短期出口信用保险

短期出口信用保险为以信用证、非信用证方式出口的货物或服务提供应收账款收汇风险保障。承保业务的信用期限一般在一年以内，最长不超过两年。目前，中国信保开办的短期出口信用保险业务主要有以下几种。

（1）综合保险。该产品补偿出口企业按合同约定或信用证约定出口货物后，因发生政治风险或商业风险而导致的直接损失。

（2）中小企业综合保险。该产品承保中小型企业所有以信用证和非信用证支付方式出口产生的应收账款收汇风险。

（3）小微企业信保易。该产品是中国信保为小微企业量身定制的专属出口收汇风险保障方案，零门槛、零限制，一次交费，保障全年；计费方式简单，赔款支付及时。

（4）出口前附加险。该产品是短期出口信用保险综合保险的附加险，主要承保货物出口前发生的信用风险。

短期出口信用保险操作流程如图 6-4 所示。

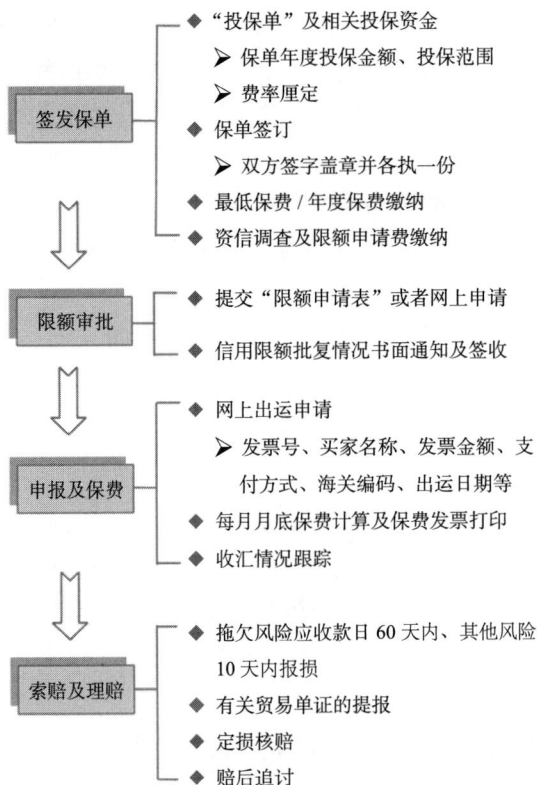

```
┌────────┐      ◆ "投保单"及相关投保资金
│ 签发保单 │         ➢ 保单年度投保金额、投保范围
└────────┘         ➢ 费率厘定
                  ◆ 保单签订
                     ➢ 双方签字盖章并各执一份
                  ◆ 最低保费 / 年度保费缴纳
                  ◆ 资信调查及限额申请费缴纳

┌────────┐      ◆ 提交"限额申请表"或者网上申请
│ 限额审批 │
└────────┘      ◆ 信用限额批复情况书面通知及签收

┌────────┐      ◆ 网上出运申请
│ 申报及保费 │        ➢ 发票号、买家名称、发票金额、支
└────────┘           付方式、海关编码、出运日期等
                  ◆ 每月月底保费计算及保费发票打印
                  ◆ 收汇情况跟踪

┌────────┐      ◆ 拖欠风险应收款日 60 天内、其他风险
│ 索赔及理赔 │         10 天内报损
└────────┘      ◆ 有关贸易单证的提报
                  ◆ 定损核赔
                  ◆ 赔后追讨
```

图 6-4　短期出口信用保险操作流程

（二）中长期出口信用保险

中长期出口信用保险是承保信用期限在一年以上的出口收汇风险的保险。这种保险旨在鼓励我国出口企业积极参与国际竞争，特别是高科技、高附加值的机电产品和成套设备等资本性货物的出口以及对外工程承包项目，同时支持银行等金融机构为出口贸易提供信贷融资。中长期出口信用保险所承保的出口项目往往金额大、期限长、融资需求强烈，而且收汇风险很大，因此需要政策性的出口信用保险支持来扩大其出口。

中长期出口信用保险是各国政府促进出口、实施国家外交以及外经贸战略和进行宏观经济调控的重要政策手段。因此，中长期出口信用保险业务从风险的承担与补偿、业务政策的制定以及具体项目的承保决策等方面都与国家的政策导向密不可分。

中长期出口信用保险按不同的标准有以下几种分类。

（1）按保单责任开始生效的时间，可分为出运前保险和出运后保险。

（2）按所保风险的范围，可分为单纯的政治风险保险、单纯的商业风险保险和政治、商业风险综合保险。

（3）按承保方式的不同，可分为额度保险和项目保险。

（4）按照融资方式的不同，可分为出口买方信贷保险和出口卖方信贷保险（又称"延付合同保险"），由融资方式的不同还可派生出"福费廷保险"（又称"再融资保险"）和"融资租赁保险"。

出口卖方信贷保险各方合同关系如图 6-5 所示。

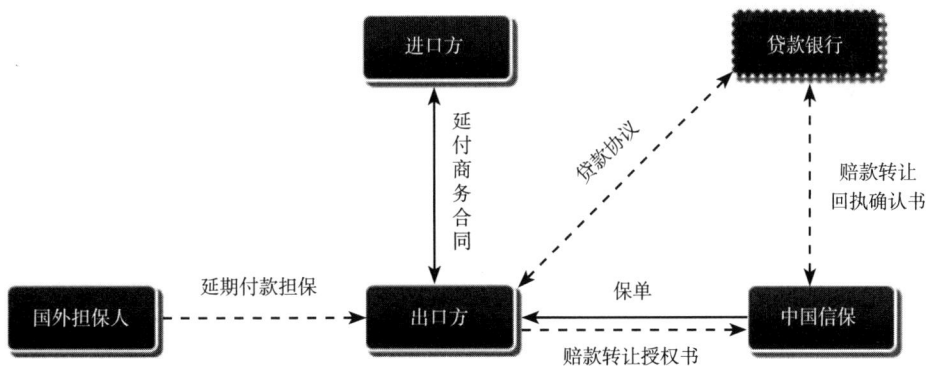

图 6-5 出口卖方信贷保险各方合同关系

（三）海外投资保险

海外投资保险可以为投资者及金融机构因投资所在国发生的征收或汇兑限制、战争及政治暴乱、违约等政治风险造成的经济损失提供风险保障，承保业务的保险期限不超过 20 年（中国信保）。中国信保承保的产品分为海外投资（股权）保险和海外投资（债权）保险。

1. 海外投资（股权）保险

该产品是中国信保为鼓励中国企业的对外投资而提供的、承担投资项下股东权益损失的保险产品，如图 6-6 所示。

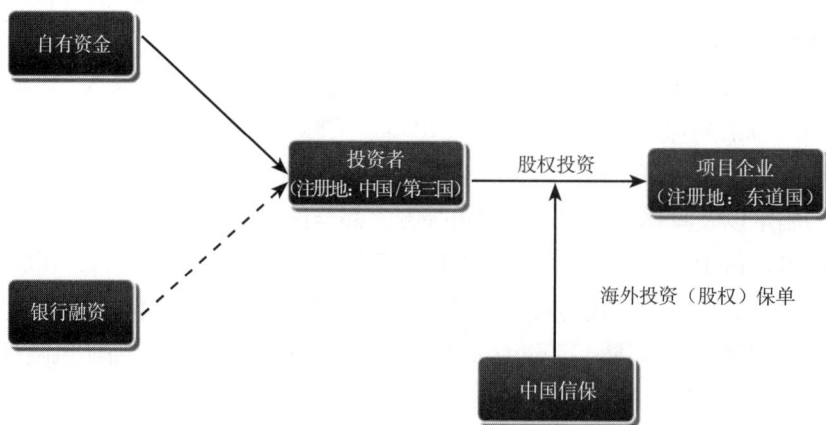

图 6-6　海外投资（股权）保险

2. 海外投资（债权）保险

该产品是中国信保为鼓励中国企业为其海外投资项目提供股东贷款，如图 6-7 所示，金融机构为中国企业海外投资项目提供贷款，如图 6-8 所示，以及中国信保认可的其他投融资形式，向企业或金融机构提供的、承担其债权损失的保险产品。

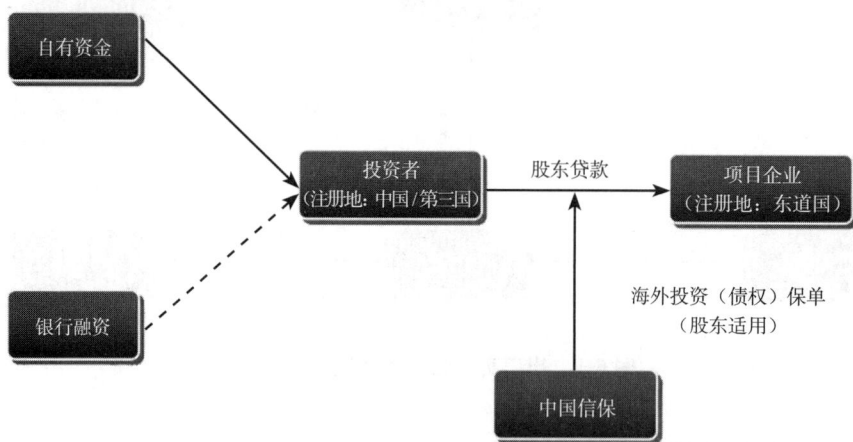

图 6-7　海外投资（债权）保险各方合同关系（股东适用）

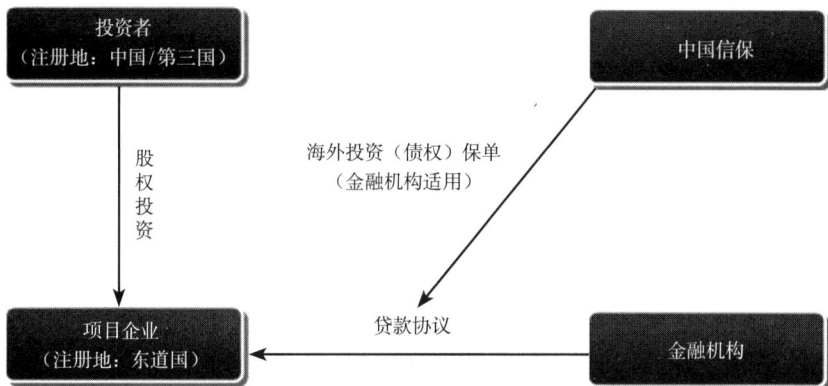

图 6-8　海外投资（债权）保险各方合同关系（金融机构适用）

第五节　结算方式的选用

前文分别介绍了汇款、托收、信用证、BPO、银行保函和备用信用证等不同的结算方式。在一般的国际货物买卖合同中，通常单独使用某一种方式。但在特定情况下，也可在同一笔交易中把两种甚至两种以上不同的方式结合起来使用。总之，在实际业务中，根据不同国家和地区、不同客户、不同交易的实际情况，正确和灵活地选用货款结算方式是一个关系交易成败的重要问题。

一、选择结算方式时应考虑的一些问题

各种不同的结算方式，对国际货物买卖中的进出口人而言，各有利弊。因此，在实际业务中，应针对不同国家（地区）、不同客户、不同交易的具体情况进行全面衡量，取长补短、趋利避害，力求做到既能达成交易，又能维护企业的权益，最终达到确保外汇资金安全、加速资金周转、扩大贸易往来的目的。

在影响结算方式利弊的诸多因素中，安全是第一重要问题，其次是占用资金时间的长短，至于办理手续的繁简、银行费用的多少也应给予适当的注意。以下是我们在选择结算方式时经常需要考虑的一些问题。

（一）客户信用

在国际货物买卖中，依法订立的合同能否顺利圆满地得到履行，客户的信用是决

定性的因素。因此，要在出口业务中做到安全收汇、在进口业务中做到安全用汇，即安全收到符合合同规定的货物，就必须事先做好对国外客户即交易对手的信用调查，以便根据客户的具体情况选用适当的结算方式，这是选用结算方式成败的关键和基础。对于信用不是很好或者尚未充分了解的客户，与之进行交易时，就应选择风险较小的方式。例如，在出口业务中，一般可采用跟单信用证方式，如有可能，也可争取以预付货款方式支付。若与信用很好的客户交易，由于风险较小，就可选择手续比较简单、费用较低的方式。例如，在出口中可以采用付款交单（D/P）的托收方式等。至于承兑交单（D/A）的托收方式或赊账（例如货到目的地后以电汇即 T/T 方式付款），应仅限于本企业的联号或分支机构，以及确有把握的个别对象，对一般客户应从严掌握，原则上不能采用。

（二）经营意图

选用支付方式，应结合企业的经营意图。在货物畅销时可以提高售价，而且卖方还可选择对自己最有利的结算方式，包括在资金占用方面最有利的方式；而在货物滞销时或针对竞争激烈的商品，不仅售价可能要降低，而且在结算方式上也需作必要让步，否则就可能难以达成交易。

（三）贸易术语

国际货物买卖合同中采用不同的贸易术语，表明交货方式与适用的运输方式是不同的。而在实际业务中，也不是每一种贸易术语都适用于任何一种结算方式。例如，在使用 CIF、CFR、CIP、CPT 等属于象征性交货或称推定交货术语交易中，采用的是凭单交货、凭单付款的方式，卖方交货与买方收货不同时发生，转移所有权是以单据为媒介，就可选择跟单信用证方式。在买方信用较好时，也可采用托收，例如付款交单（D/P）方式收取货款。但在使用 EXW、DAP 等属于实际交货方式术语交易中，由于是卖方通过承运人向买方直接交货，卖方无法通过单据控制物权，因此一般不能使用托收方式。因为如果通过银行向进口方收款，其实质是一笔货到付款，即属赊销交易性质，卖方承担的风险极大。即使是以 FOB、FCA 条件达成的买卖合同，虽然在实务中也可凭运输单据，例如凭提单和多式联合运输单据交货与付款，但这种合同的运输由买方安排，由卖方将货物装上买方指定的运输工具或交给买方指定的承运人，卖方或接受委托的银行很难控制货物，所以也不宜采用托收方式。

（四）运输单据

如货物通过海上运输或多式联合运输，出口人装运货物后得到的运输单据一般为可转让的海运提单或可转让的多式联运单据。因这些单据都是货物所有权凭证，是凭以在目的港向轮船公司或联运承运人提取货物的凭证，在交付给进口人之前，出口人尚能控制物权，故可使用信用证和托收方式结算货款。如货物通过航空、铁路或邮政运输，出口人装运货物后得到的运输单据为航空运单、铁路运单或邮包收据，这些都不是货物所有权凭证，收货人提取货物时也不需要这些单据。即使通过海上运输，如运输单据为不可转让的海运单，由于它也不是物权凭证，提货时也无须提交这种单据。

因此，这些情况都不适宜采用托收方式。在采用信用证方式情况下，全套运输单据均应直接向开证行或其指定银行递交，除非信用证有特别规定，出口人也不能将其中的一份直接寄给进口人，其目的是便于银行控制货物。

扫码学习有关案例

二、多种结算方式结合使用的技巧

在国际贸易中，一笔交易通常只选择一种结算方式。但由于不同的结算方式各有利弊，买卖双方所承担的风险和资金占用的时间各不相同，因此，为了取长补短，做到既能加快资金周转，又能确保收付外汇的安全，以利达成交易，扩大贸易，在同一笔交易中选择两种或两种以上的结算方式结合使用是比较有效的做法。目前，常见的有以下几种结合方式。

（一）托收与汇款相结合

出口企业在属于贸易弱势一方的情况下，往往被迫接受外国进口商要求的以托收方式做结算。为减少收款风险，出口企业可要求进口商先支付一定的预付款或押金（一般为总金额的20%～30%）。货物出运后，出口企业再从货款中扣除预付款，其余部分通知银行托收。在出口贸易中，此种组合结算方式的运用较多，进出口双方一般也能接受此种结算方式。

扫码学习有关案例

（二）信用证与汇款相结合

信用证与汇款相结合是指部分货款采用信用证方式结算，余额货款采用汇款方式结算。例如买卖矿砂、煤炭、粮食等散装货物，买卖合同规定90%的货款以信用证方式付款，其余10%的货款待货物运抵目的港，经检验核实货物数量后，按实到数量确定余数金额并以汇款方式支付。又如，对于特定商品或特定交易需进口人预付定金的，也有规定预付定金部分以汇款方式支付，其余货款以信用证方式结算。

扫码学习有关案例

（三）信用证与托收相结合

信用证与托收的结合运用是指不可撤销信用证与跟单托收两种方式的结合，其具体做法是一笔交易的货款部分以信用证付款，其余部分以托收方式结算，所以又称"部分信用证、部分托收"。在实际运用时，托收必须是付款交单（D/P）方式，出口人要签发两张汇票，一张用信用证项下部分的货款凭光票支付；另一张须随附全部规定的单据，按跟单托收处理。这种做法对进口人来说，可减少开证金额、少付开证押金、少垫资金；对出口人来说，虽托收部分有一定风险，但有部分信用证的保证，且货运单据跟随托收汇票项下，开证行须待进口人付清全部货款后才能放单，所以出口人的收汇安全较有保障。例如：

"×% 发票金额凭即期光票支付，其余 ×% 即期付款交单。100% 发票金额的全套货运单据随附于托收项下，于申请人付清发票全部金额后交单。若进口人不付清全部金额，货运单据由开证银行（或付款银行）掌握，凭出口人指示处理。"[×% of the invoice value is available against clean draft at sight while the remaining ×% of documents be held against payment at sight under this credit.The full set of the shipping documents of 100% invoice value shall accompany the collection item and shall only be released after full payment of the invoice value.If the importer fails to pay full invoice value，the shipping documents shall be held by the issuing Bank（or Paying Bank）at the exporter's disposal.]

扫码学习有关案例

扫码学习有关案例

（四）信用证与银行保函相结合

信用证与银行保函相结合适用于成套设备或工程承包交易。除了支付货款外，还有预付定金或保证金的收取。一般货款可用信用证支付，预付定金或保证金可以开立银行保函。如果是招标交易，则须投标保函、履约保函、退还预付定金保函与信用证相结合。

（五）托收与银行保函相结合

在采用托收方式时，为了使收取货款有保障，可以让进口商申请开立保证托收付款的保函，一旦进口商未在收到单据后的规定时间内付款，出口商有权向开立保函的银行索取出口货款。

（六）汇款与银行保函相结合

在外贸实践中，当相应货物处于买方市场或进口商为大型跨国公司时，我国出口企业往往被要求以货到付款的汇款方式进行货款的结收。此时，如条件允许，出口企业应尽可能要求进口商提供银行保函，保证进口商在提货后的规定时间内按合同规定付款，如果进口商拒付，将由担保行承担付款责任，以维护自身作为弱势一方的合法权益。

（七）电汇与出口信用保险相结合

电汇与出口信用保险搭配使用比信用证方式更为廉价，所以有利于出口企业降低成本，争取到更高的价位，同时电汇结算方式也减轻了进口商资金周转的压力，进一步化解了出口商安全收汇的后顾之忧，从而有助于增强企业的竞争力。

在出口信用保险的保障下，出口商可以放心大胆地使用风险较大的电汇结算方式。而货到付款、电汇结算（后 T/T）是进口商非常容易接受的一种方式，所以贸易达成的几率就提高了，可以使企业实现结识新客户、开拓新市场、扩大业务量的目的，从而进一步促进出口贸易的迅速发展。

（八）汇款、托收、信用证、保函或备用信用证多种结算方式相结合

在国际贸易中，大型机械、成套设备、飞机与轮船等大型交通工具的交易具有货物金额大、制造生产周期长、检验手段复杂、交货条件严格，以及产品质量保证期限

长等特点，可以按工程进度和交货进度分若干期付清货款。此时，一般将汇款、托收、信用证、保函或备用信用证多种结算方式结合起来使用。

此外，各种结算方式还可以与保理、福费廷等融资方式相结合。关于保理与福费廷等融资方式在下篇国际融资中介绍。

第六节　跨境电商支付与结算

目前，跨境电商已成为中国外贸业务发展的新引擎。对于电商系统来说，业务从国内扩展到跨境，变化最大的可能就是支付流程。

一、跨境电商支付与结算概述

为了清偿彼此间的债权债务关系，最终完成交易，不管是中国消费者在网上购买国外商家的产品，还是国外消费者购买中国商家的产品，都需要通过一定的结算工具和支付系统实现两个国家或地区的资金转移与收付，这种活动就是跨境电商支付与结算。需要指出的是，跨境电商也可以采用传统的汇款、托收及信用证结算，本节不做赘述。

近年来我国跨境电商发展迅猛。据统计，2021 年上半年，中国跨境电商的出口额较上年同期增长 44%，进口额同比增长 4.6%。跨境电商市场的高增长态势除了国民消费升级、互联网技术进步等推动因素外，更得益于支付渠道的不断完善。预计未来 5 年，中国第三方跨境支付行业市场规模仍将以较高水平的年复合增长率继续增长。展望未来，尽管跨境支付现有体量、线下业务的萎靡和国外生产的逐渐恢复等因素可能会对中国跨境支付行业的未来增速产生一定的负面影响，但是新品类的增长、居民消费习惯的转变和跨境支付服务商的自身迭代也能够推动跨境支付行业交易规模的继续正向增长。

跨境电商同国内电商一样，本质上也是对三流（信息流、资金流、物流）的管理。跨境电商同非跨境电商的区别就在于三流的不同。国内做电商，信息、资金、物流等要符合国内的法律法规，以及照顾消费者和卖家的习惯。跨境电商也是如此，要符合境内境外两方的相关规定。信息流涉及客户信息隐私，需要遵循当地的规定，比如欧盟的《通用数据保护条例》，物流肯定涉及境内外的海关系统。资金流则比较复杂，资金流的管理是跨境电商的核心功能之一。

二、跨境电商支付与结算模式

一个完整的支付流程应该分为买家支付与卖家收款两步。根据买卖双方的所属地和币种，我们可以把跨境电商支付与结算分为两种模式：跨境支付购汇（买买买模式）与跨境收入结汇（赚外汇模式）。两种跨境电商面对的消费者不同，对资金处理的需求也不同，如图6-9所示。

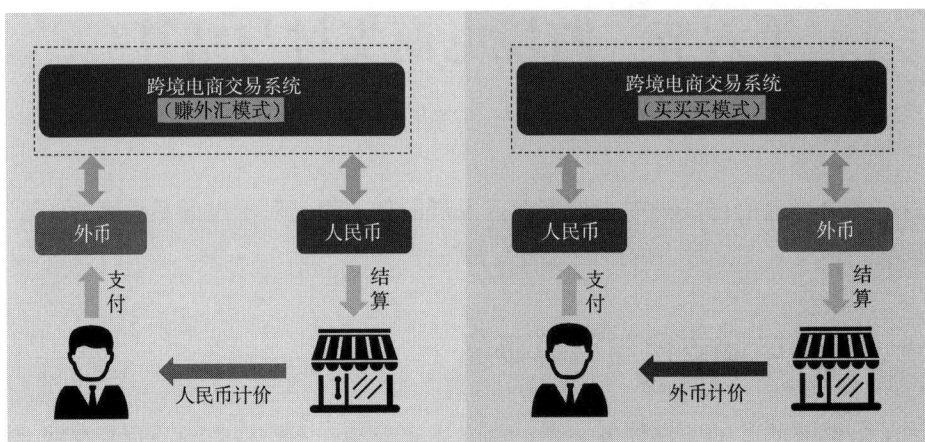

图 6-9　跨境电商支付与结算的两种模式

（一）跨境支付购汇（买买买模式）——以微信支付为例

跨境支付购汇，我们可通俗地称为买买买模式。如果我们去境外线下消费，刷卡、刷微信、刷支付宝和此种方式类似，从消费者侧扣款均为本币。那么作为境内买家支付后，怎么给商家结算外币呢？这就需要收单机构和卖家所在地的银行合作。通过购汇、付汇的方式来实现本币消费、外币结算。

在买买买模式下，目前微信支持9种外币的结算，如表6-5所示。买家使用微信以人民币支付，微信用外币结算给境外商家。

表6-5　微信支持结算的9种外币

洲别	币种数量	币种名称
亚洲	3	HKD（港币）、JPY（日元）、KRW（韩元）
欧洲	2	GBP（英镑）、EUR（欧元）
美洲	2	USD（美元）、CAD（加拿大元）
大洋洲	2	AUD（澳大利亚元）、NZD（新西兰元）

商户接入微信官方有三种模式：直连模式、普通服务商模式、机构服务商模式。这三种模式和在国内的三种接入模式非常类似，三种模式的核心区别就在于信息流和资金流的不同。在资金流的处理上，收单机构（微信）需要和境外银行合作，有一步购汇操作。微信在境外使用最多的场景其实是机构服务商模式，该模式和国内的微信支付银行服务商模式类似。一般电商系统都会涉及分账需求，机构服务商模式的一个优点就是可实现境外的分账，这些机构服务商一般都持有境外指定地区的支付牌照和资金分账资质。一个完整的机构服务商模式业务流程如图 6-10 所示。

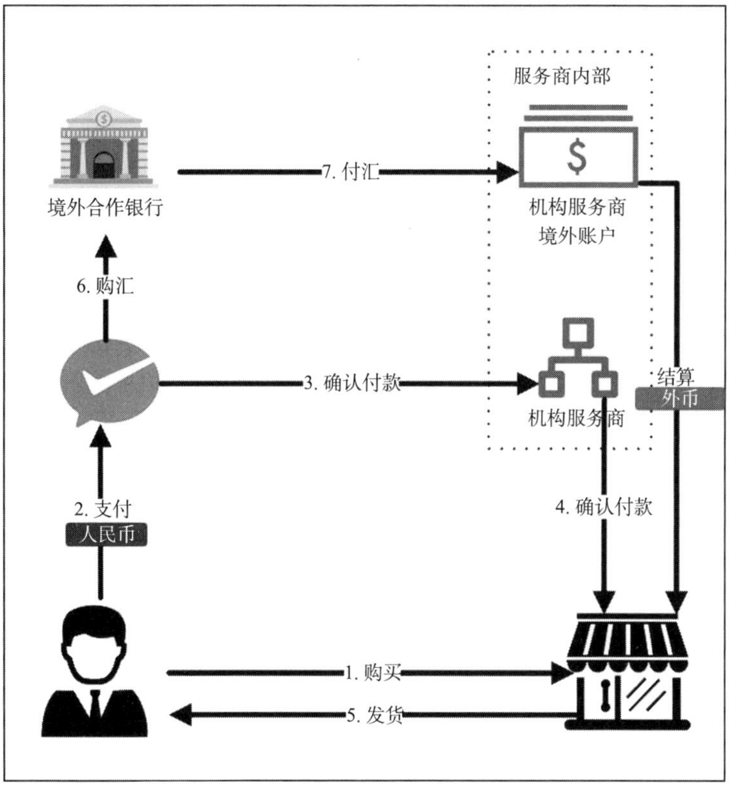

图 6-10　机构服务商模式的业务流程

（二）跨境收入结汇（赚外汇模式）

跨境收入结汇，我们通俗地称为赚外汇模式。这里主要介绍近几年火起来的跨境 C2C、B2C（以下简称 2C）电商场景下的跨境支付。核心是让大家明白，境外个人消费者付款后，境内卖家如何收到货款。

想象一个场景，你在电商平台上开了一家店。境外买家在网上下单，使用境外的支付工具付款后，你怎么收到这笔钱？境外消费者支付方式基本有如下几种类型：

（1）国际卡：Visa、Master Card、American Express、JCB 等。

（2）第三方：Paypal、Alipay、Aircash、FPX、Netpay、Payoneer 等。

（3）网银：Maybank、Hong Leong、CIMB、RHB 等。

（4）线下付款：柜台转账、ATM 转账、货到付款等。

消费者使用境外支付工具支付，境内卖家最终以收到人民币完成交易，我们把这种交易称为跨境收款，也称国际收汇、外贸收款或外币收单。这种商家入驻电商平台的模式，我们称为电商平台收款。如果是商家自己建站销售，称为独立建站收单。

2C 场景下，付款方一般为个人，特点是低额高频。但是对于商家（收款方）来说，面对的消费者比较多，消费者付款工具多样，并且涉及人民币结算。C 端支付工具最常用的就是国际银行卡和第三方支付。

1. 电商平台收单

此种场景下需要商户首先入驻境外电商平台，然后找到国内第三方跨境支付公司，找到跨境支付公司之后的流程一般为：

（1）注册账号，申请跨境收款服务。

（2）平台为商家开通外币账户。

（3）绑定收款银行账户（境内）。

（4）绑定电商平台商家。

目前由于境内商家众多，跨境支付公司都提供一站式跨境收款方案。境内商家只需要注册一个账号，即可开通多种外币账户，并且可以同时绑定多个境外电商平台。商户需要结算时，支付公司可以实现多平台、多账户统一结算。

电商平台收单一般流程如图 6-11 所示。

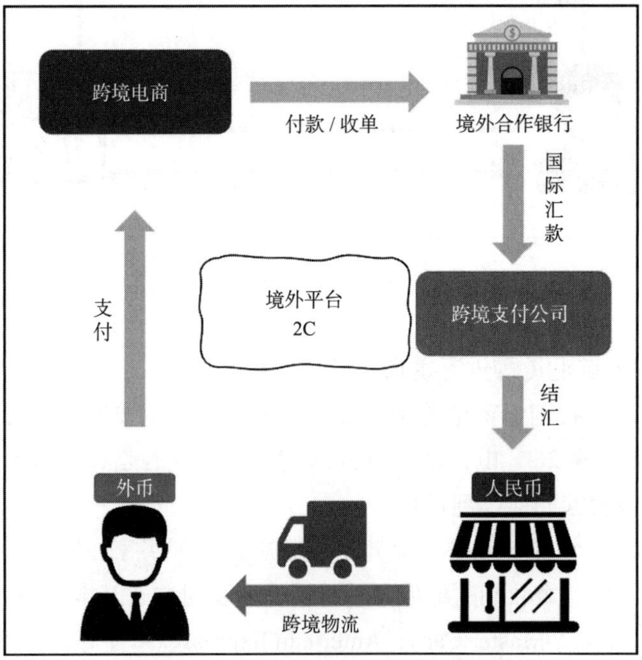

图 6-11　电商平台收单一般流程

2. 独立建站收单

独立建站收单模式，商家自建在线商城。该模式下，跨境支付公司会提供收银台网关支付解决方案，允许境外客户使用国际卡支付。

此种模式下，第三方跨境支付公司和卡组织有对接，或者是对接境外代理银行服务实现外币收单，然后跨境人民币结算。商家也可注册 Paypal 账号，建站后的电商使用 Paypal 外币收款，然后第三方跨境支付公司支持 Paypal 外币跨境人民币结算。

三、跨境电商支付与结算方式

目前，跨境电商支付与结算方式五花八门，但每一种方式都有优缺点。支付与结算方式大致可以分为三大类：传统结算方式、第三方支付平台与国际信用卡支付，这三大类的比较如表 6-6 所示。

表 6-6　电汇、第三方支付与国际信用卡支付比较

比较项目	电汇	第三方支付（以 Paypal 为例）	国际信用卡
适用范围	传统的 B2B 付款模式，适合大额的交易付款	跨境电商零售行业，几十到几百美金的小额交易更划算	从事跨境电商零售的平台和独立 B2C
优点	收款迅速，几分钟到账；先付款后发货的方式对卖家来说是最安全的	交易完全在线上完成；适用范围广；收付双方必须都是 PayPal 用户，以此形成闭环交易，风控好	欧美最流行的的支付方式；信用卡的用户人群非常庞大
缺点	不适合小额外贸交易；买家和卖家都需要付费，手续费高；出于安全考虑，部分买家只同意电汇到中国卖家的对公账户，而中国兴起的电商还不是公司	手续费高，将外币提现为人民币的手续繁杂；对买家过度保护，卖家账户容易被冻结	接入方式麻烦、需预存保证金、收费高昂、付款额度偏小；黑卡蔓延，存在拒付风险

（一）传统结算方式

所谓传统结算方式主要指我们前面介绍过的汇款、托收、信用证。不过，在跨境电商支付与结算中，使用最多的是汇款方式中的电汇，即通过电讯方式如 SWIFT 办理汇兑，汇款人将一定款项交存汇款银行，汇款银行通过目的地的分行或代理行（汇入行）向收款人支付。具体内容可参阅之前章节，这里不再赘述。

（二）第三方支付平台

第三方支付（third-party payment）是指具备一定整体实力和个人信用确保的非银行组织根据通信、电子计算机和信息安全技术，以与各家银行签订的方法，在客户和金融机构电子支付系统软件中间创建联接的移动支付实体模型。之所以被称为第三方，

是因为这些平台不管资金的所有权，只是起到中转的作用，本质上第三方支付是资金的管理代理。由于跨境电子商务涉及不同的货币、语言和金融政策，第三方支付平台和商业银行通常是需要合作的，两者相辅相成。但与此同时，第三方支付平台与银行之间存在竞争，因为有了第三方支付平台，消费者可以直接在银行周围付款。第三方支付平台与商业银行之间的特殊关系，一方面可以使跨境支付方便快捷，另一方面两者之间的竞争必然导致支付费用的减少，最终有利于用户。以第三方支付为代表的跨境电商支付方式与传统外贸支付方式相比，有很大不同，如表 6-7 所示。

表 6-7　跨境电商支付（第三方支付平台）与传统外贸支付方式比较

比较项目	传统外贸支付方式	跨境电商支付方式（第三方支付平台）
代表	电汇、托收与信用证	国际支付宝、Paypal
适用范围	多为海洋运输，交易金额较大的线下跨境贸易和线上 B2B 跨境贸易	多为航空运输、海外仓等，以零售、批发为主，产品货值并不是很高，产品涉及金额也并非特别庞大的线上 B2C 跨境贸易
是否需要银行中介	需要	不需要
优缺点	如采用信用证则非常安全，但是周期长，结汇慢，涉及单据较多	大部分是安全为上，快速、便捷，收汇较快，但同样存在盗刷风险与诈骗行为

扫码学习第三方跨境支付公司须
取得哪些许可证才能从事相关业务

目前，在跨境电商支付方式中，第三方支付平台占据主流地位。国外的 PayPal，国内的支付宝等支付平台备受欢迎。2017 年 12 月，30 家第三方支付企业成为国内首批获得跨境电子商务外汇支付业务试点资格的企业。目前该试点已扩大至北京、上海、深圳、重庆、杭州等 13 个城市。按照规定，拥有牌照的第三方支付机构即被允许通过银行为小额电子商务交易双方提供跨境互联网支付所涉及的外汇资金集中收付及相关结售汇服务。跨境支付需求的迅速增长促使国内第三方支付抢滩境外支付蓝海，向境内买家和海外卖家提供一站式的资金结算解决方案，将彻底解决跨境支付过程中的资金流问题，进一步提升跨境支付体验，最大受益方将是国内跨境网购用户和境外商家。

未来几年，国际贸易形式也将由 B2B 迅速向 B2C、C2C 转化。跨境小额交易将变成人人可以随时享受的服务，第三方支付机构跨境业务也将呈现爆发式的增长。跨境电子商务及跨境支付业务的快速增长将对我国的经济金融产生越来越大的影响。整个行业极速发展的背后将是白热化的竞争。

（三）国际信用卡支付

国际信用卡收款是由获得 VisaQSP 和 MasterCard PF 资质认证的支付机构帮助商户面向持有境外信用卡的消费者收款。跨境电商网站可通过与国际信用卡组织合作，或直接与海外银行合作，开通接收海外银行信用卡支付的端口。

假设一位新加坡消费者在跨境电商网站上购买东西，那么整个路径如图 6-12 所示。

（1）用户在卖家网站上发起国际信用卡线上支付。一般需要输入卡号、CVV（信用卡安全码）、有效期等卡信息。

（2）卖家向网关服务提供商请求授权交易。

（3）网关服务提供商进行风控校验后，转发授权交易请求到收单行。

（4）收单行转发到卡组织。

（5）卡组织授权交易并转发到发卡行。

（6）发卡行进行信息校验，包括账户余额是否大于本次交易额、卡状态是否正常以及风控规则校验，信息校验无误后返回授权通知到卡组织。

（7）卡组织返回收单行授权交易。

（8）收单行返回网关服务商授权交易。

（9）网关服务商返回卖家授权交易。

（10）卖家确认交易后，完成本次交易。

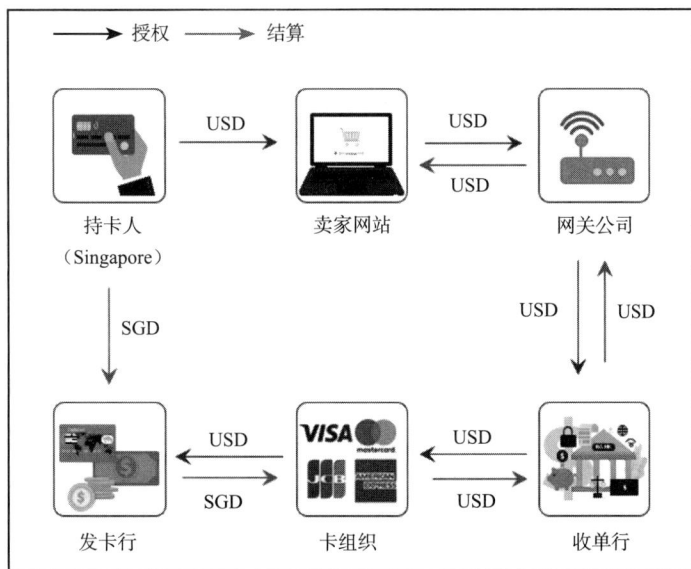

图 6-12 信用卡支付流程

四、常见跨境电商第三方支付平台

（一）PayPal

PayPal 是目前全球最大的在线支付提供商，成立于 1998 年 12 月，总部在美国加州圣荷西市，全球有超过一亿个注册账户，是跨国交易中最有效的付款方式。任何人只要有一个电子邮件地址，就可以方便而安全地使用 PayPal 在线发送和接收付款，避免了传统的邮寄支票或者汇款的方法。Paypal 快速、安全而又方便，是跨国交易的理想解决方案。目前，业内普遍认为，小额支付首选 PayPal。

跟其他支付方式相比较，PayPal 具有以下优点：

（1）资金安全。

（2）快速，买家付款后，立刻显示 PayPal 余额。

（3）方便，可以使用各种工具管理交易，提高效率。

（4）全球市场接受度高，目前支持 190 多个国家和地区、20 多个币种的交易，是小额跨境贸易工具中最主流的付款方式。

很多人以为 PayPal 就是贝宝，实际上二者既有区别又有联系。它们类似于国内版和国际版，PayPal 国际站允许向 55 个国家和地区发送和接收付款。贝宝是其中国版，只能向中国用户发送和接收付款。

（二）国际支付宝

国际支付宝（Escrow Service，简称 Escrow）是阿里巴巴国际站和支付宝联合为国际买卖双方建立的在线支付解决方案，是一种非常新的支付方式。目前国际市场接受度不高，主要还是应用在阿里巴巴推出的速卖通平台，操作原理跟国内的支付宝类似。不过因为阿里巴巴有较强的世界影响力，在接受小额付款的时候，建议商家向客户推荐使用国际版支付宝，毕竟国内用户熟悉国内支付宝，物流操作和沟通起来都比较方便。

对于已经拥有国内支付宝账户的用户，只需绑定国内支付宝账户即可，无须再申请 Escrow 账户。如果还没有国内支付宝账号，可以先登录支付宝网站申请国内支付宝账号，再绑定即可。

国际支付宝的服务模式为：交易过程中先由买家将货款打到第三方担保平台的国际支付宝账户中，然后第三方担保平台通知卖家发货，买家收到商品后予以确认，担保平台将货款放给卖家，至此完成一笔网络交易。

Escrow 与 Paypal 都在保护国际在线交易中买卖双方的交易安全，具体而言，其相似的地方是：

（1）都是卖方支付手续费用。

（2）都适用于快递产品。

（3）都适用于小额交易。

（4）都支持多币种，适用于外贸收款。

两者的不同之处如表 6-8 所示。

表 6-8　Escrow 与 Paypal 的区别

比较项目	国际支付宝（Escrow）	Paypal
收款流程	确认订单—买家付款—卖家发货—买家收货—卖家收款	确认订单—买家付款—卖家收款—卖家发货—买家收货
手续费	每笔订单收取 3%（中国供应商会员）或 5%（普通会员）	3.9% + 0.3 美元
首次使用	在自己的支付宝账户申请开通国际功能	需要免费注册账号

（三）Payoneer

Payoneer，中文名是"派安盈"，俗称 P 卡，是一家总部位于纽约的在线支付公司，最早被卖家熟知的跨境电商平台收款工具之一，提供全球支付解决方案，还可以像美国公司一样接收美国 B2B 资金。但是这家的费率目前是 2%，是收款工具中比较高的。与其同时期的还有 World First（WF 是欧洲的支付换汇公司，2019 年被阿里收购），适用于单笔资金额度小但是客户群分布广的跨境电商网站或卖家。目前，P 卡的收款方式在各大跨境零售平台都非常流行。

P 卡注册和开户非常灵活方便，包括个人账户和企业账户都非常方便，P 卡目前提供美元账户、欧元账户、英镑账户、日元账户四个收款账户，也可以从美国、欧盟、英国、日本公司接受资金，开通就默认美元、英镑、欧元、日元。

Payoneer 支持全球 210 个国家的当地银行转账；可在全球任何接受万事达卡的刷卡机（POS）上刷卡；在线购物和 ATM 取当地货币。

另外，Payoneer 有中国团队，达到一定流水（可以多账号累加）的卖家可以找客户经理申请手续费优惠以及供应商付款、提前用款等相关附加功能。

P 卡省钱的操作方式：

（1）从不同的平台收款时费率各有不同，我们要选择最合理的最低的收款费率。

（2）单笔入账越高越划算。

（3）在 P 卡的账户积累到比较大的金额，再把资金发送到 P 卡，这样费用就会比较合理。

扫码学习世界各地的支付方式

本章小结

本章介绍了除汇款、托收、信用证等传统结算方式之外的其他几种结算方式。

BPO 是近年兴起的一种新型的国际贸易结算方式，集合了信用证的安全性与赊销的快捷，具有业务自动化操作、无纸化处理和便捷、高效、低成本、低风险等特点，属于金融机构间的银行信用。

在国际经济交往中，由于交易双方缺乏信任和了解，往往给交易的达成和合同的履行造成一定的障碍，受益人可以要求信誉良好的银行签发银行保函，确保交易的正常进行。

银行保函的适用范围相当广泛，然而美国原有的《联邦银行法》规定，在美国的商业银行不得开立保函。为了规避法律对银行保函的禁止，满足客户提出的为其经营活动提供担保的要求，美国的商业银行开立了具有保函性质的备用信用证。

出口信用保险虽然是一种政策性保险业务，但与国际结算也有着密切的关系，可以说是国际结算方式的"保护伞"。它有利于出口企业灵活选择多种结算方式，并能有效降低收款风险。

在一般的国际货物买卖合同中，通常单独使用某一种方式。但在特定情况下，根据不同国家和地区、不同客户、不同交易的实际情况，也可在同一笔交易中把两种甚至两种以上不同的方式结合起来使用。

目前，跨境电商成为中国外贸业务发展的新引擎。对于电商系统来说，业务从国内扩展到跨境，变化最大的可能就是支付流程。一个完整的支付流程应该分为买家支付与卖家收款两步。根据买卖双方的所属地和币种，可以把跨境电商支付与结算分为两种模式：跨境支付购汇（买买买模式）与跨境收入结汇（赚外汇模式）。这两种模式下，跨境电商面对的消费者不同，对资金处理的需求也不同。

思考题

（1）什么是 BPO？它与传统的信用证和赊销相比有何优势？

（2）什么叫银行保函？它有哪些作用？

（3）银行保函与信用证相比有哪些异同？

（4）什么叫备用信用证？它有哪些性质？

（5）规范备用信用证的国际惯例有哪些？

（6）备用信用证与跟单信用证、银行保函相比，各有哪些主要异同？

（7）出口信用保险有何特点？

（8）如何正确和灵活地选用货款的结算方式？

（9）跨境电商与传统外贸支付方式相比有何不同？

案例讨论

2020 年 5 月 10 日，青岛远大贸易公司与沙特 Almaran 公司签约，向其出口一批纺织品，以 CIF Dammam 成交。鉴于 Almaran 是大客户，长期从远大公司批量采购床上用品等，为了给客户提供融资便利，合同拟采用远期信用证结算。同时，结合自身资金周转实际和货款安全，远大公司要求 Almaran 公司预付 30% 货款作为定金。最终合同的支付方式为："30% deposit T/T in advance and the balance of 70% by 90 days usance L/C"。2020 年 6 月 10 日，远大公司收到 Almaran 公司开来的信用证。来证对提单要求如下："THE DIRECT B/L MUST BE ISSUED DIRECTLY BY YANG MING MARINE TRANSPORT CORP., FCL-FCL. IT MUST HAVE THE WORD TEXTILES, CONTAINER NUMBER, INDICATE IF IT IS OF 20 FEET OR 40 FEET, SECURITY SEAL NUMBER, TOTAL PACKAGES OR ROLLS, L/C NUMBER, GROSS WEIGHT."（直达提单必须由阳明海运签发，整箱运输。该提单必须有纺织品字样、集装箱编号、注明是 20 英尺还是 40 英尺、铅封号、总包装或卷数、信用证编号、毛重。）远大公司审证无误后准备发货，订舱时才发现，装运期内阳明海运从青岛到达曼港并没有直达船，为了保证按时装运，只能使用其他船公司运输，而这肯定会造成"单证不符"。远大公司只好联系 Almaran 要求改证，Almaran 公司业务员以改证成本较高和双方长期合作为由惰于改证，声称"跟证托收"也可，公司保证付款赎单。多次商讨未果，考虑到两家公司长期合作，且公司已经投保中信保，远大公司继续与 Almaran 公司沟通，由 Almaran 公司再次电汇余款 50%，保证生产成本后为其发运了货物。随后，由于单证不符，远大公司将信用证下单据交银行做了跟证托收，回收了剩余货款。

思考题：

（1）案例中提到了几种结算方式？分别存在哪些风险？

（2）试评价案例中出口商远大公司在处理结算方式方面的做法。

（3）在选择结算方式时应考虑哪些因素？

（4）如果你是案例中的出口商，你会如何选择结算方式？

关键术语

银行付款义务（BPO）　　　　　　　银行保函（letter of guarantee，L/G）

备用信用证（standby L/C）　　　　　出口信用保险（export credit insurance）

跨境电商支付与结算（cross-border E-commerce payment and settlement）

第七章

国际贸易融资

扫描二维码，获取
本章配套教学课件

本章学习目标

（1）理解国际贸易融资的含义与特点。

（2）了解不同国际贸易融资方式各自的含义与特点。

（3）掌握保理与福费廷的基本流程及其联系与区别。

（4）掌握结构性贸易融资与传统贸易融资的区别。

（5）理解供应链融资的特点与流程。

| 引导案例 |

中国是世界第一贸易大国，进出口的商品可谓包罗万象：小到从法国波尔多酒庄运抵上海的红酒，大到由中国船舶制造厂制造并出售给挪威船运公司的 10 万吨级邮轮，这都属于国际贸易的范畴。国际贸易周期有长有短。法国酒庄出口红酒到中国，从接受订单，到完成付款、装船、红酒运抵上海，前后时间可能不到半年。相比而言，船舶制造要麻烦得多。中国船舶制造厂收到订单，开工造船，完工后把船舶交付给挪威船运公司，前后恐怕至少得两三年时间。

在国际贸易中，资金对于不同类型的贸易而言，重要程度不尽相同。一个中国读者登录亚马逊美国网站买一本英文软装畅销书，可能也就不到 20 美元。购书的中国读者不需要融资，在亚马逊卖书的电商也没必要针对这笔购书买卖申请银行贷款。对于这种简单的、金额不大的国际贸易，融资需求不高，交易风险也不大。但是，整整一个集装箱红酒，其价格不菲，即便半年周期，法国酒庄也会觉得资金占用周期太长。对于中国造船厂来讲，制造一艘大型船舶，资金动辄几千万元，周期两三年，全靠自己垫资，恐怕没有一家造船厂能够承受得起。在这种情况下，融资需求显得非常迫切。

在企业无法利用庞大的资金即时结算某一笔进出口交易的情况下，商业银行可以通过国际贸易融资为进出口商提供资金融通便利。国际贸易融资一般是短期性的，也有超过一年的中长期贸易融资。针对取得一般性融资非常困难的企业，还产生了创新性的结构性贸易融资。

第一节　国际贸易融资概述

一、国际贸易融资的含义

国际贸易融资（international trade financing）是指国际贸易各环节中对进出口商提供的资金融通和信用支持。国际贸易融资与国际结算关系密切，国际贸易融资以真实的贸易背景为前提，是依托国际结算而产生的，而国际结算多元化发展趋势又促使国际贸易融资产品不断推陈出新，因此它是融资和结算相结合的产物。

国际贸易融资有狭义和广义之分，如图 7-1 所示。狭义的国际贸易融资是指银行在为进出口商办理汇款、托收或信用证项下的结算业务时，向进口商或出口商提供的与结算相关的短期和中长期的融资便利。它以该项贸易活动的现金流量作为进口商或出口商履约的资金来源，以结算中的金融单据或商业单据等权利凭证作为进口商或出口商履约的一项保证。其基本方式包括授信开证，进口押汇，担保提货、进口代收押汇、打包放款，出口托收押汇、出口押汇、票据贴现、国际贸易汇款融资、短期信保融资，福费廷，出口保理融资等。

从广义上看，国际贸易融资是指银行向进口商或出口商提供的与进出口贸易结算有关的一切融资活动。除包括上述狭义的常规贸易融资外，还包括在其基础上产生的各种创新，如结构性贸易融资，这是一种综合性的、运用风险分散和资本市场的技术，根据国际贸易的特殊要求，创造性地设计、组合国际贸易融资方法和条件的统称，在这样的融资安排中，除银行外，还涉及其他中介机构，代表货权的单据也不一定完全由银行控制。

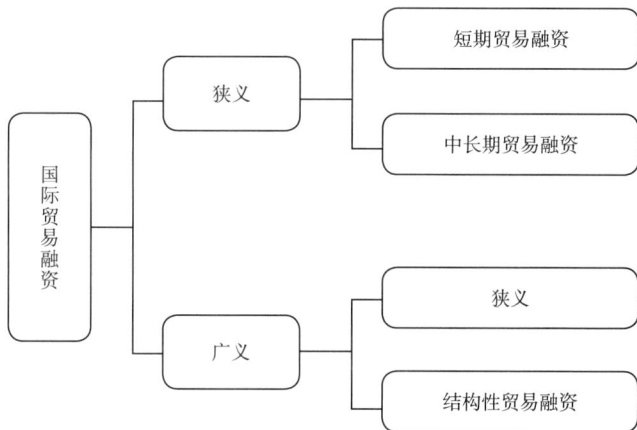

图 7-1　国际贸易融资含义

二、国际贸易融资的特点

（一）自偿性

国际贸易融资背后具有真实的贸易背景，还款来源明确，主要依赖贸易货款的回笼。而不像银行一般流动资金贷款，还款来源主要是企业利润、综合现金流等。银行出口贸易融资中的还款来源主要依据的是单据的价值，应收账款的价值等（如出口押汇、福费廷等）；而银行进口贸易融资中的还款来源主要依据的是进口货物销售后的款项回笼（如进口押汇、信托收据融资等）。因此，商业银行操作贸易融资业务的整体风险大大低于一般的贷款产品。在实务操作中，国际贸易融资更加注重贸易背景的真实性和贸易的连续性。企业的信用记录、贸易背景上下游交易对手、客户违约成本、金融工具的组合运用、商业银行贷后管理和操作手续等情况成为对企业国际贸易融资授信审查的重要标准。

国际贸易融资的风险主要反映在其自偿性程度以及贷款人对交易进行结构化设计方面的能力，而不是借款人本身的信用等级。贸易融资项下的资产是第一还款来源，银行主要依据该笔业务自我清偿的性质以及借款人组织这笔交易的能力，对借款人进行授信，这种融资的结构化特性弥补了借款人自身信用等级较低的不足。

（二）期限短，周转快

国际贸易融资是在国际结算各个环节中进行的，并与特定的销售活动相联系，一旦该销售实现，商业银行就可以从国际结算收回的款项资金中扣还融资款本息，使融资款从发放到收回的过程随着销售的实现而完成。国际贸易融资期限一般不超过360天，大多数进口融资期限在90天以内，出口融资期限不超过60天，能为进出口商频繁的国际贸易提供资金周转。

（三）风险较低，综合收益较高

国际结算中的物权凭证为商业银行所控制，商业银行可以对这些权利凭证主张质押权和所有权。在出口项下，商业银行直接控制了结算项下资金的回收，并能依据与客户的协定，直接扣收放款本息。在进口项下，采用信托方式，商业银行甚至有权向进口商品的购买者直接追索销货资金以收回放款本息。因此，贸易融资业务以监控现金流和物流为基础控制贷款风险，风险小且易于把握，即使客户无力履约赎单或还款，银行在掌握货权的情况下仍可通过处理货物来使客户归还贷款或减少自身损失。

国际贸易融资建立在国际结算的基础上，是国际结算业务的延伸，可针对不同类型企业和交易链各环节提供配套融资服务，丰富信贷产品体系，提升综合竞争力。该业务在前期属于中间业务，银行获得开证手续费、承兑费、审单费、不符点费、偿付费等中间业务收入。同时，贸易融资带来的本、外币间的结售汇，不同币别间的兑换，外汇的保值交易，可使商业银行在外汇资金业务中获得稳定的收益。在后期属于资产业务，银行从中获得利差收入。因此，该业务可有效带动国际结算、衍生产品、理财等业务发展，增加中间业务收入，提高银行的综合盈利水平。

第二节　短期贸易融资

一、对出口商的短期贸易融资

按不同的结算方式，对出口商的短期贸易融资分为赊销、出口托收和信用证项下的融资三大类。

（一）赊销方式下的融资

1. 供货前融资

供货前融资是指提供给出口企业购买或生产产品所需营运资金的一类贷款。这种贷款是根据企业的信用或以抵押的方式，再加上企业现金流量的情况批出额度。额度在规定时间内循环使用，每月付息。由于此类贷款没有用出口商品来抵押，还款不一定是在每笔出口货款收到后自动冲减，所以融资成本较高。它可以是营运资金贷款、临时贷款、透支或订单融资等。这种融资也可以票据方式发放。

（1）以票据方式发放贷款。在国内采购货物出口的贸易商，或在国内采购原材料进行加工后出口的生产型企业在装船前后，通过银行开立人民币银行远期承兑汇票，用于支付给供货商货款的融资品种。在信用证和托收两种结算方式下均可采用。

①交单前开票。出口商装船前通过银行开票，支付供货商货款，可以称为票据化的打包贷款（注意：限制出口商到银行交单，出口收汇首先还贷），以解决出口商在国内采购的资金需求并为出口商节约大量采购成本。

②交单后开票。出口商装船后到银行交单，以应收账款的权利质押通过银行开票，支付供货商货款，可以称为票据化的出口押汇（注意：出口收汇首先还贷），以解决出口商装船后的资金周转需求，为出口商节约大量采购成本。

如果以信用证正点交单后开票，不占用出口商授信额度。

（2）订单融资。订单融资业务是指为支持出口商备货出运，应其申请并根据其提交的销售合同或订单向其提供用于订单项下货物采购的专项贸易融资，可满足出口商备货的融资需求，帮助其扩大贸易机会、减少资金占用。

申请订单融资一般需具备以下条件：

①基础交易具有真实的贸易背景，相关订单有效且内容清楚、明确。

②主营业务突出，履约能力强，经营情况良好，具有较强的市场竞争力。

③与买方保持长期稳定的业务往来关系，收款记录正常，无拖欠、迟付等情况且买方资信良好。

④货物出运后在融资银行办理相关结算手续，并授权融资银行将销售回款自动冲抵融资本金、利息和费用。

⑤融资期限与订单项下货物采购、生产、装运及回款期限相匹配，最长不超过180天（含）。

需要注意的是，个别银行要求企业在银行开立除一般结算户之外的专门回款账户，并要求该企业的购货方出具承诺函承诺将订单回款每次只打入该账户，便于银行控制回款。该账户在业务办理后、业务结清前处于控制状态，一般只能进钱而不能出钱，在业务结清前，若该账户的金额超过了企业融资的金额，可以将超出部分划出，该措施部分限制了企业的营运资金周转。

扫码学习有关案例

2. 发货后融资

发货后融资是指银行对于出口企业在发货后所产生的应收账款或所收到票据办理的贴现融资。

（1）应收账款贴现或购买（account receivable discount/purchase）。采用赊销方式结算的交易，出口商给予进口商信用额度。在进口商收到货物之后的一定时间内（例如30天、60天或90天，最长不会超过180天）以汇款或汇票的方式结算。

一般而言，提供融资的银行会根据出口商的信用或以抵押方式批出额度。因为要将风险分散，提供融资的银行会在额度下对每一个进口商核定最高限额和最长贷款期，这样，即使单一进口商出现财务困难不能按时付款，也不会对出口商和提供融资的银行造成太大的冲击。除此之外，因为进口商的信用风险和国家风险是由出口商来承担的，银行要获得更大的保障可能会要求出口商投买出口信用保险，然后将保险受益人的权益转让给银行，同时，需要出口商正式通知进口商已将应收账款让渡给银行，以确保将来进口商在到期付款时将款项直接付给银行。

通常叙做应收账款贴现只凭出口商开给进口商的发票或加上证明货物已发运的运输单据副本，因而，称为发票融资或贴现（invoice financing）。融资金额可以是发票金额的全数或应收账款贴现额度和单一进口商额度的未使用部分，扣除了贴现利息和手续费后贷记出口商账户。绝大多数情况下，融资银行给予出口商的应收账款或发票融资贷款对出口商都是有追索权的。

在某些特殊情况下，如融资银行出现资金紧张或贷款规模被要求压缩时，可以将已经贴现或购买了的应收账款和票据转卖给其他金融机构。转卖可以按有或无追索权的方式进行，由双方自行商讨。在无追索权的条件下，从其他金融机构买进其已经贴现或购买了的应收账款或票据，所涉及的风险和操作程序基本上与从出口企业第一手买进这些应收账款或票据一样，加上一份与卖出银行的协议、让渡通知等文件便可。

除了用单笔方式提供应收账款融资外，目前，有些银行还推出了应收账款池融资。顾名思义，"池"就是把很多笔应收账款放在一起来计算融资金额和放款管理方式，其特点为：

①适合应收账款余额稳定和规模较大的生产性企业和贸易公司。

②选取多家销售对象的应收账款组合成应收账款池来核定融资额度。

③出口商将所选销售对象出口项下应收账款批量转让给银行。

④提款方式为一年期的流动资金贷款。

⑤按转让金额的 ××% 发放贷款。

⑥应收账款回笼后入现金池保证金账户。

⑦后续转让金额融资款从现金池划给客户，只要在提交结算单据的同时附上相应的应收账款转让清单即可。

（2）票据贴现（commercial/bank draft discount）。同样是采用赊销方式结算或货到付款方式的交易，结算时进口商开出一张商业汇票或进口商要求银行开出一张银行汇票，然后将汇票作为付款工具寄给出口商用以解除其债务责任；或者是在远期交易情况下，汇票由出口商出具，然后由进口商承兑并指定其往来银行在汇票到期时付款。

与应收账款贴现一样，提供融资的银行会根据出口商的信用或以抵押方式批出额度。在额度下，对每一个进口商都会核定最高限额和最长贷款期。当然，如果汇票是由银行开出的，而且付款银行又是世界知名银行，那么使用的额度就不需要是融资银行给出口商的票据贴现额度，而可以是融资银行内部核定给票据付款银行的额度，但对出口商的贴现仍然是有追索权的。

（3）存货质押贷款（inventory finance）。存货质押贷款是指出口商或供货商将存货质押给银行而获得向国外出口的融资额度。一般适用于一些长期固定性的商品，出口商或制造商不停地生产该商品，同时又不停地收到订单。因此，融资银行给出口商（制造商或供货商）的融资并非针对某单一进口商的交易，而是对他们在某段时间的所有交易提供存货质押贷款。

提供融资的银行除了要考虑借款人的信用外，还必须考虑货物的质量、数量和市场价值来核定贷款额度。货物存仓和提取必须以银行的名义，并必须保持货物的总存量不低于核定贷款额度的要求。同时，必须视货物的性质选用最适当的存仓方法（如冷仓）并投买适当的保险。而且，在贷款期内必须核实借款人定时缴付仓租和保险费，否则存货会被扣押或当货物受损时不能获得赔偿。

（二）托收方式下的融资

按交单条件的不同可以把托收方式下的融资分为付款交单融资和承兑交单融资，两者都属于发货后的融资。

1. 付款交单融资（D/P bills purchase）

在不同国家或地区，这种融资方式的名称不同。例如，买单、押汇或贴现都是指出口商在发货后，凭发票、运输单据、保险单据及其他单据（包括汇票）向其往来银行要求在进口商收到货物后和付款前提供融资的一种方式。由于属于付款交单方式，一般融资时间不会太长（一般在 30 天内）。

提供融资的银行也凭出口商信用或用其他抵押品方式批出额度。在额度下，对每一个进口商都会核定最高限额。同时，会通过进口商的往来银行对进口商进行信用调查。

此外，融资银行会要求出口商投买出口信用保险，然后将保险受益人的权益转让给银行。在每一笔交易的运输单据上都要求货权归银行所有，而且要确认在运输过程中所投买的保险是否妥当。

2. 承兑交单融资（D/A bills purchase/discount）

由于承兑交单融资方式是凭承兑了的远期汇票提供融资，因此，大多数国家或地区都称为"贴现（discount）"。出口商在发货后将发票、汇票、运输单据、保险单据及其他单据通过其往来银行寄交其在收货人或付款人地的海外分 / 支行、代理行或由出口 / 进口商指定的银行（代收行）向进口商或付款人按承兑结算方式提示。当进口商或付款人接受单据并承兑汇票后，所有单据（除了已承兑汇票）都会被释放给进口商或付款人，然后由其凭运输单据提货。代收行按托收行的指示将进口商或付款人承兑的信息通知托收行，在一般情况下，代收行都会代托收行保存已承兑汇票直至到期时再向进口商或付款人提示要求付款，除非托收行另有指示。

大部分承兑交单的期限都为 30 ~ 180 天，很少有一年或以上的。提供融资的银行也是根据出口商的信用或以抵押方式批出额度。在既定额度下，对每一个进口商都会核定最高限额和最长贷款期。同时，会通过进口商或付款人的往来银行对其进行信用调查。

与付款交单融资一样，融资银行都会要求出口商投买出口信用保险，然后将保险受益人的权益转让给银行。在实际业务操作中，提供融资的银行也会考虑低风险进口国和进口商信用来接受出口商的要求不投买出口信用保险而提供融资。在这种情况下，融资费用可能较投买了出口信用保险的交易偏高。

（三）信用证方式下的融资

信用证结算方式下的融资也可以在发货之前或之后叙做。

1. 发货前融资——打包贷款

发货前融资主要指的是打包贷款（packing loan）。这是一种在收到信用证之后但在发货之前的融资方式。出口商（受益人）凭收到的信用证交给银行作为抵押，然后申请发货前的贷款，主要用于生产或组织货源的开支及其他从属费用的资金融通。

虽然叙做这种融资贷款的银行多了一项开证银行的保证，其承诺在信用证受益人按信用证条款发货和制单后，保证兑付信用证款项，但融资银行也需要考虑借款申请人（受益人）的能力和信用。因为，如果受益人拿到贷款后，不能按信用证条款发货和制单的话，信用证开证银行是不会付款的。所以，大部分融资银行都会为出口商（受益人）核定一个在一定时间内可以循环使用的打包贷款额度。当叙做每一笔贷款业务时，提供融资的银行同时要考虑的是开证行的信用风险、进口地的国家风险和审查信用证条款确保没有"软条款"（受益人有困难或不可能完成的条款，可参见上篇国际结算相关内容），并且留存信用证作为抵押。

打包贷款的偿付务必在开证行兑付出口单据的付款中扣除，除此之外的其他偿付方式都是不正常的，必须加强防范并尽量避免。在额度内，规定每笔贷款最多是信用证金额的百分之多少（一般为60%，最多不超过80%）和最长贷款期（一般最长在90天左右，但有个别情况为180天）。如果信用证内有红条款或绿条款，视情况可以考虑不占用打包贷款额度，而在发放贷款后，立即向开证行请求偿付或依赖开证行信用等待出口单据被兑付后扣除。

扫码学习有关案例

概念辨析

打包贷款与预支信用证

打包贷款与预支信用证都是在装运前由出口方银行对出口商融资；两者都要求出口商必须出运货物、交单议付、从议付款中扣除放款垫款；两者都必须向融资银行交单议付。但两者仍存在诸多区别，如表7-1所示。

表7-1　打包贷款与预支信用证的区别

区别	打包贷款	预支信用证
出口商获得放款或垫款的依据不同	出口商凭一般的不可撤销信用证和销售合同，申请打包贷款	凭进口商申请开证行开出的预支信用证和出口商一定出口保函预支款项
出口商如不能装运出口，责任承担者不同	出口商如不能装货出口，应由出口商负责在放款到期日还款	出口商如不能装货出口，议付行垫款，最后由进口商负责归还
开证行与开证申请人承担的责任不同	打包贷款不增加开证行和进口商（申请人）的责任	预支信用证增加开证行和进口商（申请人）的责任
资金的性质不同	发放出口国本币资金贷款	预支信用证货币资金

2. 发货后融资——出口押汇

出口押汇（export bill purchase）指的是出口商在备好货装船之后一直到收妥结汇这段时间内，出口商将货物到港后向进口商收款的权利交给银行，向银行换取货物在出口地装船之后立刻兑现的权利。通俗地说，就是用未来的现金换取现在的现金，更快地收到货款。押汇一般有180天或者更长的时间期限。

出口押汇对于出口企业具有多种节省财务成本的功能。

（1）加快了资金周转，应收账款提前转化成现金，既不占用银行授信额度，还可以腾出流动资金的贷款规模，缓解资金供求矛盾。

（2）由于办理出口押汇后从银行取得的外汇款项可以办理结汇手续，对于处于人民币对美元升值的长期预期下的中国出口企业，可以避免或降低未来汇率变动导致的外汇贬值给企业带来的损失。

（3）在外汇贷款利率较低的时期，押汇取得资金所付的利息，有可能小于同期人民币贷款利率下同等数额借款所应支付的利息，这就降低了财务费用支出。

（4）出口押汇所需要的银行利息较低，手续也较简单，因此出口押汇成为许多出口企业加速周转、规避汇率风险的财务工具。

扫码学习有关案例

概念辨析

议付与押汇

所谓押汇或出口押汇是指在出口业务中，出口商将全套出口单据交给银行，双方签订押汇合同，由银行按照票面金额的一定比例向出口商提供短期融资的一种借贷行为。押汇和 UCP600 所定义的议付是两个不同的概念。人们往往把议付与押汇混淆，其实二者尽管有相似之处，但并不是一回事。

1. 议付和押汇的相似点

（1）业务背景。办理出口议付／出口押汇的贸易背景均可以是信用证出口业务。

（2）操作流程。议付行／押汇行在办理出口议付／出口押汇时，均有相似的融资操作流程，一般都要通过审查、审批、融资、融资后管理等融资环节。

（3）融资行为。均为议付行／押汇行对出口商基于交单后的一种短期融资行为。

（4）对受益人的追索权均需通过合同约定。在不同银行的合同文本中，追索权条款差别很大，每个银行关于出口议付和押汇的追索权的约定都不一样。

2. 议付和押汇的主要区别

（1）适用范围不同。议付只适用于信用证方式，而押汇不仅适用于信用证方式，还适用于托收、保理等非信用证方式。议付必须满足：议付行地位确立、相符交单、汇票／单据买入，适用于指定银行在相符交单情况下的单据买入，而押汇（信用证下）主要适用于出口信用证下的贷款，单据是否相符、单据是否抵押并不是制约押汇行办理押汇的主要因素。由此可见，押汇比议付的适用范围要广。

（2）单据要求不同。议付要求必须构成"相符交单"，否则不能构成议付行为。押汇则不要求相符交单，在不构成相符交单或对相符交单难以把握时，按出口押汇办理。

（3）占用额度不同。议付一般占用国外开证行、保兑行、承兑行在议付行的金融机构额度，此情况下无须出口商提供额外担保，开证行、保兑行、承兑行在议付行无金融机构额度时，占用出口商的综合授信。押汇根据出口商在押汇行的综合授信办理。

（4）本质和法律关系不同。议付本质上是议付行对汇票／单据／汇票和单据权利的买入行为，议付双方当事人是一种汇票／单据买卖的关系。押汇的本质则是建立在信用证项下汇票／单据质押或其他担保基础上的一种借贷行为，双方当事人为借贷关系。

（5）适用法律或惯例不同。议付是国际惯例中的一个基本概念，在UCP600中有明确的定义。议付作为一项融资行为被纳入国际惯例的调整范畴。当然，在国际惯例调整之外也受国内法律的约束。押汇则属于国内法调整的范围。

（6）银行的法律地位不同。在议付中，当开证行无理拒付时，银行可以以议付行的身份向开证行或保兑行追索，也可以以正当持票人的身份或依据约定向受益人追索。在押汇业务中，银行不能获得议付行地位，就不能据以向开证行或保兑行追索，只能依据与受益人之间的押汇合同的约定向受益人追索。

（7）银行的法律责任不同。议付行在UCP600规则下有审单义务，而押汇行在UCP600规则下并无明确的审单义务。一般来说，银行在议付中承担的审单责任要大于押汇业务。

（四）信保短险融资

已投保短期出口信用保险的出口贸易，都可以以信用保险权益转让的方式向出口商提供融资服务，如图7-2所示。融资可以有追索权，也可以没有追索权，由出口商与融资银行商议进行。可以做信保短险融资业务的条件是：

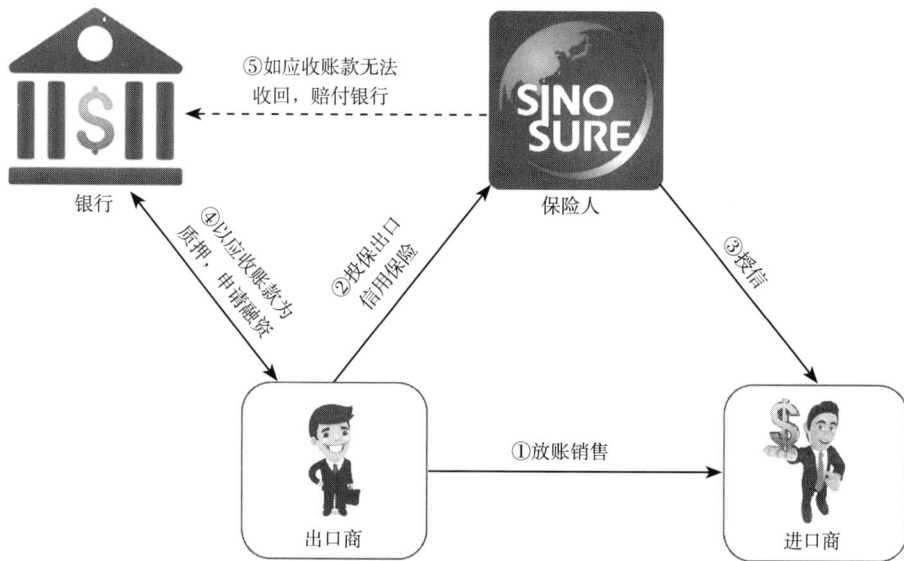

图7-2 信保融资运作流程

（1）信用良好和具备出口履约能力的出口企业向银行申请短期融资额度。

（2）信保融资业务可在D/P、D/A、O/A结算方式下办理。

（3）出口企业、银行、保险公司三方签订赔款转让协议，将保险项下赔款权益转让给提供融资的银行。

（4）融资金额为出口发票金额的 80%。

（5）货物出运后待收到保险公司的承保情况通知书后放款。

（6）提款方式可以是多样化的，包括银行承兑汇票、进口开证等。

（7）出口收汇入专用账户管理。

二、对进口商的短期贸易融资

按不同的进口结算方式，对进口商的短期贸易融资可分为预先付款／赊销、进口托收和信用证项下的融资三大类，还有三种方式皆可使用的再融资。

（一）预先付款／赊销结算的融资

预先付款／赊销结算的融资是指在进口商通过预付款形式采购货物或在赊销到期时进行结算需要资金时银行所提供的一种贷款。它可以是营运资金贷款、临时贷款或透支等。

这种贷款根据企业的信用或以抵押方式再加上进口商的现金流量情况来核定额度。额度在规定时间内循环使用，每月付息，由于这种贷款并没有用进口货物作为抵押和还款，不是在每一笔进口货物卖出和收到货款后自动冲减，所以融资成本较高。

在赊销结算方式下，存货质押贷款亦适用于对进口商的融资。同时，亦可以考虑单一商品的存货质押贷款或长期固定性商品的质押贷款。当然，叙做单一商品质押贷款手续及存货管理都比较容易，因为是按指定某一笔交易来进行的。但长期固定性商品贷款比较复杂，不但对货物进出仓库有严格的管理，还要定时核查货物存仓数量、市场价值，并留意货物质量的变化等。其处理方式与对出口商的存货质押贷款相同。

（二）进口托收结算的融资

在第四章中我们讲过托收结算可以采用付款交单或承兑交单方式，当使用付款交单方式结算时，若进口商没有足够的资金，则无法进行付款，凭运输单据提货。如果他急需货物，就需要向银行提出融资要求。

1. 进口押汇

进口押汇（advance against import collection bills）是指在付款交单的托收结算业务下，代收行接受了进口商的押汇申请，代为垫付资金以结算进口单据款项。在叙做进口押汇时，一般都需要进口商签署信托收据（trust receipt，T/R），在名义上为银行保管货物直至贷款还清为止。其业务流程如图 7-3 所示。

虽然进口商签署了信托收据来申请这种贷款，但还是要根据进口商的信用或以抵押方式来核定额度。因为，信托收据只是名义上表明银行对货物的权利，而实际上货物可能已经不存在或混合在其他生产过程中，不可能再清楚地找到了。所以，当进口商不能还款时，银行凭信托收据也不能拿回相关的货物。除非进口货物都有单独的识别号码。例如进口汽车，每辆车的发动机（引擎）都有独立的号码。

批出的额度一般会在规定时间内循环使用，而最长的融资期限不会超过 90 天（除非在特殊情况下或对于某些特殊的季节性商品，可能会提供长达 180 天的融资）。此外，必须是有真实贸易背景的进口押汇而绝非融资性的贷款。

如果托收是承兑交单，就不存在进口押汇的情况。因为在进口商承兑后，所有单据包括运输单据都会被释放给进口商。之后，进口商就可以提取货物待汇票到期时付款。如到期时进口商不能付款，代收行并没有责任代为垫付。若进口商愿意付款而向银行申请贷款，银行只能按特殊情况考虑是否批出特殊及单一的贷款。

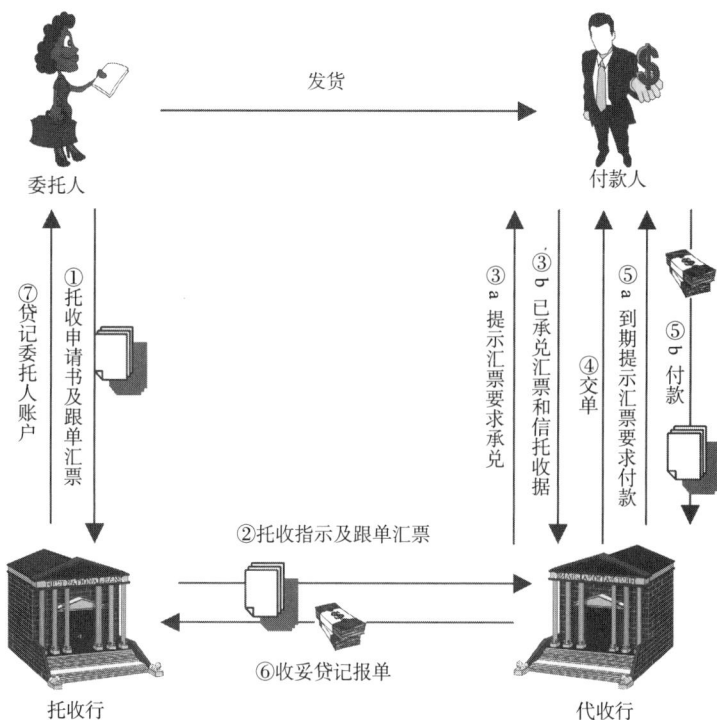

图 7-3　D/P·T/R 业务流程

扫码学习有关案例

2. 提货担保

在国际贸易中，经常会出现货物早于单据抵达的情况，例如，采取空运方式或运输距离很近时，进口商可以申请由银行担保提货。由进口商与银行或者单独由银行出具书面提货担保（shipping guarantee），向船公司借出货物并保证当单据到达之后，用正本提单向船公司赎回担保函，并对船公司不凭提单放货而可能引起的一切风险和损失承担赔偿责任。

在进口托收业务中提供提货担保融资，对于银行来说是一项高风险业务，而且所承担的风险是多方面的。银行不但要承担进口商不付款的风险，还要对丧失货物所有权风险及船公司不确定的或有风险承担不可撤销的保证。

因此，除了根据进口商信用或以抵押的形式来核定额度之外，在叙做每一笔提货担保时需要进口商同时签署信托收据并对单笔交易的详情，例如，发票金额、提单资料、托收面函和托收银行资料等进行清楚地了解和确认。有需要时，可以发电到托收银行查询以核实资料正确无误。

当收到单据后，进口商必须按指定的托收方式结算，提单由银行抽起寄到船公司赎回担保函。在未收回给船公司的担保函之前，担保金额不能在额度内立即冲销。一般银行会将信托收据和担保提货合并在一个额度内。

（三）信用证结算的融资

按照信用证的操作流程，对进口商的融资可以是买卖合同签署后货物到达前的授信开证、货物到达后的提货担保、信托收据、进口押汇和货物质押贷款等。

1. 授信开证

通常情况下，在进口商申请开立信用证时，银行都要求其缴纳保证金或开证押金。授信开证（issuing of L/C with credit limits）是指银行在授信额度内减免保证金为企业开立信用证，以减少企业的资金占用。进口企业在申请开证的时候，可以向开证行申请以授信额度抵扣部分保证金。假设某企业在开证行拥有 100 万美元的开证授信额度，他在申请开立 100 万美元信用证的时候，可以只向银行缴纳 30 万美元的开证保证金，然后再提取 70 万美元的开证授信额度作为保证。通过这样的方式，企业既能充分利用银行信誉，又能减少资金占用，充分合理有效地提高了资金的运用效率。

在实际业务中，开证行根据进口商缴纳保证金的比例、担保种类或抵押品的状况，给予进口商的授信额度有所不同，通常有以下两种额度。

（1）一般开证额度。一般开证额度或普通开证额度（general L/C limit）是指开证行确定了开证申请人的开证额度后，允许进口商循环使用，而且开证行可以依据进口商的资信变化和业务需要随时调整开证额度。

（2）一次性开证额度。一次性开证额度（one time L/C limit）是指开证行根据进口商的特定需求，如某项大额进口货物，一般信用证额度不能满足货款的需求，或占用一般信用证额度将会影响进口商的正常进口业务，专门为特定的进口货物所核定的一次性额度。这种特定的开证额度不能循环使用，且须依进口商所提供的担保、抵押等情况而定。

扫码学习有关案例

2. 提货担保

提货担保（shipping guarantee）与进口托收业务的提货担保相似，但风险性较低。因为，所有交易的资料都已经在开证时获得并确保交易在双方签订的买卖合同基础上进行且同时签署信托收据。它一般用于近洋运输中，货物早于运输单据到达，有先行提货需求的进口企业。

在提货担保签发及货物提取后，就算将来收到的单据上有不符点，开证行及进口商也不能拒绝付款。所以，有些开证行在签发提货担保后，单据到达时不会进行审单而直接进入结算程序。

3. 信托收据

在相符单据到达时，开证行必须按兑用方式来付款／承兑／接受（延期付款信用证），然后持有货权和单据。进口商可以凭付款（即期付款）时的信托收据（trust receipt）来换取单据和提取货物。

信托收据实际上是将相关货物抵押给银行的确认书，进口商只是作为银行的受托人代为保管进口货物，直至进口货物款项结清为止。

在信托收据上一般都会说明进口商以银行的名义将货物存仓，安排出售和货物出售后的款项属于银行等。但实际上，所有上述行为银行都很难控制。所以，银行仅凭一纸信托收据便释放物权单据是依赖于进口商的信用。

一般情况下，信托收据与担保提货共用一个额度，通常按一定的比例包括在信用证额度内，一般都在60%～70%，而融资期限为90～180天，要视进口商的经营范围、商品类别、行业习惯和资金周转速度等来确定。

4. 进口押汇

进口押汇（import bill advance aginst L/C）是指进口商的开证行收到出口方提交的信用证项下单据并审核无误后，开证申请人（进口商）出现资金困难无力按时对外付款时，由开证行先行代其付款，使客户取得短期的资金融通。进口商办理了进口押汇后，信用证项下的货物所有权即归银行所有，进口商作为银行的受托人代银行保管有关货物，同时保证在规定期限内以销售收入归还全部银行垫款。

进口押汇会占用企业的授信额度。根据情况，银行可以给进口商一个总的进口押汇额度，申请人每次使用额度后还清银行垫款即可循环使用。银行也可以按单笔信用证业务与进口商签订单项进口信用证押汇协议。

进口押汇是短期融资，期限通常不超过3个月。押汇银行从垫付之日起开始收取押汇利息，利率根据押汇时间长短分几个不同的档次，时间越长，利率越高。

在以下几种情况下，可以考虑办理进口押汇：

（1）由于一笔应收账款未能收回，进口商流动资金周转困难，此时可向银行申请进口押汇，以换取资金周转的空间。

（2）由于公司发现一个稳定可靠的投资机会，其90天内可以周转一次且回报率超过银行进口押汇利率，则可以申请进口押汇。

（3）从汇率风险防范的角度看，进口押汇可以通过推迟企业购汇时间，避开汇率的高点，先由银行垫付资金对外付汇，待汇率下跌时再购汇归还银行本息，从而降低购汇成本。

扫码学习有关案例

5. 货物质押贷款

在信用证业务中，如果申请人（进口商）只有开证额度而没有其他如信托收据等额度，开出的即期付款信用证在相符单据到达时就要付款赎单。如果进口商当时没有足够的资金缴付，货物质押贷款也是一个可考虑的融资方法。

货物质押贷款（advance secured on merchandise）是指以融资银行的名义将进口的货物存仓，之后用存仓货物作为抵押从银行融出资金缴付信用证或进口托收的款项。银行委托专业物流公司进行监管，借款企业、银行、物流公司签订三方监管协议，银行持有代表物权的单据。

这种融资方式也适用于付款交单的进口托收业务。当进口商在进口托收或进口信用证业务下不能获得银行给予相应融资额度时，对付款交单的托收和即期付款信用证就只能用质押贷款方式将货物抵押给银行才能获得贷款来向出口商付款。在拿到单据及提货后，以银行名义存仓，使银行成为货物的物主。在货物售出后，用获得的款项偿还银行的贷款。当然，在释放货物所有权和收到卖出货物所得款项的过程中，融资银行必须要有严密的程序来监控整个过程，避免出现货权已释放但货款未收到的风险。

（四）再融资

1. 信用证再融资

信用证再融资（L/C refinance）是指开证行以自身的信用为开证申请人找寻第三方，对开证行开出的信用证提供再融资的方式。

信用证再融资的作用如下：

（1）当开证行本身资金比较紧张不能向申请人提供适当的融资服务时，或其资金成本比较高而争取不到申请人在其银行开证及获得其融资服务时，可使用第三方较为适当及便宜的融资服务。

（2）将买卖合同中远期付款条件改为即期付款而令货价降低，进口商利用开证行的信用来获得第三方的融资以进行即期付款。举例来说，进口商从出口商处购买 100 吨羊毛，如果用即期付款信用证付款，每吨价格为 1000 美元；如果用提单 90 天后付款的承兑信用证，每吨价格为 1020 美元（出口商使用其往来银行的出口买单融资可以在发货后即时收到货款）。

如果进口商没有足够的资金开出即期信用证，进口羊毛的价格就只能是每吨 1020 美元。如果进口商的往来银行也没有足够的资金，但可以找到第三方提供年利率为 5% 的融资，便可以开出即期付款信用证，那么进口商所要付的价格仅为每吨 1012.50 美元，即 1000 +（1000×5%×90）/360。每吨便宜了 7.50 美元。因此，在较低的融资成本下仍然可享用提单 90 天后付款的融资安排。

信用证再融资的业务流程如下（见图 7-4）：

①进、出口商签订贸易合同，采用即期付款信用证方式结算。

②进口商向其往来银行申请开立即期信用证，并说明需要 90 天融资。

③开证行开立即期信用证，通过其代理行通知出口商，同时与融资银行联络安排 90 天融资并签订信用证再融资协议书（海外代付协议书）。

④通知行将信用证通知出口商。

⑤出口商发货。

⑥出口商将单据按信用证条款提交给通知行。

⑦议付行将单据寄给开证行要求即时付款。

⑧开证行通知融资银行收到相符单据，并根据协议书规定提交融资申请要求其按提交单据面函上的指示付款。

⑨融资银行按指示付款，议付行收到款项后冲销已议付单据或将款项解付给出口商（如单据之前并未被议付）。

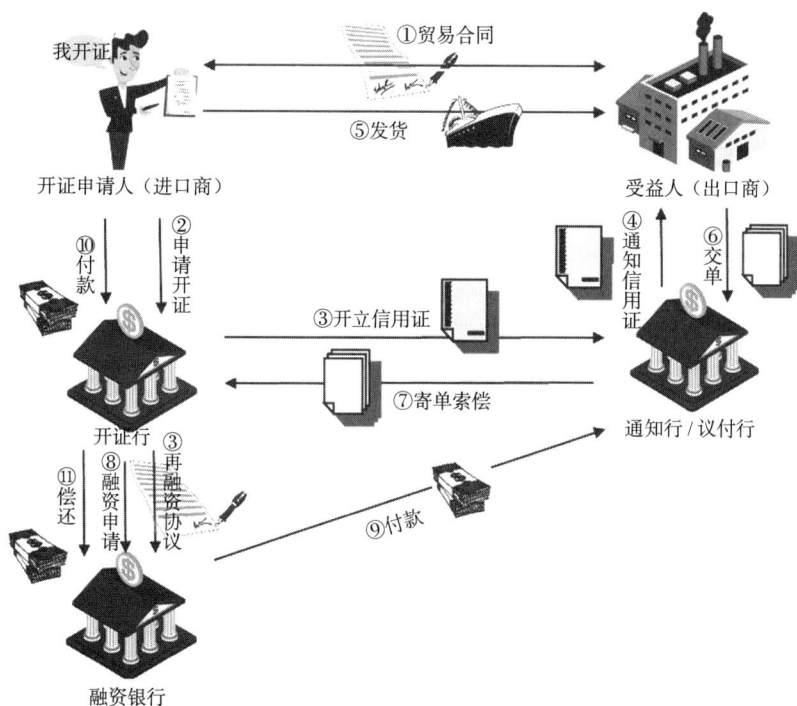

图 7-4　信用证再融资业务流程

⑩ 90 天后，进口商向开证行付款。

⑪开证行将款项偿还给融资银行。

2. T/T 代付和托收代付再融资

目前，再融资服务不局限于信用证项下进行，当进口贸易是采用单到即付（电汇付款）或托收的即期付款交单方式结算时，有一些融资银行也可以向其他金融机构的进口企业提供再融资。这些被称为 T/T 代付和托收代付的再融资服务在风险、操作程序等方面其实与信用证代付是大同小异的，再融资银行要承担的都只是要求融资的金融机构（借款人）的风险，而其他文件和 SWIFT 电文较信用证代付更为简单。其业务流程如图 7-5 所示。

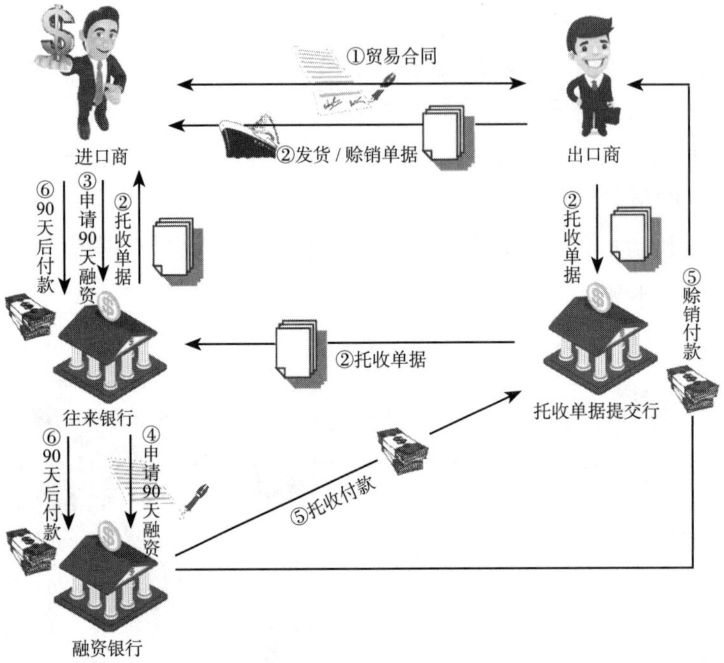

图 7-5　T/T 和托收代付再融资流程

①进、出口商签订贸易合同，采用单到即付（电汇付款）或托收的即期付款交单方式结算。

②出口商发货，并将单据按贸易合同条款提交。

③进口商向其往来银行申请 90 天融资。

④进口商往来银行与融资银行联络安排 90 天融资并签订融资协议书。

⑤融资银行按指示付款，如果是托收结算，就将款项付给单据提交行；如果是赊销方式结算，就将款项电汇给出口商。

⑥ 90 天后，进口商向其往来银行付款，进口商往来银行将款项偿还给融资银行。

三、国际保理

（一）国际保理的概念

保理（factoring）的全称为"保付代理"，可以理解为保证付款和代理收款，属于一种融资服务。所谓国际保理（international factoring），是指在国际贸易中出口商以赊销、承兑交单等商业信用方式销售货物时，由保理商提供的一项集出口贸易融资、销售账务处理、收取应收账款、买方信用调查与担保等内容于一体的综合性金融服务。在赊销结算方式下，出口商在发货交单后只能等待买家如期付款，就算有催款的行为也经常会遇到拖延付款甚至不付款的情况。但如果使用了保理商的服务，情况就会发生很大变化，出口商将由原来的被动变为主动。保理商将负担起出口商售后的所有跟进工作。事实上，国际保理业务不仅对出口商有好处，对进口商也有好处。国际保理业务对进出口商的作用如表 7-2 所示。

扫码学习有关案例

（二）国际保理业务的运作机制与涉及的当事人

国际保理有两种做法，即国际单保理和国际双保理。单保理是指仅涉及一方保理商的保理方式。例如在直接进口保理方式中，出口商与进口保理商进行业务往来；而在直接出口保理方式中，出口商与出口保理商进行业务往来。涉及买卖双方保理商的保理方式则叫作双保理，即出口商委托本国出口保理商，本国出口保理商再从进口国的保理商中选择进口保理商。进出口国两个保理商之间签订代理协议，整个业务过程中，进出口双方只需与各自的保理商进行往来。在国际保理业务运作机制中，双保理模式是最重要、运用最广泛的组织安排形式。双保理形式的基本业务流程如图 7-6 所示。

表 7-2 国际保理业务对进、出口商的作用

作用	对出口商	对进口商
增加营业额	向新的或现有的客户提供更有竞争力的 O/A、D/A 付款条件，以拓展海外市场，增加营业额	利用 O/A、D/A 优惠付款条件，以有限的资本购进更多货物，加快资金流动，扩大营业额
风险保障	进口商的信用风险转由保理商承担，出口商可以得到 100% 的收汇保障	因公司良好的信誉和财务表现而获得进口保理商的信贷，无须抵押
节约成本	资信调查、账务管理和账款追收都由保理商负责，减轻业务负担，节约管理成本	省去了开立信用证和处理繁杂文件的费用
简化手续	免除了一般信用证交易的烦琐手续	在批准信用额度后，购买手续简化，进货快捷
扩大利润	因扩大出口额、降低管理成本、排除信用风险和坏账损失，利润随之增加	由于加快了资金和货物的流动，生意更好，从而增加了利润

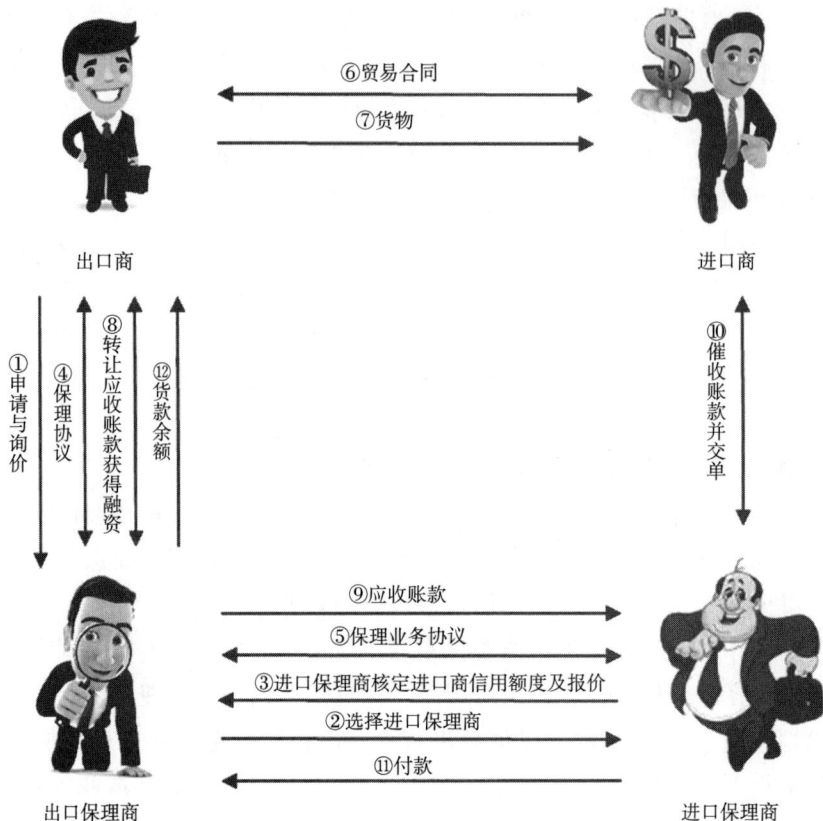

图 7-6　国际保理业务流程

从国际保理业务的运作机制中，我们可以看出国际保理主要涉及以下当事人。

1. 销售商

销售商（seller）即国际贸易中的出口商，对所提供货物和服务出具发票，将以商业发票表示的应收账款转让给保理商叙做保理业务。

2. 债务人

债务人（debtor）即国际贸易中的进口商，对由提供货物或服务所产生的应收账款负有付款责任。

3. 出口保理商

出口保理商（export factor）是与出口商签订保理协议，为出口商提供进口商资信调查，进而提供相应的信用担保，在担保的进口商信用额度内，对由出口商出具商业发票表明的应收账款叙做保理业务的一方。

4. 进口保理商

进口保理商（import factor）是根据与出口保理商的协议，为出口保理商就近调查进口商的资信，并依调查情况提出进口商的信用额度，在该额度内代收已由出口保理商转让过来的应收账款，并有义务支付该项账款的一方。

（三）国际保理的功能

1. 出口贸易融资

保理业务最大的优点是可以为出口商提供无追索权的贸易融资（trade financing），且手续方便、简单易行，既不像信用放款那样需要办理复杂的审批手续，也不像抵押放款那样需要办理抵押品的移交和过户手续。在出口商卖断单据后，能够立即预支货款，得到资金融通。若出口商资金雄厚，也可在票据到期后再向保理公司索要货款。一般保理商在票据到期日前预付给出口商 80% ~ 90% 的货款（扣除融资利息），这样就基本解决了在途和信用销售的资金占用问题。若出口商将单据卖断给保理公司，就意味着一旦进口商拒付货款或不按期付款，保理公司只能自己承担全部风险，而不能向出口商行使追索权，因此，出口商可以将这种预付款按正常的销售收入对待，而不必像对待银行贷款那样作为自己的负债。由此改善了表示公司清偿能力的主要参数之一的流动比率（流动资产与短期负债之比），有助于提高公司的资信等级和清偿能力。国际保理融资与其他融资方式的比较如表 7-3 所示。

表 7-3　国际保理融资与其他融资方式比较

融资方式	适用支付方式	融资期限	有无追索权	备注
贷款或透支	任何支付方式	一般不超过一年	有	
出口信用保险单抵押贷款	任何支付方式	一般不超过一年	有	优惠利率
打包贷款	信用证	一般不超过六个月	有	
出口押汇	信用证、托收（少量）	一般不超过六个月	通常有	
贴现	任何支付方式下的票据，以信用证方式下的票据最受欢迎	一般不超过一年	通常有	一般以银行为付款人的票据为主
国际保理融资	O/A 和 D/A	一般不超过一年	无	

2. 销售账务处理

出口商将应收账款转让给保理商后，有关的销售账务处理（maintenance of the sales ledger）工作也移交给了保理商。由于保理商一般是商业银行的附属机构，或是与商业银行关系密切的机构，商业银行作为公共会计机构历史悠久，拥有最完善的财务管理制度、先进技术、丰富经验和良好装备，能够提供高效率的社会化服务。保理商同样具备商业银行的上述有利条件，完全有能力向客户提供优良的账务管理服务。出口商将售后账务管理交给保理商代理后，可以减少财务管理人员及相应的开支和费用，将精力集中于生产经营和销售。特别是一些中小企业，或者具有季节性的出口企业，每年出口时间相对集中，最忙的时候往往感到人员紧张，于是可以委托保理商帮助企业承办此项工作。出口商只需管理与保理商往来的总账，不必管理具体的各类销售分户账目。保理商的账务管理是专业化的、综合的，还可以根据出口商的需要，编制按产品、客户、时间的销售分账户统计资料，供出口商做销售预测分析。

3. 收取应收账款

放账销售或提供买方信用已成为国际市场竞争的必要手段，但随之而来的就是应收账款的回收（collection of receivables）和追讨。我国一些大的外贸公司自己组织对应收账款的催收，还有专门成立了"清欠办公室"，常年专门从事追账工作。有的企业由于被拖欠数额巨大，这方面的人员占全员的比重很大。而更多的出口商则难以有足够的力量追讨应收账款。面对海外的应收账款，由于在地区、语言、法律、贸易习惯等方面存在差异，出口商往往心有余而力不足。因此，借助专业追账机构追讨债款，有时非常必要。国际保理就能提供这种专业服务。这方面，保理商具有四大优势：专业优势，包括专门的技巧、方法和专业的人员；全球网络优势，国际保理商联合会有广泛的代理网络，在全世界多数国家和地区都有自己的合作伙伴；资信优势，除了自身有良好的信誉外，能有效监督债务人的资信状况；法律方面优势，与世界各地的律师机构和仲裁机构都有较密切的联系，能够随时提供一流的律师服务，对处理这类事务得心应手。

4. 信用风险控制与坏账担保

国际保理的第四个功能是信用风险控制与坏账担保（credit control and full protection against bad debts）。掌握客户的资信状况可以减少和避免潜在的收汇风险。跟踪调查客户资信，根据变化情况制定切合实际的信用销售定额和采取必要的防范措施，对公司来说极为重要。但真正做到这一点却并不容易。而保理商既可以利用全球保理行业广泛的代理网络和官方及民间的商情咨询机构，也可以利用其母银行广泛的分支和代理网络，从而通过多种渠道和手段获取所需要的最新且可靠的资料。而且，保理公司一般都设有专门的信息部门，拥有训练有素的专业人才，负责收集研究有关各国政治、经济和市场变化的信息资料。这就使保理商具有一般出口商所没有的优势，能够随时了解出口商每个客户的资信现状和清偿能力，使出口商在给予进口商商业信用时有所依据，确保对该客户的赊销能够得到顺利支付。

保理商根据对出口商的每个客户资信的调查结果，逐一规定出口商对客户赊销的信用额度（credit limit）。出口商在保理商核准的信用额度范围内的销售，叫作已核准应收账款（approved receivables），超过额度部分的销售，叫作未核准应收账款（unapproved receivables）。保理商对已核准应收账款提供百分之百的坏账担保。如果进口商因财务上无偿付能力或企业倒闭、破产等原因而导致不能履行合同规定的付款义务，保理商承担偿付责任。已经预付的款项不能要求出口商退款，尚未结清的余额也必须按约定照常支付，其损失只能由保理商承担。因此，只要出口商将对客户的销售控制在已核准额度以内就能有效地消除由买方信用造成的坏账风险。但出口商必须保证这一应收账款是正当的、毫无争议的债务求偿权。因出口商违反合同引起贸易纠纷而造成的坏账不在保理商的担保赔偿范围内。

根据国际保理公约规定，保理商的职责是要履行上述四项中的至少两项。

第三节　中长期贸易融资

一、长期低息融资

一般长期低息融资都是由本国政府所支持的，目的是增强本国出口的竞争力，其融资方式包括卖方信贷、买方信贷（见图 7-7）和本国政府对外优惠贷款。

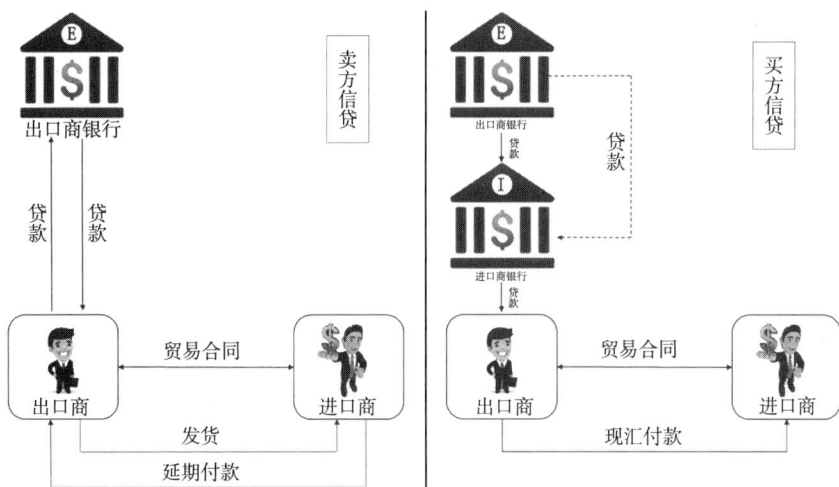

图 7-7　卖方信贷与买方信贷

（一）卖方信贷

卖方信贷（seller's credit）是指为出口商出口商品所提供的低息及长期的融资。通常提供融资的都是政府设置的专业银行或专门机构，为本国的出口商提供融资服务，因为政府希望本国产品能有强大的竞争力，以将产品销售到国外。所以，政府以低息和长期贷款的手段资助出口商加强其在海外市场的竞争力。

一般能使用卖方信贷的商品金额都非常大，而且进口商需要长达 7 年、10 年甚至15 年的分期付款来偿还所有款项。例如，船舶、飞机、大型的机电设备及对外承包工程等。

贷款金额一般是买卖合同总金额的 80% ～ 85%，除了缴付利息外，借款人还需要缴付其他费用，如管理费和信用保险费等。

有些国家政府对此有严格的规定，使用卖方信贷的出口商品必须符合相关规定，例如，必须在本国生产和制造，生产和制造过程所使用的材料必须有 50% 及以上是本国生产的等。

（二）买方信贷

买方信贷（buyer's credit）同样是为了支持本国产品在国外销售和增强本国产品在国外的竞争力，出口地的银行（由政府全资所有或资助）为进口商对购买本国产品提供的低息及长期的融资。

这是直接向进口商提供的融资方式，获得融资的产品条件基本上与卖方信贷一样。

（三）本国政府对外优惠贷款

本国政府对外优惠贷款是国与国政府之间的贷款优惠政策，通过商业银行或政府全资拥有的政策性银行来执行。通常两国政府会事先签订优惠贷款协议，然后按每笔业务实况发放贷款。一般是由发达国家的政府为发展中国家政府提供的，具有援助性质的中长期低息贷款。目的是在借款国建设有经济效益或社会效益的生产性项目、基础设施项目及社会福利项目，或购买借出款国家的大型机电设备、技术服务以及其他物资。

在项目建造过程中，购买材料、设备等都用信用证或其他结算方式进行。贷款期一般会分为宽限期和还款期，宽限期内一般只付利息，不偿还本金；进入还款期后，按贷款协议规定还本付息。

目前，很多发达国家，例如美国、德国、英国和日本等国家的政府都提供对外优惠贷款。

二、福费廷

（一）福费廷的概念

福费廷（Forfaiting），又称"包买票据"或"票据包购"，为 Forfaiting 的音译，源自法语"A FORFAIT"，意思是"把权利让给他人"，或者"放弃权利""放弃追索权"。具体地说，福费廷是票据的持有者（通常是出口商）将其持有的并经进口商承兑和进口方银行担保的票据无追索权地转让给票据包买商（福费廷融资商）以提前获得现金，而福费廷融资商在票据到期时向承兑人提示要求付款的一种方式。福费廷融资商通常是商业银行或其附属机构，所使用的票据通常是出口商开立的汇票，或者进口商开立的本票。若是前者，需要进口商承兑和进口地银行担保；若是后者，则只需进口地银行担保。票据的付款期限通常是半年到 5 年。

福费廷业务主要用于金额大、付款期限较长的大型设备或大宗耐用消费品的交易。选择福费廷方式办理结算，在进出口商洽谈交易时，应就这一结算方式取得一致意见。福费廷业务流程如图 7-8 所示。

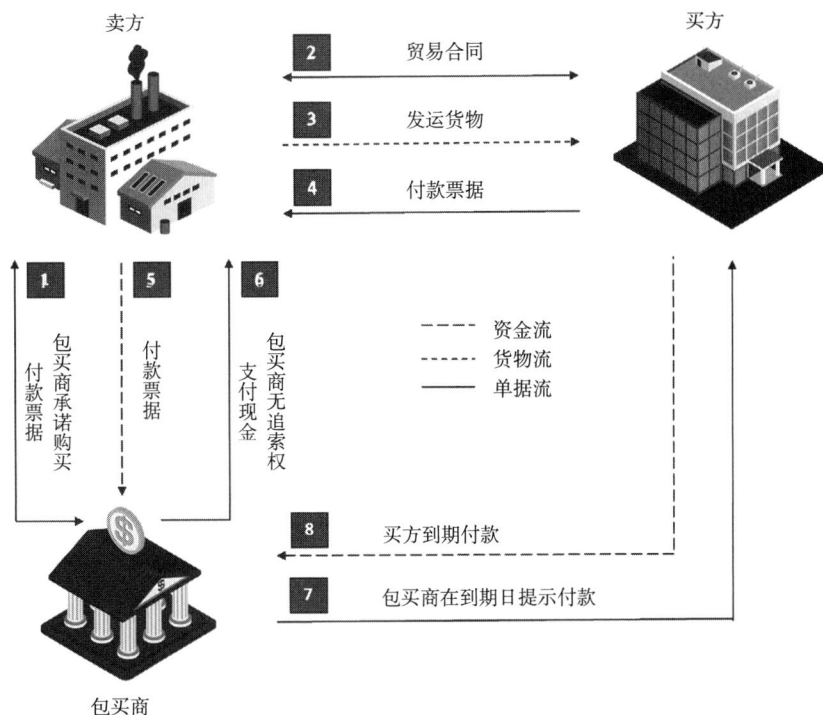

图 7-8 福费廷业务流程

注 当付款由第三方担保时（例如，保付的票据），付款将由担保方作出，而非进口方。

（二）福费廷与国际保理的区别

福费廷与国际保理都是通过债权转让对出口商的融资，对出口商一般均没有追索权。但二者仍存在显著的区别，如表 7-4 所示。

表 7-4 福费廷与国际保理比较

比较项目	福费廷	国际保理
承做付款方式	远期信用证、承兑交单、分期付款等	非信用证方式，如承兑交单、赊账等
商品类别	资本货物，金额大、期限长	消费性商品，金额小、期限短
融资期限	中长期：半年以上至数年不等（大多承做 180 天以内的信用证买断）	短期：通常在半年以内
债权形式	以本票或汇票贴现的方式转移	短期应收账款转让
债权确保金额	票据金额的 100%	应收账的 100%（无追索权）
追索权	无追索权	分有追索权与无追索权两种

续表

比较项目	福费廷	国际保理
融资金额	票据金额的 100%	若有需要，保理商可预付应收账款金额的 80% 给出口商
受否有第三者保证	进口国银行或政府机构对票据保证	无
风险转移	由贴现商承担：进口商的信用风险、进口国政治风险、汇兑风险及交易币别的汇率风险、利率风险	由保理商承担：进口商的信用风险
承做地区	包含信用风险较高的发展中国家	以金融体系健全的欧美国家为主

三、风险参与

（一）风险参与的概念

风险参与（risk participation）是指风险参与方按照事先约定的条件，与风险出让方共同参与风险资产业务，各方按约定承担部分或全部资产风险，赚取各自收益的业务合作模式。

风险参与包括风险出让和风险承担：前者是指银行作为风险出让行（卖出银行），向其他金融机构出让风险；后者是指银行作为风险参与行（买入银行），承担其他金融机构出让的风险。

风险参与不是银行直接提供给出口商或进口商的融资工具，一般都是银行与银行之间的业务。由于每家银行对不同客户以及对不同风险的接受程度都有自己的规定和限制，因此必须将某些风险与其他银行分担，所以形成了风险参与这一产品。目前，很多大型银行都设有专门的部门负责寻找愿意参与风险的银行来分担客户可能面临的风险。

扫码学习有关案例

（二）风险参与的种类

风险参与可以是下述四种情形的不同组合：

（1）融资（funded）：买入方贴现付款，没有追索权。

（2）不融资（unfinded）：买入方不贴现，只承诺开证行不付款时履行付款责任。

（3）不通知开证行和受益人（silent basis）：卖出银行仍然是收款行，开证行和受益人对这一风险参与交易并不知情。

（4）通知开证行（open basis）：卖出银行将债权转让给买入银行，并同时向开证行发出债权转让通知，开证行在到期日付款给买入银行。

考虑到操作的简单性和快捷性，目前，银行的大部分风险参与业务都采用不融资和不通知的组合。

（三）风险参与业务流程

在风险参与业务中，主要的基本当事人为风险出让行（卖出银行）和风险参与行（买入银行）。风险参与的一般业务流程如图 7-9 所示。

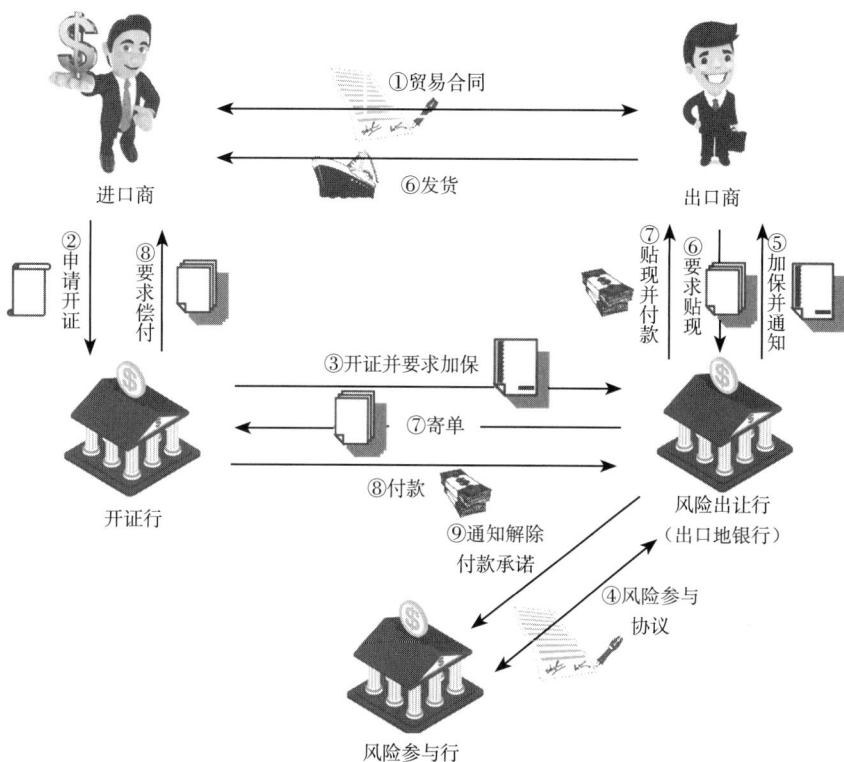

图 7-9　风险参与的一般业务流程

（1）进、出口商签订贸易合同。

（2）进口商申请开出信用证。

（3）开证行开出信用证后，通知出口地银行并要求加保。

（4）出口地银行可以预先与"风险"买入银行签署风险参与协议。

（5）在买入银行同意叙做这笔业务后签订单笔业务协议，如果采用不融资和不通知开证行的组合，出口地银行先向买入银行缴付费用，然后出口地银行在信用证上加保后通知出口商。

（6）出口商在发货制单后，提交给保兑银行（出口地银行）要求买断贴现。

（7）出口地银行审单无误后将单据寄交开证行，同时贴现单据并付款给出口商。

（8）开证行收到单据后或在到期日向出口地银行付款并要求进口商偿付。

（9）出口地银行在收到款项后，通知买入银行解除付款承诺，如到期收不到款项，出口地银行必须通知买入银行进行处理。

但如果采用融资和通知开证行的组合，出口地银行必须将单据副本交买入银行进行融资付款，同时向买入银行发出让渡函并通知开证行债权已让渡。之后，开证行就可以直接付款给买入银行。但如果只采用融资而不通知开证行，就不需要发让渡通知给开证行，出口地银行仍然负责收款工作。当收到款项后转付给买入银行。在这些不同组合的结构上，所采用的宽限期有可能不一样。

第四节　结构性贸易融资

一、结构性贸易融资的含义与特点

（一）结构性贸易融资的含义

与传统贸易融资方式不同，结构性贸易融资（structural trade finance）是银行根据企业客户特定的经济贸易活动，运用非传统融资方式对其贸易活动项下的融资需求进行组合性的结构安排，在一定程度上强化以项目本身未来收益对授信风险的判断，弱化对融资债务人现有财务和综合经营能力的依赖程度的一种自偿性融资性安排。融资结构的安排以真实性交易行为为基础，结合每笔交易的金额、风险程度、程序、结算条件、参与方式等都不相同的特点，相应构建不同结构的贸易融资方案。

（二）结构性贸易融资的特点

1. 高度综合性

结构性贸易融资是根据单个交易的贸易背景、贸易对象、贸易条件等具体情况，在综合考虑融资企业、银行、进出口商等贸易参与方状况和规避融资风险的基础上，将多种贸易融资工具组合搭配后，创造性地设计出适用于融资企业的最佳融资方案。

2. 融资方式多样化

结构性贸易融资以特定的业务、企业和具体的贸易流程等因素为前提，将多种贸易融资工具组合搭配，构建出适用于融资企业的最佳融资方式。因此，不同的贸易融资业务和融资企业具有不同的融资方式。由于融资需求的多样化和融资工具的多样化，导致结构性贸易融资方式具有多样性和差异性。

3. 授信具有特殊性

传统的贸易融资的授信是以企业的规模、净资产、利润额等作为信用考核的重点，而结构性贸易融资在授信时采取动态考核的方法，考核整个贸易活动中的相关情况，注重贸易业务的真实性，以贸易融资企业在销售完商品后的应收账款和未来的现金流来偿还融资。因此，与传统贸易融资的授信业务相比，结构性贸易融资的授信业务具有特殊性，而且它适用于外贸企业的融资，有利于企业进出口贸易的健康发展和企业规模的扩大。

4.较高的安全性

传统的贸易融资方式中，银行控制的只是部分贸易流程，而结构性贸易融资中，银行控制的是整个贸易流程，对整笔业务的风险控制力较强。因而，结构性贸易融资模式具有较高的安全性，降低了融资的风险和企业的风险负担。

5.银行准入门槛低

办理结构性贸易融资业务时，银行对企业的考核标准低，审核时侧重于整个贸易业务的可靠性、融资企业的未来现金流和还款能力，便于规模小的企业融资，缓解融资难的问题。然而，银行在传统的贸易融资模式的贷款审核中，注重融资企业的规模大小、品牌影响力、资产状况和负债状况等，所以更倾向于大型企业。

6.较强的灵活性

结构性贸易融资会根据客户的具体需求和贸易流程，集合各种手段，运用量体裁衣的方式，将传统的贸易融资方式组合搭配，制定最适合融资企业的贸易融资方式。这种融资模式灵活多变，能较好地兼顾各方利益，并提供更高比例、更长期限、更低利率和风险的贸易融资。另外，其业务流程是根据客户的需要以及市场的变化而进行的，是可变的，可以避免传统贸易融资方式造成的融资额度和时段无法与贸易进程相符的问题。

结构性贸易融资与传统贸易融资的主要区别如表 7-5 所示。

表 7-5　结构性贸易融资与传统贸易融资的比较

比较项目	结构性贸易融资	传统贸易融资
审核侧重	未来收益和还款能力	融资企业的资信状况
准入门槛	低	高
风险控制	强	弱
灵活性	大	小
融资成本	较低	较高

二、几种主要的结构性贸易融资模式

（一）出口卖方信贷加福费廷业务

我们以一笔资本性商品的进出口业务为例，出口卖方信贷加福费廷业务模式是这样操作的：

首先，出口商将该类商品出口给进口商。其次，该商品属于银行提供出口卖方信贷业务的范围，因而出口商获得了银行提供的中长期贷款并用于购买原材料和生产商品。商品生产完成后，出口商发货，并将所有贸易流程中出口商需要提供的票据以无追索权的方式出售给福费廷机构，提前获得货款。最后，用这笔货款来偿还之前的银行贷款。

当外贸企业出口时，使用这种结构性贸易融资模式不仅可以得到整个贸易流程中需要的融资服务、减轻债务的负担和改善资产状况，还可以降低其融资风险、促进进出口贸易的发展。

（二）打包贷款加远期信用证业务

打包贷款是指在信用证结算方式下，出口商即信用证的受益人可以将开证行所开具的信用证的正本作为抵押，到银行办理短期融资。银行提供的该笔融资用于支付出口商生产、备货等装船前的相关费用，并且融资金额不超过信用证金额的80%。而远期信用证则是指信用证项下远期汇票在付款时，按即期付款方式办理的信用证，是一种短期的融资方式。

这种以打包贷款加远期信用证业务为主的融资模式是一种典型的结构性贸易融资模式，它将传统的贸易结算方式组合在一起，使其对贸易的进出口双方都有利。首先，打包贷款对于出口商而言，有利于出口商获得短期融资，解决装船前所需要的资金问题，可以使资金不足的外贸企业做大的生意，满足了企业的融资需求，并且安全性相对较高，解决了贸易双方不信任的矛盾。其次，对进口商而言，远期信用证既可以使其获得资金的融通，解决融资难的困境，还可以保证进口商安全提货，降低了贸易风险。

（三）出口押汇加远期信用证业务

出口押汇是出口商将信用证项下收到的全部单据交到出口银行，银行在确认单据真实无误后，按照票面金额扣除利息等相关费用后，将剩余的款项付给出口商的一种短期融资行为。其有利于加速外贸企业资金周转，缓解企业资金短缺的压力，而且安全性较高，更容易办理。对于银行而言，由于出口押汇的收款对象是开证行，收款风险小，所以银行更愿意做出口押汇。而进口商开立远期信用证属于开证行向进口商提供短期融资的一种方式，有利于满足进口商的融资需求，使外贸企业合理有效地利用资金，开拓市场。

总体来说，出口押汇加远期信用证业务是一个创新地将两种传统融资工具相结合的结构性贸易融资模式。这种模式不仅有利于出口商融资，也有利于满足进口商的资金需求。

（四）BPO加福费廷业务

由国际商会银行委员会和国际福费廷协会（IFA）于2013年1月1日联合推出的《福费廷统一规则》（URF800）对融资工具的范围做了进一步扩展和明确，包括信用证、汇票、本票、发票融资等一切含有索款要求（payment claims）的结算工具都可以办理福费廷业务。《福费廷统一规则》(URF800) 中所附的《福费廷主协议》模板中明确指出：
The seller may wish, from time to time, to offer payment claims for sale to the buyer and the buyer may agree to purchase payment claims arising under：

a. documentary credits in which the seller is the beneficiary；

b. bills of exchange or promissory notes, avalized or secured by guarantees；

c. loan and facility agreements；

d. book receivables with or without guarantees；and

e. any other instruments or agreements decided upon by the parties.

（出卖方可以希望不定期向买受方出售，以及买受方可以同意购买由以下原因产生的索款请求：a. 出卖方为受益人的跟单信用证；b. 保付加签或加保的汇票或本票；c. 贷款和信贷协议；d. 有担保或无担保的应收账款；e. 由当事人决定的任何其他结算工具或协议。）

从上述协议条款可以看出，汇票仅是福费廷业务包买的一种情况而已，只要有索款要求就可以操作福费廷业务。BPO 模式下，第二次商业信息匹配成功后，买方银行（obligor bank）承诺承担到期付款的责任，即相当于对该应收账款进行了担保，卖方银行（recipient bank）便可以对该应收账款进行买断。这样，客户在享受 BPO 模式带来的高效、便捷的同时，还可以感受到银行这项服务的准确性和安全性，从而解决其在卖方银行授信额度不足的问题，改善其会计报表。这对中小企业来说尤其具有特殊意义。2013 年年初，中国银行浙江省分行已成功地操作了全球首笔 TSU 平台 BPO 项下福费廷业务，通过 BPO 在赊销业务中成功地引入福费廷，产生新的金融创新服务。

扫码学习有关案例

（五）供应链融资

供应链（supply chain）以核心企业为出发点，通过对物流、资金流、信息流的控制，从采购原材料开始，到制成中间产品以至最终产品，最后把产品销售到消费者手中，把供应商、产品制造商、分销商、零售商以及最终的用户链接成一个完整的功能链条结构。而供应链融资（supply chain finance）是指银行通过评估以核心企业为轴的上下游供应链，依托对供应链管理程度和核心企业信用实力的掌握，对其核心企业和上下游企业客户设计提供灵活运用的金融产品和服务的一种融资模式。

供应链融资改变了银行对单一企业风险控制的传统融资方式，关注的是整个产业链条的贸易伙伴企业的整体信用和营运能力（供应链融资与传统贸易融资的区别如表 7-6 所示）。从供应链模式来看，供应链中占主导地位的往往是实力雄厚的大型企业，其上下游的中小企业在整个供应链中处于弱势地位。中小企业的现金流缺口主要产生于应收账款、预付款以及存货库存期间。由此可见，供应链融资业务是为中小企业量身打造的融资模式，可以划分为应收账款融资模式、预付款融资模式、存款融资模式。它有多元化的参与主体，具有自偿性、封闭性和连续性的特点，改变了金融机构的授信视角。

表 7-6　供应链融资与传统贸易融资的区别

比较项目	供应链融资	传统贸易融资
基础融资	赊销 + 垫付	信用证、票据
风控关键点	供应链上下游关联度	贸易背景真实度
主导方	供应链企业	商业银行
主要融资环节	供应链全链条融资	单环节融资
信息流	全链条信息透明、连贯度高	片段化、信息连贯度低

以预付款融资为例（见图 7-10），供应链中的核心企业对上下游企业的议价能力更强，所以它在上游那里买东西，就可以后付钱；向下游卖东西，就要马上付钱。如果这个东西很抢手，还会让下游先付钱。但下游的中小企业本来就缺钱，很多时候根本无力承担这种预付款，先款后货融资就可以为中小企业解决这个问题。先款后货，顾名思义，就是先支付货款再发货的意思，这跟应收账款融资中先发货后付款的形式正好相反。其实就是下游企业要想保证上游的顺利供货，就向银行申请帮它先垫付预付款，上游企业把货发到银行指定的地方保管，下游还钱取货，大家各尽其能，调动一切资源，保证物资的顺利供应。

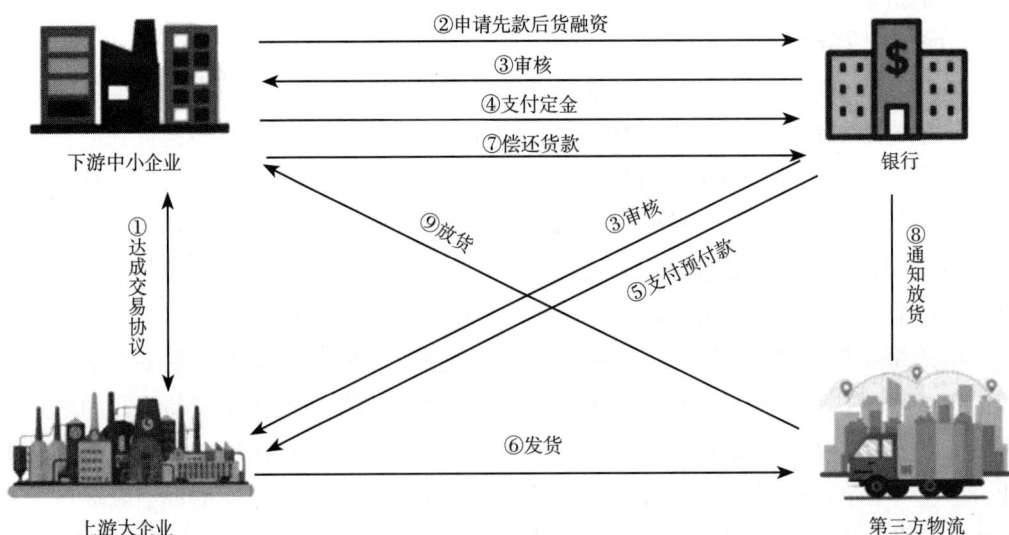

图 7-10　供应链融资业务流程（以预付款融资为例）

（六）大宗商品融资

1. 大宗商品融资的概念

大宗商品融资是指以大宗商品为标的的结构性贸易融资，即银行为大宗商品贸易商或生产企业提供个性化的组合贸易融资方案，以在企业的生产和购销活动中起到流动性管理和风险缓释的作用。银行需以货物或货权为核心，重点关注商品和贸易流程，确保融资款能够基于贸易本身得以偿还。它具有两个显著特征：其一，表现形式为产品组合；其二，需要识别贸易各环节风险并通过方案进行缓释或转移。

大宗商品是指可进入流通领域，但非零售环节，具有商品属性，用于工农业生产与消费使用的大批量买卖的物质商品。在金融投资市场，大宗商品指同质化、可交易、被广泛作为工业基础原材料的商品，如原油、有色金属、农产品、铁矿石、煤炭等。它包括 3 个类别，即能源商品、基础原材料和农副产品。它有四个特点：一是价格波动大，只有商品的价格波动较大，有意回避价格风险的交易者才需要利用远期价格先把价格确定下来；二是供需量大；三是易于分级和标准化；四是易于储存、运输。

2. 大宗商品融资模式

大宗商品融资没有标准化的结构模型，它的实质在于根据交易各方的需求和环境来量身定制以缓释风险，分为四种模式：动产融资、发货前融资、加工融资和背对背融资。

（1）动产融资。动产融资是指银行以生产企业或贸易商采购和销售过程中持有的商品或生产原料为抵质押，向其提供的短期融资。常见的结构有：现货质押融资、出口项下仓单换提单的融资、标准仓单质押融资等。银行在动产融资业务中所面临的主要风险有货物的适销性风险、价格风险和管理风险。因此，该融资结构下的货物流通性强并易于保管。同时，银行需确认该货物未附加任何其他抵押或担保，以保证银行确实取得融资货物的货权。此外，还需评估仓储物流公司的监管能力及其内部管理水平，可根据商品性质和存储环境要求借款人对抵押货物投保仓储险或其他相关保险。对于质押物的价格风险，主要通过设定质押率及价格警戒线、套期保值及与锁定销售合同等措施来控制。

（2）发货前融资。发货前融资是指银行在货物发运前根据企业需求向供应商或采购商提供的融资。按照融资发放对象的不同，可分为装船前融资和预付款融资。装船前融资是银行基于订单或信用证，在生产及发货前对供应商融资用于其采购原材料，如打包贷款和订单融资。由于该融资结构的前提是信用证或实力较强的采购商订单，因此银行面临的主要风险在于供应商的履约风险，银行需详细调查卖方的履约能力和履约意愿，并限定或跟踪该融资用途。预付款融资是银行基于买卖合同中的预付款条款，给予采购商融资并直接支付给供应商。由于采购商在收到货物前先行付款，为保障银行利益，需要采取相应风险缓释措施，如与卖方签订差额回购协议，或约定将货物发至指定监管商，或受让买方在合同项下的权益等。

（3）加工融资。加工融资是指银行融资给加工或精炼企业用以向原料供应商购买原材料，加工精炼后将产成品销售给下游用户，以其应收款向银行保障还款的融资。该融资不仅可发放给加工企业，还可提供给原材料供货商和最终用户，并经常与动产融资结合使用。该融资结构下，加工精炼企业的履约风险主要取决于企业加工原材料的能力，因此银行需要掌握工厂关于加工能力的报告，还要控制融资款的用途，即专项用于对原材料的采购。同时，需要评估最终用户的付款能力，以确保货款安全回笼。同时应考虑价格风险，由于原材料价格与产成品价格波动不一致，将使加工环节利润率发生变化，甚至出现销售回款无法覆盖采购成本的情形，影响企业的还款能力。

（4）背对背融资。背对背融资的适用主体是自营贸易商，采用的最主要形式是背对背信用证，银行以母证项下的未来应收款作为还款来源为中间商开立子证。背对背信用证结构有很多的变化，如母证为远期信用证，子证为即期信用证；母证为多张信用证，子证为一张信用证；在背对背信用证中嵌入运费融资等。同时，还可演变成多种背对背融资形式，如准背对背信用证、前对背信用证、凭付款交单合同开立信用证等。该融资结构下，银行需要对母证的开证行有相应的代理行额度，同时会要求中间商预先提交相关单据，保证替换单据的及时性。银行在对子证项下单据进行付款后，货权单据即成为银行的质押标的，如母证开证行拒付货款，银行能够通过物权凭证控制货物。

本章小结

国际贸易融资是指国际贸易各环节中对进出口商提供的资金融通和信用支持，有广义和狭义之分。从广义上看，国际贸易融资是指银行对进口商或出口商提供的与进出口贸易结算有关的一切融资活动。除包括狭义的常规贸易融资外，还包括在其基础上产生的各种创新。

国际贸易融资一般是短期的，也有超过一年的中长期贸易融资。针对取得一般性融资非常困难的企业，还产生了创新性的结构性贸易融资。

短期贸易融资包括对出口商的短期贸易融资、对进口商的短期贸易融资和国际保理融资。按结算方式的不同，对出口商的短期贸易融资分为赊销、出口托收和信用证项下的融资三大类。对进口商的短期贸易融资按进口结算方式的不同，亦可分为预先付款／赊销、进口托收和信用证项下的融资三大类。

中长期贸易融资包括长期低息融资、福费廷、风险参与以及银行承兑等。

与传统贸易融资方式不同，结构性贸易融资是银行根据企业客户特定的经济贸易活动，运用非传统融资方式对其贸易活动项下的融资需求进行组合性的结构安排。比较有代表性的模式是供应链融资和大宗商品融资等。

思考题

（1）什么是国际贸易融资？它有何特点？

（2）信托收据在托收与信用证业务中有何不同？

（3）托收押汇与信用证押汇有何区别？

（4）保理与福费廷有何不同？

（5）BPO加福费廷业务如何操作？

（6）什么是供应链融资？它与传统的贸易融资有何不同？

（7）试述大宗商品融资的特点。

案例讨论

贸易融资在国际市场上的变化非常多，可以按照客户每笔不同的交易将各种传统的单一的产品加以改良和组合而构建出独特的融资方案。

一家在中国重庆的摩托车生产商公司甲从日本数家零部件供应商A、B和C进口零部件；制成摩托车后通过出口企业公司乙销售到越南一个代理商公司丙，付款期为货到后30天；越南代理商公司丙将摩托车以90～120天赊账方式售予当地零售商D、E和F。

融资方案图解如图7-11所示。

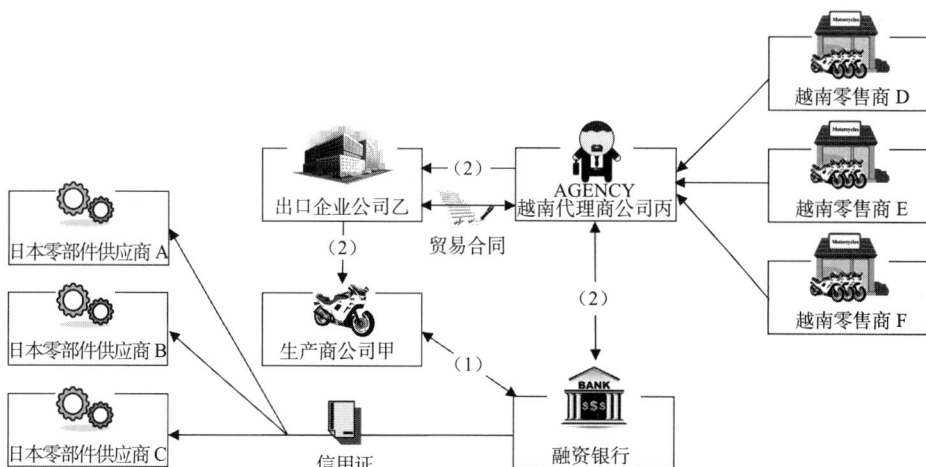

图7-11　一个独特的融资方案

额度（1）：

①融资银行给予公司甲45000000美元的开立信用证和信托收据额度（最长360天）。

②融资银行为公司甲开出信用证给日本的零部件供应商A、B和C。

③供应商A、B和C在发货后可以将单据送交融资银行的东京分行要求议付和即时付款。

额度（2）：

①融资银行给予越南代理商公司丙50000000美元的应收账款贴现额度。

②贴现公司丙对零售商D、E和F销售产生应收账款。

③公司丙将贴现所得款项付给公司乙。

④公司乙将收到的款项付给公司甲。

⑤公司甲在信托收据贷款到期日偿还款项给融资银行。

⑥公司丙在应收账款到期时收到零售商的款项并偿还给融资银行。

在这个融资方案中，公司甲、乙和丙都要在不同的情况下做出保证或权益让渡：

①公司乙与公司丙之间的贸易合同权益应转让给融资银行。

②为能够直接从公司丙收到转让贸易合同交易产生的所有应收账款，公司乙应在融资银行开立结算账户，由融资银行直接管理公司丙收到的应收账款转让后的款项。

③公司甲开立履约保证，担保公司丙在额度（2）项下的履约风险。

④公司乙对融资银行在额度（1）中的权益出具担保。

⑤如公司丙对零售商D、E和F的销售购买了保险，必须将保险权益转让给融资银行。

思考题：

试分析上述融资方案的优点。

关键术语

国际贸易融资（international trade financing）	打包贷款（packing loan）
信托收据（trust receipt）	提货担保（shipping guarantee）
进口押汇（import bill advance against L/C）	卖方信贷（seller's credit）
买方信贷（buyer's credit）	信保融资（export credit insurance financing）
国际保理（international factoring）	福费廷（Forfaiting）
结构性贸易融资（structural trade finance）	供应链融资（supply chain finance）
大宗商品融资（bulk commodity trade financing）	

第八章

其他国际融资方式

扫描二维码，获取
本章配套教学课件

本章学习目标

（1）掌握国际项目融资的含义，理解不同类型国际项目融资间的区别。

（2）掌握国际股权融资的概念与特点，熟悉我国企业股权融资的类型。

（3）掌握国际债务融资的含义与类型，理解外国债券与欧洲债券的区别。

（4）了解常见的国际票据融资方式，明白其与传统融资方式相比的优势所在。

（5）熟悉内保外贷的基本原理并善加利用。

| 引导案例 |

英吉利海峡隧道工程融资

1984 年，英、法两国政府正式签订协议，在英吉利海峡建设一条连接两国的海底隧道。从英国的佛克斯通（Folkstone）到法国的爱斯佛德（Asgford），隧道全长 50 千米，其中海底部分为 38 千米。用 BOT 模式，特许权长达 55 年（其中包括计划为 7 年的施工期）。有 3 个公司投标，最后由英、法合组的财团欧洲隧道公司（Eurotunnel）中标，项目计划总投资 92 亿美元（后来增加到 120 亿美元），建设工期为 1988 年至 1995 年。

英、法政府要求中标团体的融资工作必须符合政府规定的三个条件：

（1）政府对贷款工作担保。

（2）有限的追索权，100% 由私营团体筹资，交由发起人使用，债务由它完成的项目收益来偿还。

（3）融资 20% 必须是股东投资。

欧洲隧道公司分 4 次以发行股票的形式，在资本市场上筹得 17.2 亿美元的现金，从 209 家国际银行组成的银团筹得 74 亿美元的贷款，欧洲公司亦获商业银行批出的 17 亿美元备用贷款。英国政府要求建设、筹资或经营的一切风险都由私营公司承担，因此，该项目从英、法政府得到的担保比其他 BOT 项目少得多。但好处是特许期较长以及有在 33 年内不设横跨海峡的二次连接设施的保证。

在金融全球化的大背景下，企业直接参与全球供应链分工合作的程度日益加深，境内"走出去"和境外"走进来"的跨境金融服务需求不断增加，传统单一的贸易融资方式已经不能适应国际贸易发展的要求。同时，国际融资业务也日益与贸易脱钩。国际融资呈现出复杂化、多元化和综合化的特点。

第一节　国际项目融资

一、国际项目融资的含义与特点

国际项目融资（international project financing）是指国际贷款人向特定的工程项目

提供贷款协议融资，贷款人将该项目所产生的收益作为偿还贷款的资金来源，并将该项目或经营该项目的经济单位的资产作为附属担保的一种跨国融资方式。它主要用于大型的、资本密集的开发建设项目，如能源、交通等工程项目。对勘探开发项目而言，首先必须获得东道国政府颁发的特许协议。

在 20 世纪 70 年代末 80 年代初期，随着世界各国经济的高速发展，无论是发达国家还是发展中国家，都先后出现了大规模基础建设和资金短缺的矛盾。因此，政府和企业不断寻求新的融资方式。在 1984 年，当时土耳其的总理奥扎尔提出的"建设—经营—转让"（build-operate-transfer，BOT），也被称为"特许权融资方式"，被认同和使用，而土耳其更是成功利用 BOT 形式融资建造了火力发电厂、机场和大桥等工程。其后，BOT 被广泛用作大型基础建设的融资方式，近年来，中国、菲律宾、泰国、马来西亚、越南等国家相继采用 BOT 等项目融资方式进行基础建设，并取得了成功。

尽管国际项目融资具有结构复杂性和类型多样化的特点，但与传统的国际贷款融资相比，国际项目融资通常具有以下基本特征：

①以特定的建设项目为融资对象。

②以项目自身收益作为偿还贷款的资金来源。

③通常以项目资产作为附属担保。

④信用保障多样化和复杂化。

⑤融资额大、风险高、周期长、融资成本相对高。

项目融资与传统融资的区别见表 8-1。

表 8-1　项目融资与传统融资的区别

比较项目	项目融资	传统融资（企业融资）
融资主体	项目公司	企业本身
融资依据	项目的经济强度	企业的资信度
追索程度	无或有限	百分之百有追索
风险分担	分散，参与者分担风险	相对集中
债务比例	一般高于 70%	一般在 60%～70%
会计处理	资产负债表外	资产负债表内
融资成本	融资前期费：0.5%～2% 利息：高出企业贷款 0.3%～1.5%	融资前期费：没有或很低 利息：企业贷款利率
周期	超过半年	较短
贷款技术	复杂	简单

二、BOT

BOT 是英文"build-operate-transfer"的缩写，即"建设—经营—转让"（见图 8-1）。它实质上是基础设施投资、建设和经营的一种方式，以政府和私人机构之间达成协议为前提，由政府向私人机构颁布特许权，允许其在一定时期内筹集资金、建设某一基础设施并管理和经营该设施及其相应的产品与服务。政府对该机构提供的公共产品或服务的数量和价格可以有所限制，但要保证私人资本具有获取利润的机会。整个过程中的风险由政府和私人机构分担。在特许期限结束时，私人机构按约定将该设施移交给政府部门，转由政府指定部门经营和管理。

我国第一个 BOT 基础设施项目是 1984 年由香港合和实业公司和中国发展投资公司等作为承包商在深圳建设的沙头角 B 电厂。之后，我国广东、福建、四川、上海、湖北、广西等地相继出现了一批 BOT 项目。例如广深珠高速公路、重庆地铁、上海延安东路隧道复线、武汉地铁、北海油田开发等。

一个典型的 BOT 项目的参与人有政府、BOT 项目公司、投资人、银行或财团以及承担设计、建设和经营的有关公司（见图 8-2）。

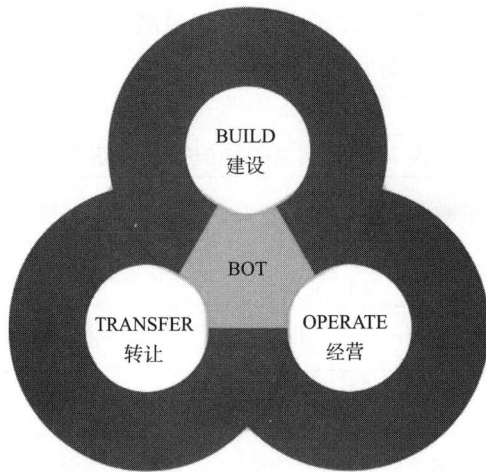

图 8-1　BOT 的概念

1. 政府

政府是 BOT 项目的控制主体。政府能决定是否设立此项目、是否采用 BOT 方式。在谈判确定 BOT 项目协议合同时政府也占据有利地位。它还有权在项目进行过程中对必要的环节进行监督。在项目特许到期时，它具有无偿收回该项目的权利。

2. BOT 项目公司

BOT 项目公司是 BOT 项目的执行主体，它处于中心位置。所有关系到 BOT 项目的筹资、分包、建设、验收、经营管理体制以及还债和偿付利息都由 BOT 项目公司负责，它要同设计公司、建设公司、制造厂商以及经营公司打交道。

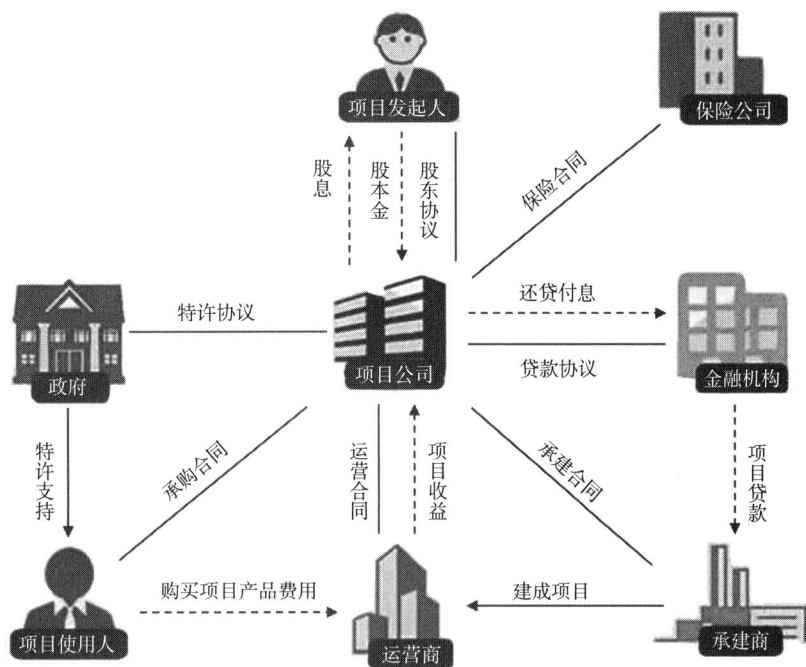

图 8-2　BOT 融资模式结构

3. 投资人

投资人是 BOT 项目的风险承担主体。他们以投入的资本承担有限责任。尽管原则上讲政府和私人机构分担风险，但实际上各国在操作中差别很大。发达市场经济国家在 BOT 项目中分担的风险很小，而发展中国家在跨国 BOT 项目中往往承担很大比例的风险。

4. 银行或财团

银行或财团通常是 BOT 项目的主要出资人。对于中小型的 BOT 项目，一般单个银行足以为其提供所需的全部资金，而大型的 BOT 项目往往使单个银行感觉力不从心，从而组成银团共同提供贷款。由于 BOT 项目的负债率一般高达 70%～90%，所以贷款往往是 BOT 项目的最大资金来源。

扫码学习 BOT 的
常见演化形式

三、国际融资租赁

国际融资租赁（international financial leasing）是指由一国的出租人按照另一国承租人的要求购买租赁物并出租给承租人使用，而租赁物的维修和保养由承租人负责的一种租赁方式。根据《外债管理暂行办法》规定，国际融资租赁属国际商业贷款管理范畴。

随着经济全球化的深入推进，我国租赁业正加速和国际租赁业接轨，融资租赁公司走出国门、开展跨境租赁业务迎来重要契机。实际上，依托自贸区优惠的贸易、财政、税收和业务准入等政策，我国融资租赁业务在天津、上海、深圳等地自贸区的发展已具备一定的集聚规模。

扫码学习有关案例

融资租赁的方式通常有直接租赁、杠杆租赁、回租租赁与转租赁。

1. 直接租赁

直接租赁，又称基本融资租赁，是租赁的基本形式，是一种出租方购进设备后直接租赁给承租方的租赁方式。

2. 杠杆租赁

杠杆租赁，又称衡平租赁，是指出租人购买设备时，自筹资金一般只占设备总额的 20% ~ 40%，其余的 60% ~ 80% 来源于金融机构的贷款，从而借助于杠杆的作用，使出租人营运资金成倍扩大，并可享受减免税收的优惠。其特点是：除租赁双方和供应商外，还有贷款人参与；贷款人所提供的贷款以该项租货物和租金为抵押，但不能向出租人追索，是一种无追索权的长期贷款，只能从承租人支付的租金中得到偿还（见图 8-3）。一般适用于价值在数百万美元以上的大型租赁资产的长期租赁业务，可以满足承租人对租赁资产有效寿命在 10 年以上、高度资本集约型设备的融资需要。

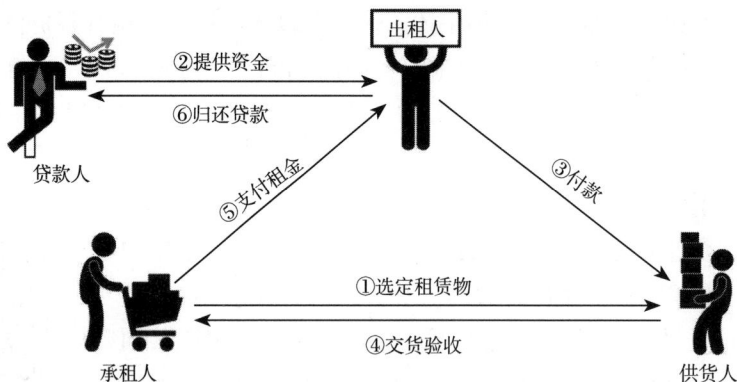

图 8-3 杠杆租赁

3. 回租租赁

回租租赁，又称卖出再租赁，是指承租人（设备的实际所有权人）将手中现有的设备出售给出租人（租赁公司）以取得货款，之后再将该设备租回使用并支付租金（见图 8-4）。承租人可以在付清所有应付租金后，重新取得该设备的所有权。企业在资金特别紧张或者在购买新资产后丧失税收优惠时，可将自己的机器设备卖给租赁公司，然后租回使用，这样不仅可以减缓资金紧张，而且可以获得出租人享有税收减免优惠后以较低租金回报的好处。

4.转租赁

转租赁，是指转租人以收取租金差为目的，从其他出租人处租入租赁物再转租给第三人（第二承租人），租赁物所有权归第一出租人的一种租赁交易。这种租赁一般发生在租赁方自身实力较弱，缺乏融资能力的情况下，这时租赁公司只能采用此种方式，以便利用其他租赁公司的融资。转租赁至少涉及四个当事人：供货人、第一出租人、转租人（第一承租人和第二出租人）、第二承租人。转租赁至少涉及三份合同：购货合同、租赁合同、转租赁合同（见图8-5）。

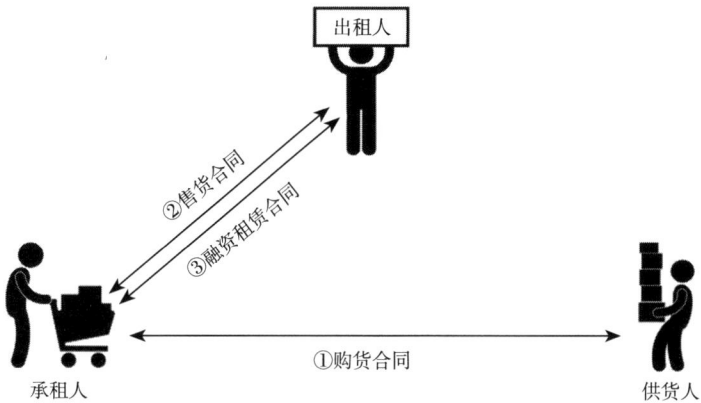

图 8-4 回租租赁

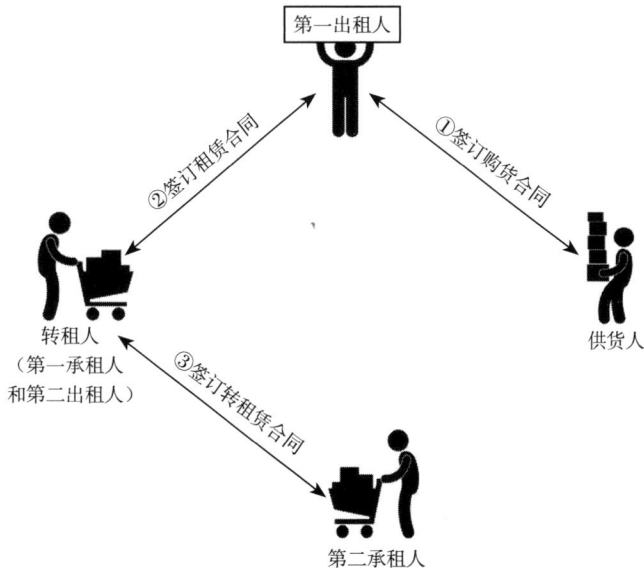

图 8-5 转租赁

四、ABS

ABS 是英文 asset-backed securitization 的缩写，意为资产证券化，是一种较常见的项目融资模式。该融资模式以项目所属的资产为支撑，以项目资产可以带来的预期收益为保证，通过在资本市场发行债券来募集资金。ABS 模式可以将缺乏流动性但能产生可预见的、稳定现金流量的资产归集起来，通过一定的安排和增信机制，使之成为可以在金融市场上出售和流通的证券。通过提高信用等级的手段，ABS 使原本信用等级较低的项目可以进入高级别的证券市场，利用债券市场信用等级高、安全性和流动性强等特点，达到大幅度降低筹集资金成本的目的。因此，ABS 资产证券化也是国际资本市场上流行的一种项目融资方式，已在许多国家的大型项目中采用。1992 年的三亚地产投资券、1996 年的广深珠高速公路证券化和 1997 年重庆市政府与亚洲担保及豪升 ABS（中国）控股公司签订的 ABS 计划合作协议，是 ABS 融资方式在我国基础设施建设中的成功应用。

扫码学习有关案例

ABS 融资方式的运作过程分为五个主要阶段（见图 8-6）。

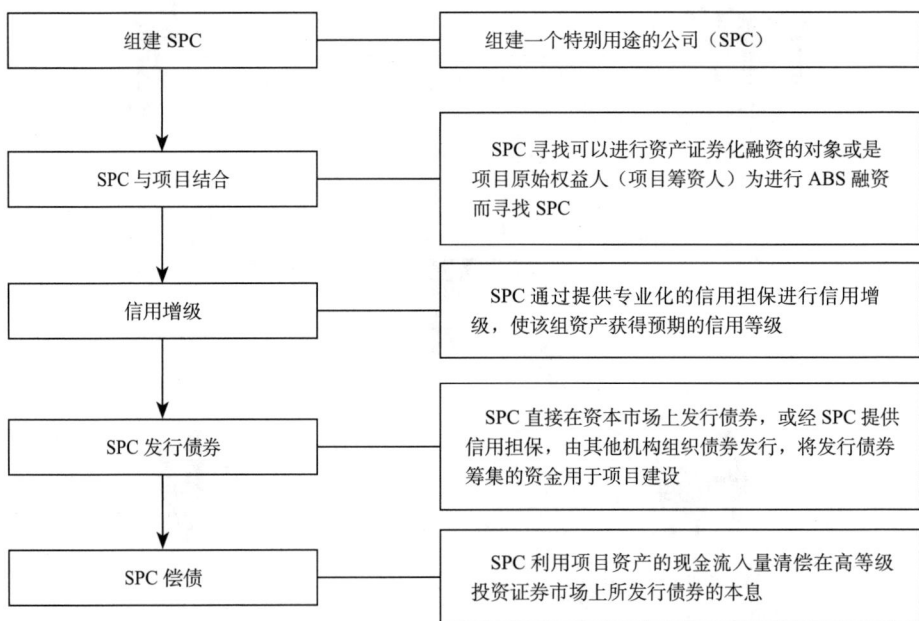

图 8-6　ABS 融资方式的运作过程

1. 组建 SPC

组建 SPC 即组建一个特别用途的公司或特殊目的公司（special purpose corporation, SPC）。该机构可以是一个信托投资公司、信用担保公司、投资保险公司或其他独立法人，该机构应能够获得国际权威资信评估机构较高级别的信用等级（项目融资的主要方式或 AA 级），由于 SPC 是进行 ABS 融资的载体，成功组建 SPC 是 ABS 能够成功运作的基本条件和关键因素。

2. SPC 与项目结合

SPC 与项目结合，即 SPC 寻找可以进行资产证券化融资的对象。一般来说，投资项目所依附的资产只要在未来一定时期内能带来现金收入，就可以进行 ABS 融资。它们可以是房地产的未来租金收入，飞机、汽车等未来运营的收入，项目产品出口贸易收入，航空、港口及铁路的未来运费收入，收费公路及其他公用设施的收费收入，税收及其他财政收入等。拥有这种未来现金流量所有权的企业（项目公司）称为原始权益人。这些未来现金流量所代表的资产，是 ABS 融资方式的物质基础。在进行 ABS 融资时，一般应选择未来现金流量稳定、可靠且风险较小的项目资产。SPC 进行 ABS 方式融资时，其融资风险仅与项目资产未来现金收入有关，而与建设项目的原始权益人本身的风险无关。

3. 信用增级

利用信用增级手段使该组资产获得预期的信用等级。为此，就要调整项目资产现有的财务结构，使项目融资债券达到投资级水平，满足 SPC 关于承包 ABS 债券的条件要求。SPC 通过提供专业化的信用担保进行信用增级。

4. SPC 发行债券

SPC 直接在资本市场上发行债券募集资金，或者经过 SPC 通过信用担保，由其他机构组织债券发行，并将通过发行债券筹集的资金用于项目建设。

5. SPC 偿债

由于项目原始收益人已将项目资产的未来现金收入权利让渡给 SPC，因此，SPC 就能利用项目资产的现金流入量清偿其在国际高等级投资证券市场上所发行债券的本息。

五、PPP

PPP 是指在公共服务领域，政府采取竞争性方式选择具有投资、运营管理能力的社会资本，双方按照平等协商原则订立合同，由社会资本提供公共服务，政府依据公共服务绩效评价结果向社会资本支付对价。PPP 模式是在 BOT 形式上衍生出来的一个完整的项目融资概念。简单来说，就是政府结合社会资本组成一个新公司负责建设和运营这个项目。

其典型结构（见图 8-7）为：政府部门或地方政府通过政府采购的形式与中标单位组建的特殊目的公司签订特许合同（特殊目的公司一般是由中标的建筑公司、服务经营公司或对项目进行投资的第三方组成的股份有限公司），由特殊目的公司负责筹资、建设及经营。政府通常与提供贷款的金融机构达成直接协议，这个协议不是对项目进行担保的协议，而是向借贷机构承诺将按与特殊目的公司签订的合同支付有关费用的协定，这个协议使特殊目的公司能比较顺利地获得金融机构的贷款。采用这种融资形式的实质是：政府通过给予私营公司长期的特许经营权和收益权来加快基础设施的建设及有效运营。

与 BOT 相比，狭义 PPP 的主要特点是：政府对项目中后期建设、管理、运营过程的参与更深，企业对项目前期科研、立项等阶段的参与更深。政府和企业都是全程参与，双方合作的时间更长，信息也更对称。

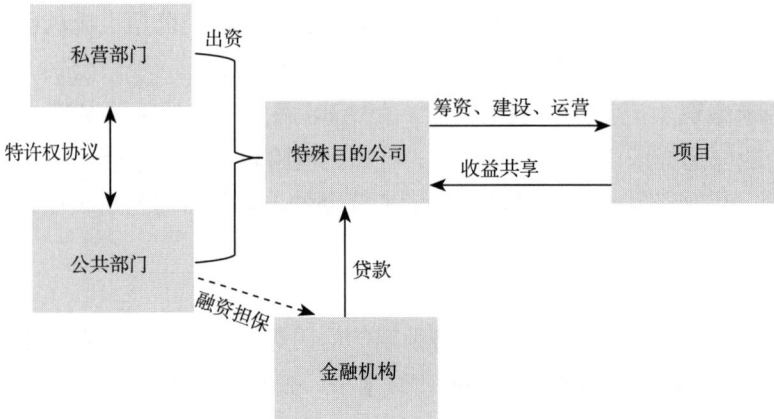

图 8-7　PPP 的典型结构

PPP 模式一般适用规模比较大、收益周期长的项目。具体来说，常见的有以下三类项目：一是公共设施项目，如电力、电讯、自来水、排污等；二是公共工程项目，如大坝、水库、仓库等；三是交通设施项目，如公路、铁路、桥梁、隧道、港口、机场等（见图 8-8）。在这些大型的基础设施建设中，最基础的机理在于通过商业化和私营化的运营使基础设施建设和服务效率提高，也可以解决政府基础设施建设资金不足的问题，减轻政府的财政压力。

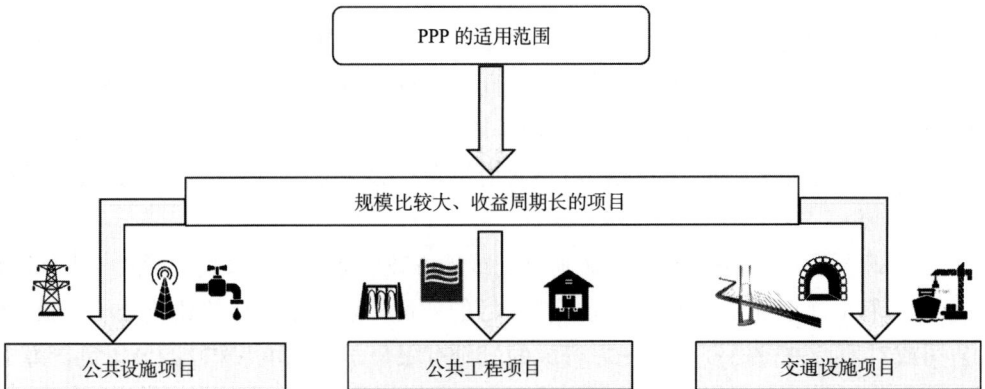

图 8-8　PPP 的适用范围

扫码学习有关案例

扫码学习 PPP 与 BOT 的异同

第二节　国际股权融资

一、国际股权融资的概念与特点

（一）国际股权融资的概念

国际股权融资（international equity financing）是指符合发行条件的公司组织依照规定的程序向境外投资者发行可流转股权证券的国际融资方式。国际股权融资在性质上不同于国际债务融资，它本质上是股票发行人将公司的资产权益和未来的资产权益以标准化交易方式售卖给国际投资人的行为；与此相对应，投资人认购股份的行为本质上是一种直接投资，依此交易，认股人将取得无期限的股东权利，其内容不仅包括旨在实现资本利益的股东自益权，而且包括旨在控制、监督发行人公司的股东共益权。

（二）国际股权融资的特点

1. 永久性

永久性这一特点是由股权融资方式本身决定的，由于股票没有期限的限定，股东在任何情况下都不得要求退股，因此，引进的外资能够成为永久的生产性资金留在企业内，而不至于像一般合资或合作企业一样，会因合同到期或意外变故，外方抽回资金导致企业陷入困境。特别是通过发行 B 股融资，筹资国吸引的外资只会增加而不会减少，B 股只能在外国投资者之间进行交易而不能卖给国内投资者，因此，筹资国所筹外资就较为稳定，该国吸引外资的数量也不会受到游资的冲击。

2. 主动性

通过股票吸引外资，筹资国可运用法律和政策性手段约束投资者的购买方式、购买种类、资金进出方式、税率等，并做出相应的规定，筹资国还可以自主决定哪些行业、企业允许外商投资，哪些不允许，从而正确引导投资方向。

3.高效性

国际股权融资有利于对外发行股票的企业在更高层次上走向世界。国外股票持有者从自身的利益出发，会十分关心企业的经营成果，有利于企业改善经营管理，提高盈利水平。而企业因股票向外发行，无形中提高了企业的国际知名度和信誉，有利于企业开拓产品销售市场，开展国际化经营。

扫码学习股票的
公募与私募

二、我国企业国际股权融资的类型

目前，我国企业进行国际股权融资的类型大致可分为境内发行 B 股和境外上市两大类。

（一）境内发行 B 股

B 股的正式名称是人民币特种股票，是 A 股（内资股）的对称。它是以人民币标明面值，以外币认购和买卖，在沪市以美元计价，在深市以港币计价。B 股公司的注册地和上市地都在境内。2001 年前投资者限制为境外人士，2001 年开放后境内个人居民也可投资 B 股。B 股市场设立的初衷是吸引境外投资，后来由于拓展了 H 股、红筹股等其他融资渠道，B 股所起的作用日渐微弱。发行境内上市外资股一般采用私募方式。

扫码学习 B 股的
发行与上市条件

（二）境外上市

国内企业境外上市的途径主要有直接上市与间接上市两种。

直接上市即直接以国内公司的名义向国外证券主管部门申请发行的登记注册，并发行股票（或他衍生金融工具），向当地证券交易所申请挂牌上市交易，即 H 股（中国香港）、N 股（纽约）、S 股（新加坡）等，境外直接上市通常都是采用 IPO（首次公开募股）方式进行。A 股、B 股与 H/N/S 股的区别如表 8-2 所示。

表 8-2　A 股、B 股与 H/N/S 股比较

比较项目	A 股	B 股	H/N/S 股
股票性质	内资股	境内上市外资股	境外上市外资股
发行股票公司	我国股份公司	我国股份公司	我国股份公司
上市发行地点	中国大陆	中国大陆	外国＋中国港澳台地区
发行对象	中国大陆内机构、组织、个人	外国＋中国港澳台地区机构、组织、个人	外国＋中国港澳台地区机构、组织、个人
认购和买卖币种	人民币	非人民币	非人民币

注　内资股指的是由我国境内公司发行的人民币普通股票（A 股），供境内机构、组织、个人（不含中国港澳台投资者）以人民币认购和交易的普通股股票；外资股指的是股份公司向外国和中国港澳台地区投资者发行的股票，外资股按上市地域可以分为境内上市外资股和境外上市外资股。

间接上市即国内企业境外注册公司，境外公司以收购、股权置换等方式取得国内资产的控股权，然后将境外公司拿到境外交易所上市。由于直接上市程序繁复、成本高、时间长，所以许多企业，尤其是民营企业为了避开国内复杂的审批程序，以间接方式在海外上市。间接上市的好处是成本较低，花费的时间较短，可以避开国内复杂的审批程序。但有三大问题要妥善处理：向中国证券监督管理委员会报材料备案，境外公司对国内资产的控股比例问题和上市时机的选择问题。

虽然 IPO 程序较为复杂，需经过境内、境外主管机构审批，成本较高，所聘请的中介机构也较多，花费的时间较长，但是，IPO 有三大好处：公司股价能达到尽可能高的价格，公司可以获得较高的声誉，股票发行的范围更广。所以从公司长远的发展来看，境外直接上市应该是国内企业海外上市的首要方式。

扫码学习境外间接
上市的主要方式

第三节　国际债务融资

一、国际债务融资的概念与特点

国际债务融资（international debt financing）是指公司在国际金融市场上以发行债券或向金融机构贷款来筹措资本的融资形式。

国际债务融资包括短期债务融资和长期债务融资。跨国公司在运营中需要流动资金的周转，以满足原材料、库存占压、应收账款、在途资金和预缴税款等生产运营中的需要。国际贸易融资只能解决跨国公司国际贸易的在途货物的资金占压问题，生产经营中的资金短缺需要短期融资来弥补。通过股权融资和债务融资这两种途径，企业可以满足自身对长期资本的需求。跨国公司的长期资本来源如图 8-9 所示。

国际债务融资具有以下四个特点：

第一，短期性。债务融资筹集的资金具有使用上的时间性，需要到期偿还。

第二，可逆性。企业采用债务融资方式获取资金，负有到期还本付息的义务。

第三，负担性。企业采用债务融资方式获取资金，需要支付债务利息，从而形成企业的固定负担。

第四，流通性。债券可以在流通市场上自由转让。另外，股权融资所得资金属于资本金，不需要还本付息，股东的收益来自税后盈利的分配，也就是股利；债务融资

形成的是企业的负债，需要还本付息，其支付的利息进入财务费用，可以在税前扣除。

相比国内企业来说，跨国公司在进行国际债务融资时还具有一些特殊性：一是要考虑币种问题。债务融资无论从汇率风险还是从成本考虑，都需要解决一揽子货币的组合问题；二是融资途径的选择；三是要确定多币种融资的综合财务成本。

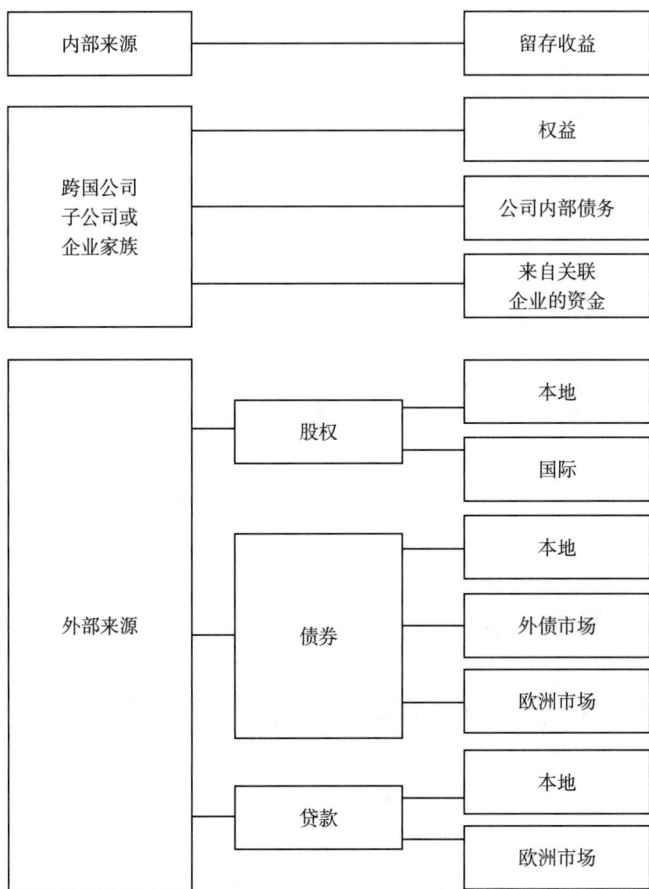

图 8-9　跨国公司的长期资本来源

概念辨析

国际债务融资与国际股权融资的联系与区别

债务融资和股权融资都属于直接融资，具有流动性较高、分散性和信誉差异性较大、部分不可逆性和相对较强的自主性等特点，其代表分别是债券和股票，且它们之间的收益率相互影响。因为总体而言，在市场规律的作用下，证券市场上一种融资手段收益率的变动会引起另一种融资手段收益率发生同向变动。

它们的区别主要有以下五点：

（1）股权融资筹集的资金具有永久性，无到期日，不需归还，债务融资需要到期还本付息。

（2）股权融资没有固定的股利负担，股利的支付多少与支付与否视公司有无盈利和公司的经营需要而定，没有固定的到期还本付息压力，给公司带来的财务负担相对较小。

（3）股权融资可能会稀释公司控制权，造成控制权收益的损失。

（4）债务融资的风险要高于股权融资的风险。

（5）债务融资获得的只是资金的使用权而不是所有权。

（6）债务融资能够提高企业所有权资金的资金回报率，具有财务杠杆作用。

二、国际债务融资的两种形式

（一）国际贷款融资

国际贷款是国际融资的重要形式，曾经在国际资本流动中占有主要的地位。近二十年来，随着国际证券市场的发展，国际融资手段走向证券化和多样化，但传统的协议借贷仍然是国际融资的重要形式和典型形式，其融资迅速、便利和灵活的特点是其他金融手段所难以比拟的。从实践来看，目前的国际贷款在手段与结构上正日益趋于复杂化，这主要是基于贷款人分散风险和提高还款安全性的考虑，而并非国际借贷自身固有的特点。在历史上，多数发达国家的工业化过程无一不与国际贷款具有密切的联系，而在目前情况下，有效地利用国际贷款手段融取国际资金，显然对于发展中国家加速经济发展、实现资源的优化配置有着重要的意义。

国际贷款依据不同的分类标准可以分为不同的类型。例如，依据贷款人的性质可将国际贷款分为政府贷款、国际金融机构贷款和国际商业银行贷款；依据国际借贷的期限可将国际贷款分为短期贷款、中期贷款和长期贷款；依据国际借贷的组织方式可将国际贷款分为独家银行贷款、联合贷款和银团贷款等。从国际资本市场的流动来看，国际贷款的主要形式为商业银行贷款（私人贷款），而政府贷款和国际金融机构贷款通常具有特定的依据和贷款政策；从商业银行贷款来看，以银团贷款最为典型，它体现了现代国际融资中国际贷款的基本特点和基本发展方向。

1. 政府贷款

政府贷款（government loan）是一国政府以其预算内资金向另一国政府以特定协议方式提供的优惠性贷款，此种贷款通常依据国家间的双边协定或国家间的双边关系而提供。例如经合组织下属的工业发达国家对发展中国家提供的官方发展援助贷款，石油输出国根据"南南合作"原则对发展中国家提供的官方发展援助贷款。政府贷款一般采取三种方式：一是以出口信贷方式提供的贷款，二是以单纯的中长期贷款协议方式（基本形式）提供的贷款，三是结合上述两种方式提供的混合贷款。

典型的政府贷款具有以下基本特征：

（1）政府贷款的借款人与贷款人均为特定的政府组织，贷款资金主要来自贷款人的国家财政预算收入。此类贷款本质上为国家行为和国家财政收入信贷，因而较少受商业原则的支配。

（2）政府贷款具有利率低、附加费用少的优惠性质。根据国际惯例，此种优惠性贷款至少应含有不低于 25% 的"赠与成分"，这是根据贷款利率、偿还期限、宽限期间和综合贴现率等数据计算出的一个综合性指标。政府贷款的利息率一般为 1% ～ 3%，有的甚至为无息，其附加费通常限于承诺费和手续费或其中之一种。

（3）政府贷款一般为中长期贷款，其贷款期通常为 10 年至 30 年，其宽限期通常为 5 年至 7 年，最长可达 10 年。

（4）政府贷款大多带有一定的附加条件。例如要求借款人以部分贷款向贷款国购买设备、物资、技术成果或技术服务，以此增加贷款国的出口贸易；或者在政府贷款的同时，要求借款人连带使用一定比例的贷款国出口信贷，以带动贷款国民间金融资本的输出。

（5）政府贷款主要为项目贷款，其贷款用途多限于符合双边协定或双方经贸关系的重要项目，超越这一范围可能会造成贷款申请上的困难，并且在通常情况下，贷款国的有关机构还将按协议对借款国的项目实施过程进行监督管理。

（6）政府贷款的订约程序较为复杂。此类贷款通常首先由借款国选定项目，准备项目文件，并向贷款国提出申请；其次，由贷款国对贷款项目的可行性、项目效益和贷款偿还计划进行审查和评估；再次，在贷款国初步同意贷款的基础上，通过使领馆将书面承诺递交借款国，然后双方就贷款基本条件进行"换文"谈判；最后，由借款国与贷款国放贷机构具体商定贷款协议的详细内容，并由双方签署贷款协议，同时往往还须签署相关的物资采购协议和其他附属文件。

2. 国际金融机构贷款

国际金融机构贷款是指国际金融机构作为贷款人向借款人以贷款协议方式提供的优惠性国际贷款。国际金融机构贷款的贷款人不仅限于全球性国际金融机构，如国际复兴开发银行、国际开发协会、国际金融公司（世界银行集团），而且包括区域性国际金融机构，如亚洲开发银行、亚洲基础设施投资银行、泛美开发银行、非洲开发银行、欧洲投资银行、国际投资银行等。从形式上说，国际货币基金组织也属于全球性国际金融机构；但从内容上看，国际货币基金组织对成员国的资金提供具有特定性质，其贷款对象仅限于成员国的政府机构，其贷款用途主要是解决其成员国国际收支的暂时失衡，其贷款程序是成员国申请获准后提款，该项资金提取无须签署贷款协议，而适用《基金协定》的规定，这些均与本节所述国际金融机构贷款有质的不同。

国际金融机构贷款也是一种具有非商业性质的优惠性贷款，其基本特征是：

（1）国际金融机构贷款的贷款人为特定的国际金融机构，而其借款人通常也受到特定范围的限制。例如世界银行贷款的借款人仅限于基金成员国政府、政府机构、由其政府机构提供担保的公私企业，国际开发协会贷款的借款人仅限于贫困发展中国家的开发项目当事人，亚洲开发银行贷款的借款人仅限于其成员国中开发本地区项目的投资人，亚洲基础设施投资银行贷款主要用于援助亚太地区国家的基础设施建设，泛美开发银行贷款的借款人仅限于其成员国的当事人，并且须为"在合理条件下无法从私人来源获得融资"的当事人，等等。

（2）国际金融机构贷款的资金主要源于各成员国缴纳的股金、捐款以及国际金融机构从资本市场的筹资，其资金放贷宗旨通常包含鼓励成员国从事开发项目，援助发展中国家特别是贫困国家经济发展的内容，不完全等同于仅以营利为目的的商业贷款。

（3）国际金融机构贷款的条件通常较为优惠，其利息率普遍低于商业银行贷款，其优惠性贷款的利息率可低于 3% 甚至为无息；其附加费通常也包括承诺费和手续费。尽管国际金融机构贷款不完全等同于政府间的"软贷款"，但其贷款条件的整体优惠性往往并不亚于政府贷款。

（4）国际金融机构贷款通常为中长期贷款，期限较长，贷款期一般为 10 ~ 30 年（最长可达 50 年），宽限期多为 5 年左右。

（5）国际金融机构贷款大多为开发性贷款，主要用于经济复兴或开发性项目，非项目性贷款通常为配套性使用，这与商业银行贷款也有很大的不同。

（6）国际金融机构贷款对贷款用途往往设有严格的限制，不仅贷款协议要求借款人严格遵守贷款目的和贷款用途条款，而且贷款方通常也对借款人的资金运用进行严格的监督和检查。

在国际金融机构贷款中，作为贷款人的国际金融机构通常主张其贷款协议具有独立于相关国家国内法的效力，其依据多为国际惯例、意思自治原则（国际贷款协议约定的内容）和国际金融机构制定颁布的贷款协议示范规则（如世界银行于 1985 年 1 月修订并颁布的《贷款协议和担保协议通则》，国际开发协会于 1985 年 1 月修订并颁布的《国际开发协会开发信贷协议通则》等）。其贷款协议中往往指明：（本）贷款协议规定的银行和借款方的权利和义务，应根据协议的条款生效并必须执行，而不管任何国家或其政府部门的法律有任何相反的规定。银行和借款方都无权在根据本条而采取的任何法律行动中，坚持因为银行《协定》的任何条款而主张贷款协议的任何条款无效或不能执行。在实践中，这一主张往往与国际仲裁制度相配合，它对于政府贷款协议和商业银行贷款协议均具有一定影响，其中世界银行颁布的《贷款协议和担保协议通则》对于各类国际贷款协议的指导作用尤为明显。

3. 国际商业银行贷款

国际商业银行贷款又称"国际商业贷款""商业银行贷款"，它是指一国的商业银行（或国际金融机构）作为贷款人以贷款协议方式向其他国家的借款人提供的商业贷款。国际商业银行贷款是国际贷款中最典型的形式，并在国际性贷款总量中占有很大的比重，其贷款资金主要源于商业银行业务，其贷款利率多以国际金融市场利率为基础。由于国际商业银行贷款的手续相对简便，较之政府贷款和国际金融机构贷款更容易获得，其资金使用并不附带商业条款以外的限制条件或附加条件，其贷款条件又依据市场原则随行就市，这对于经济效益良好又短缺资金的借款人来说无疑是最为可靠有效的融资来源。

国际商业银行贷款的基本特征是：

（1）商业银行贷款的贷款人和借款人除须为不同国家的当事人外，原则上不受特定身份的限制。按照多数国家的法律，其贷款人可以是具有贷款业务或商业银行业务的任何金融机构，其借款人可为各类主体，而某些发展中国家（如中国）则基于外债管理政策的考虑，对于本国借款人的资格设有一定限制。

（2）商业银行贷款的利息率通常以国际金融市场利率为基础，一般是在伦敦银行6个月期的同业拆放利率（LIBOR）的基础上加一定的加息率或利差（margin），该利差除考虑贷款金额、贷款期限和借款人资信条件外，主要依据金融市场的供求关系确定。

（3）商业银行贷款主要为定期贷款和中短期贷款，其贷款期限通常为1～10年，计息和付息多以6个月为一期；也有些商业银行贷款采取短期循环信贷方式，多数为转期贷款。

（4）商业银行贷款的贷款用途不受特定范围限制，但贷款人基于贷款偿还安全原则、贷款协议合法原则和不违反贷款人经营能力原则，往往要求在贷款协议中载入贷款用途条款，该协议经当事人协商签署后，自应按约履行。

（5）商业银行贷款原则上首先受到意思自治原则和相关国家国内法的支配（通常为贷款人所在国）及司法管辖，其次也要考虑国际惯例的要求，其贷款协议中通常含有法律适用条款和司法管辖条款，这与政府贷款和国际金融机构贷款有所不同。

国际商业银行贷款按照组织放贷方式，可以分为单独贷款、联合贷款和银团贷款三种。单独贷款是指由某一家商业银行独立向借款人协议提供的国际贷款，其贷款资金由贷款人单独组织安排。联合贷款（joint loan）是指在不超过法律限制的条件下，由几家国际商业银行共同作为贷款人联合向借款人协议提供的国际贷款，按照一些国家的法律，联合贷款的贷款人不得超过五家商业银行，否则其贷款将被视为推销性银团贷款，须适用证券法和特别法的有关规定。银团贷款（见图8-10）又称为"辛迪加贷款"（syndicated loan），它一般是指五家以上的国际商业银行或金融机构按照法律文件约定的方式，联合向借款人协议提供数额较大的国际贷款。银团贷款是目前国际贷款融资中最为典型、最有代表性的方式，它不仅包含了国际商业贷款关系中的一切基本要素，而且体现了分散贷款风险和提高筹资效率的市场要求，因而在国际商业银行贷款实践中日益普遍化。银团贷款与联合贷款的区别如表8-3所示。

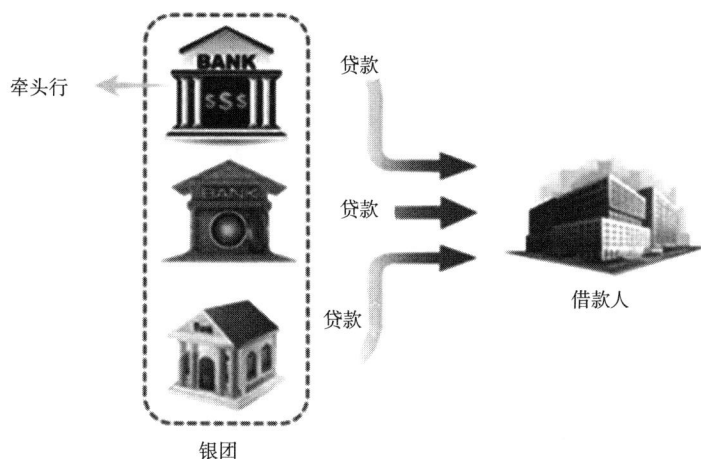

图 8-10　国际银团贷款

表 8-3　银团贷款与联合贷款的区别

比较项目	银团贷款	联合贷款
银行间关系	结成统一体，通过牵头行和代理行与借款人联系	各行相互独立，分别与借款人联系
贷款评审	各银行以牵头行提供的信息备忘录为依据进行贷款决策	各行分别收集资料，多次评审
贷款合同	统一合同	每家银行均与借款人签订合同
贷款条件（利率、期限、担保方式等）	统一条件	每家银行分别与借款人谈判，贷款条件可能不同
贷款发放	通过代理行按照约定的比例统一划款	分别放款，派生存款分别留在各行
贷款管理	由代理行负责	各行分别管理自己的贷款部分
贷款本息回收	代理行负责按合同收本收息，并按放款比例划到各行指定账户	各行按照自己与借款人约定的还本付息计划分别收本收息

（二）国际债券融资

1. 国际债券的概念与特征

国际债券（international bonds）是指一国政府机构、金融机构或工商企业为筹集资金而向外国投资者发行的可自由流转的债权证券。

国际债券有三个基本特征：

（1）国际债券的发行人与投资人分属于不同的国家或地区，其发行、交易与债务清偿受到不同国家法律的支配，这不同于国内债券。

（2）国际债券本质上是一债权凭证，它体现了债券发行人与债券持有人之间的债权债务关系，这不同于国际股权证券。

（3）国际债券是证券化的可自由流转的债权凭证，其发行与交易受到有关国家证券法规则的支配，这不同于国际贷款债权文件。

此外，典型的国际债券通常还具有无记名证券、有固定的到期日和固定利率的特点。

2. 国际债券市场

国际债券市场是专门从事国际债券发行买卖的场所。根据不同的标准，国际债券市场有多种分类方式：按期限，有 1～5 年的中期债券市场与 5 年以上的长期债券市场；按性质，有发行市场（一级市场）与流通市场（二级市场）；按面值货币的不同，有外国债券市场与欧洲债券市场，前者以发行地货币来标价，后者以发行地以外的货币来标价。国内外的债券市场如图 8-11 所示。

扫码学习有关案例

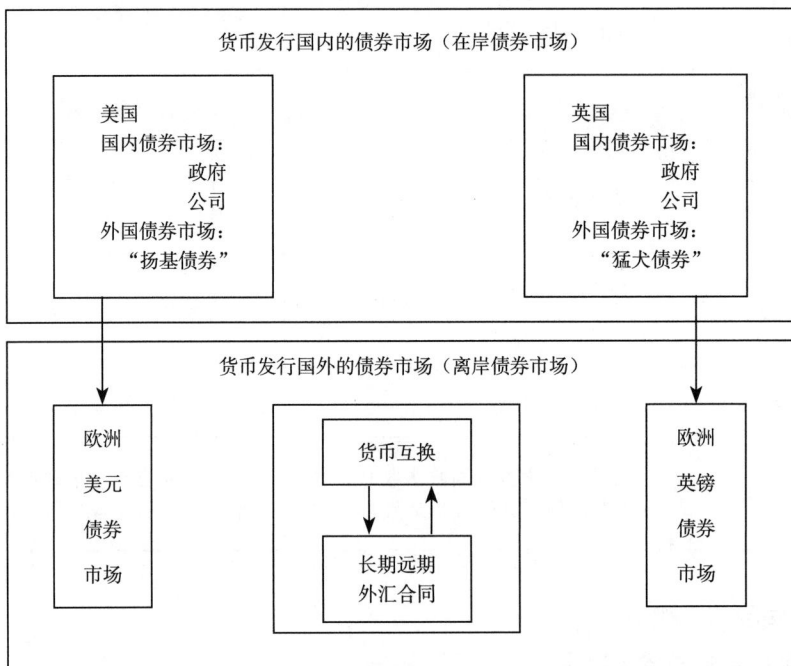

图 8-11 国内外的债券市场

（1）外国债券市场。外国债券是指外国借款人（政府、私人公司或国际金融机构）所在国与发行市场所在国具有不同的国籍并以发行市场所在国的货币为面值货币发行的债券。对发行人来说，发行外国债券的关键就是筹资的成本问题，而对购买者来讲，它涉及发行者的资信程度、偿还期限和方式、付息方式以及与投资收益率相关的如票面利率、发行价格等问题。这种债券只在一国市场上发行并受该国证券法规制约。

外国债券的发行方式分为两种，一种是公募，另一种是私募。

公募与私募在欧洲市场上的区分并不明显，可是在美国与日本债券市场上的区分是很严格的，也是非常重要的。在日本发行公募债券时，必须向有关部门提交"有价证券申报书"，并且在新债券发行后的每个会计年度还要向日本政府提交一份反映债券发行国有关情况的报告书。在美国，在发行公募债券时必须向证券交易委员会提交"登记申报书"，其目的是向社会上广泛的投资者提供有关债券的情况及其发行者的资料，以便于投资者监督和审评，从而更好地维护投资者的利益。

外国债券发行程序（见图 8-12）。

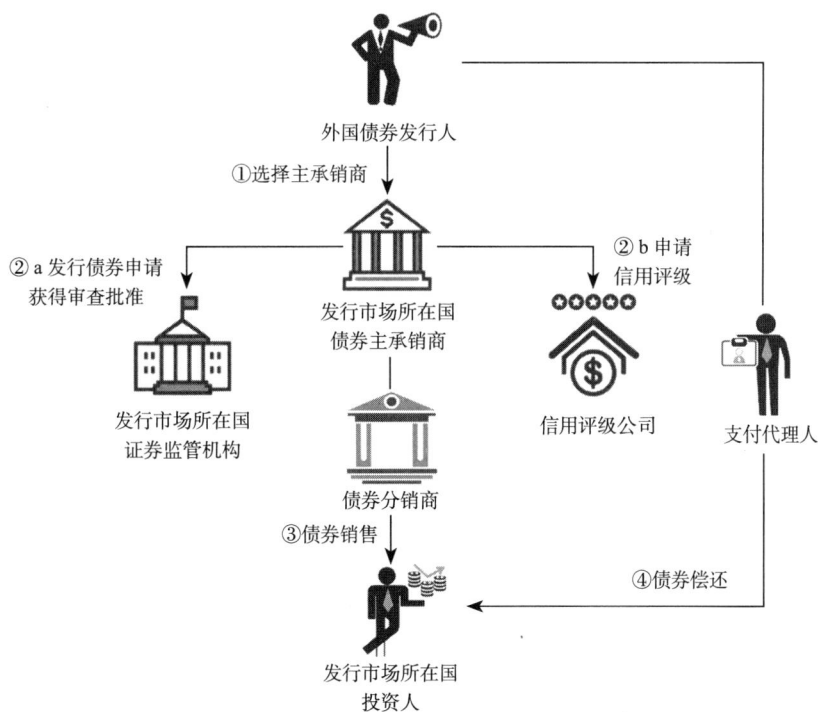

图 8-12　外国债券的发行程序

①外国债券发行人在发行市场所在国选择并委托主承销商。

②向发行市场所在国的证券监管机构提出发行债券的申请并获得审查批准，同时向信用评级公司申请信用评级。

③确定具体的发行方式，通过证券分销商向发行市场所在国投资人销售债券。

④通过财务受托人或支付代理人向投资人偿还债券利息和本金。

（2）欧洲债券市场。欧洲债券市场（Eurobond market）是指发行欧洲债券进行筹资而形成的一种长期资金市场。它是国际中长期资金市场的重要组成部分，也是欧洲货币市场的重要组成部分。欧洲债券市场包括以当地货币为本位的债券和以美元债券为主的欧洲离岸债券市场。

欧洲债券市场主要有以下六个特点。

①监管自由，高度竞争。发行手续自由灵活，不需官方批准，不受任何国家的金融当局的行政管辖，具有独特的发行和交易惯例。

②多为不记名债券。有利于隐名避税，更有吸引力。

③不需要信用评级。

④由多家大型金融机构办理发行，利息收入免交所得税，所以发行成本低。一般比外国债券低 0.125 ～ 0.25 个百分点。

⑤发行量大（1 亿美元起）、期限长，对财务公开的要求不高，方便快速筹资。

⑥发行者都是信誉卓著的大公司或各国政府部门，投资安全系数高，投资获利机会也多。

（3）欧洲债券的发行程序（见图 8-13）。

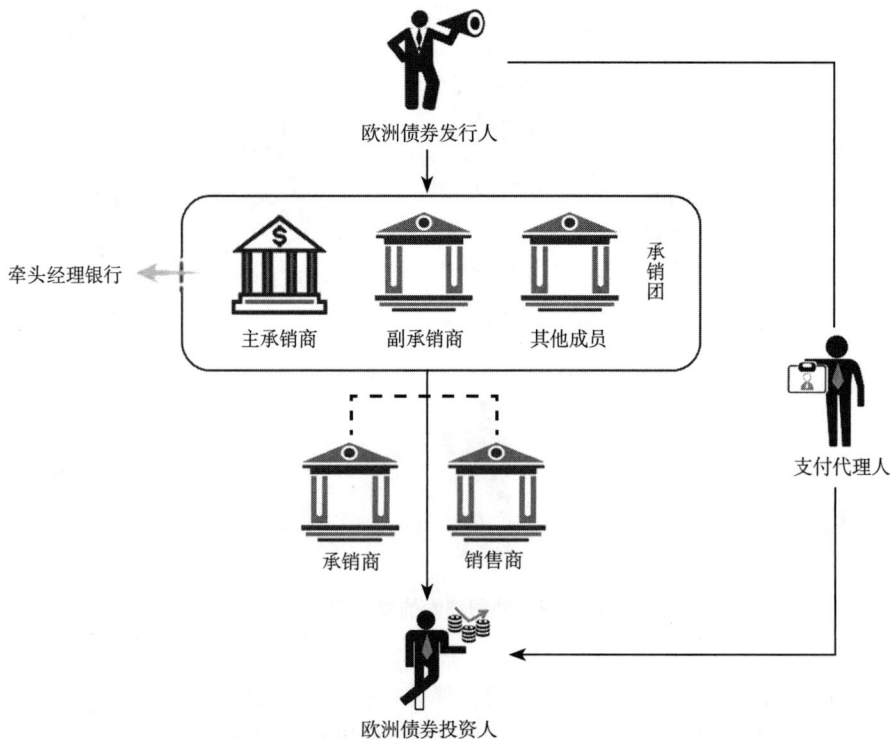

图 8-13　欧洲债券的发行程序

①选定牵头经理银行，达成初步协议。这个牵头银行一般是资金雄厚、经验丰富、信誉卓著的大银行。

②组织承销团。组织经理银行集团，每个经理银行都须负有认购并推销一部分债券的责任；组织发行管理集团。

③签订债券发行合同。由牵头经理银行作代表与债券发行人签订债券包销和认购总合同并层层下包。

④承销团进行推销发行（进行必要的广告宣传）。如果债券最终无法按商定的价格全额销售，承销行必须全额购买。

概念辨析

外国债券与欧洲债券

按照面值货币与发行债券市场的关系，国际债券可分为外国债券与欧洲债券。

1. 外国债券

外国债券（foreign bonds）是指某一国家借款人在本国以外的某一国家发行以该国货币为面值的债券。

它的特点是债券发行人属于一个国家，而债券的面值货币和发行市场属于另一个国家。

按照惯例，外国债券习惯以发行地的特色或吉祥物来命名，如在美国发行的外国债券被称为"扬基债券"（Yankee bond），在日本发行的外国债券被称为"武士债券"（Samurai bond），在中国发行的以人民币计价的外国债券被称为"熊猫债券"（Panda bond），在英国发行的以英镑计价的外国债券被称为"猛犬债券"（Bulldog bond）。

2. 欧洲债券

欧洲债券（Eurobonds）是借款人在本国境外市场发行的、不以发行市场所在国货币为面值的国际债券。例如，一家德国公司可能发行以美元标价的债券，并由一个国际银团向美国境外的投资者出售。欧洲债券一般由跨国公司、大型的国内公司、享有主权的政府以及国际机构等发行。欧洲债券通常在几个国家的资本市场上同时发售，而不是在标价货币国的资本市场上发售，对象也不是标价货币国的投资者。以这种方式发行的债券最早出现在欧洲，故被称为欧洲债券。

欧洲债券的特点是债券发行者、债券发行地点和债券面值所使用的货币可以分别属于不同的国家。由于它不以发行市场所在国的货币为面值，故也被称为无国籍债券。欧洲债券与外国债券的区别如表 8-4 所示。

表 8-4　欧洲债券与外国债券的区别

比较项目	外国债券	欧洲债券
承销方式	由市场所在国的金融机构组成承销团承销	由来自多个国家的金融机构组成的国际性承销辛迪加承销

续表

比较项目	外国债券	欧洲债券
发行方式	公募与私募	公募
信用评级	必备	无须
监管程度	受市场所在国证券主管机构监管，公募发行管理较严，需向证券主管机构注册登记，发行后可申请在证券交易所上市； 私募发行无须注册登记，但不能上市交易	发行时不必向债券面值货币国或发行市场所在地的证券主管机构登记，不受任何一国的管制，可申请在某一证券交易所上市
适用法律	发行和交易受当地市场有关金融法律法规的管制和约束	不受面值货币国或发行市场所在地法律限制，债券发行协议中须注明纠纷解决的法律依据
是否纳税	投资者根据市场所在地的法规交纳税金	采取不记名债券形式，投资者的利息收入免税
付息方式	一般与当地国内债券相同，如"扬基债券"一般每半年付息一次	通常每年付息一次

以本币为人民币为例，本币债券、外国债券与欧洲债券的区别如图 8-14 所示。

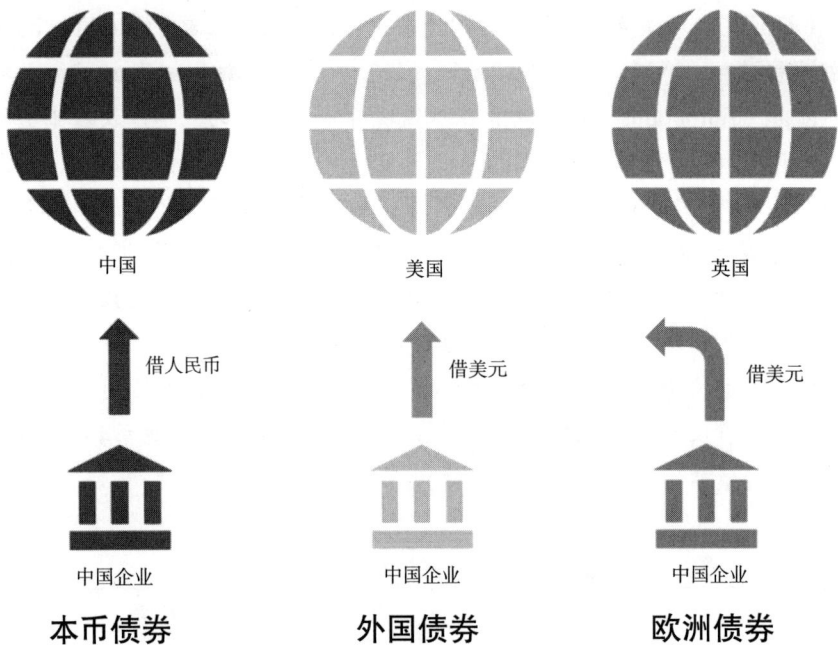

图 8-14　本币债券、外国债券与欧洲债券的区别

第四节　国际票据融资

一、国际票据融资概述

国际票据融资（international notes financing）是指在国际货币市场上的融资，常用的融资方式有商业票据、短期国库券、大额可转让定期存单、银行承兑汇票、贴现等。这些票据的共性是期限短、风险小和流动性强，都有活跃的次级市场，随时可以出售变成现金。

（一）商业票据

商业票据（commercial paper，CP）是指没有抵押品的短期票据。从本质上说，它是以出票人本身为付款人的本票，由出票人许诺在一定时间、地点付给收款人一定金额的票据。现已演变为一种单纯地用在金融市场上融通筹资的工具，虽名为商业票据，却是没有实际发生商品或劳务交易为背景的债权凭证。

商业票据的特点有以下几个特点。

（1）商业票据是短期信用工具，期限为 30 ～ 270 天。

（2）商业票据是融通票据，为短期周转资金而发行。

（3）商业票据是大额票据，面额为整数，多数以 10 万美元为倍数计算。

（4）商业票据是无担保票据，不需担保品和保证人，只须靠公司信用担保。

（5）商业票据是市场票据，只有那些财务健全、信用卓著的大公司才能发行商业票据。

（6）商业票据是以贴现方式发行的票据，其市场基础是一级市场，没有二级市场。

（二）短期国库券

短期国库券（treasury bill，T.B 或 Bill）是西方各国财政部发行的短期证券，由财政部承诺从发行日起到特定日向持票人偿付票面金额的负债证券。

在美国短期国库券的期限是 91 天或 182 天，最小面额为 1 万美元。这种国库券不附带利息，以贴现的方式发行，财政部将短期国库券出示于购买者的面前，由各购买者竞相出价，最后卖给出价最高者。期限为 13 周（91 天）和 26 周（182 天）的短期国库券每周一拍卖一次，交割日在周四。

短期国库券发行后，首先流到专门经营短期国库券的证券商手中，然后在次级市场上流通。到期时按票面金额偿还。投资者的收益就是购买价格与票面价格的差额。

（三）大额可转让定期存单

大额可转让定期存单（negotiable certificate of deposit，简称 CD 或存单）是银行发给存款人按一定期限和约定利率计息，到期可以转让流通的定期存款凭证。

存单发行价格的确定主要基于如下几个因素：一是发行人的资信等级，二是发行时的市场利率水平，三是存单的期限，四是存单的流动性。

存单的价格一般有两种形式：一是按面额发行，发行价格即票面面值；二是贴现发行，以票面额扣除一定贴现利息后发行，发行价格低于面值。

（四）银行承兑汇票

银行承兑汇票指以银行为付款人并经银行承兑的远期汇票。

一旦银行在汇票上盖上"承兑"字样，汇票就成为银行的直接债务，在此后银行负有于汇票到期时支付现金给持票人的义务。

（五）贴现

贴现是指持票人以未到期票据向银行兑换现金，银行将扣除自买进票据日（贴现日）到票据贴现周的利息（贴现息）后的余额付给持票人。

从本质上看，贴现也是银行放款的一种形式，这种方式与一般放款的区别在于是在期初本金中扣除利息，而不是在期末支付利息。

贴现是国际货币市场的一项重要融资活动。

扫码学习有关案例

二、欧洲票据

（一）欧洲票据概述

欧洲票据（Euro notes）就是在国际金融市场（欧洲票据市场）上以欧洲货币发行的、完全可以转让的不记名本票票据。

欧洲票据是短期的融资工具，期限通常为 3 ～ 6 个月，期限最短仅为 6 天，最长可达 1 年。发行时按面值折价发行，到期按面值偿还，并加上一定利息。

欧洲票据市场（Euronote market）是欧洲货币市场的有机组成部分（见图 8-15）。欧洲票据市场的参与者主要有票据的发行人、安排人、承销人和投资人。

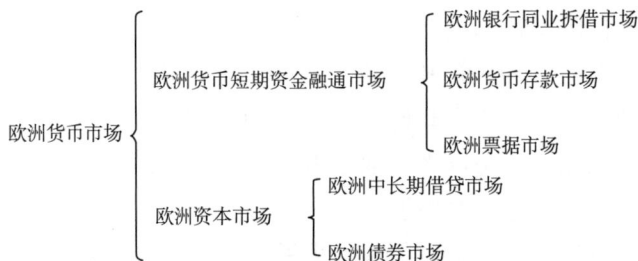

图 8-15　欧洲货币市场的构成

（二）欧洲票据的主要种类

欧洲票据的主要种类或者说欧洲票据市场的主要产品有以下几类。

1. 欧洲短期票据

欧洲短期票据（Euro-short-term note）是非银行借款者签发、由承销银行包销的短期可转让本票。通过承销者的中期安排，借款人可以在有保证的滚动基础上发行一系列短期不记名的本票。因此，发行欧洲短期票据实质上是一种中期融资方式。

2. 欧洲商业票据

欧洲商业票据（Euro-commercial paper）是公司或银行签发的短期债务凭证。期限通常为1个月、3个月和6个月。欧洲商业票据与欧洲短期票据的区别在于，欧洲商业票据是通过经纪人销售给投资者的非承销票据，而欧洲短期票据是由承销银行包销的承销票据。加拿大出口开发公司是发行欧洲商业票据的先驱，它于1983年以低于伦敦银行同业拆入利率（LIBID）60～70个基本点的利率筹措了所需资金。欧洲央行估计，目前以欧元计价的企业商业票据市场规模约为750亿欧元。然而，各国商业票据市场的深度存在很大差异，其中法国是欧元区发行量最大的国家。欧元区大部分商业票据是由货币金融机构（MFIs）发行的。但随着时间的推移，非金融企业（NFCs）在商业票据市场上变得越来越活跃。据欧洲央行估计，截至2019年第三季度，商业票据占欧元区NFCs发行的未偿基于市场债务的比例略低于5%，占其未偿债务总额的0.8%左右。尽管这些份额相对较低，但商业票据是欧元区企业管理其短期现金需求的重要工具。❶

3. 欧洲中期票据

欧洲中期票据（Euro-medium-term note）也是非承销的票据，它通常通过经纪商推销。欧洲中期票据直至1986年才出现，但发展很快，到1989年就形成了80亿美元的市场。欧洲中期票据在本金、期限、息票结构和息票率一致的前提下与欧洲债券具有同样的特征。欧洲中期票据的期限最短为9个月，最长可达10年，从而填补了欧洲商业票据与欧洲长期债券间的期限缺口。

（三）欧洲票据的特点

相对于欧洲货币市场上的其他产品来说，欧洲票据具有以下重要特点。

第一，欧洲票据兼有银团贷款和债券的特征。例如，欧洲短期票据通过辛迪加承销后，借款人根据借款条件和安排保证可以得到所需资金，这与银团贷款性质无异；而承销的经理行对票据的分销方式与欧洲债券一样。

第二，欧洲票据融合了贷款和债券的优点，具有贷款和债券所没有的优势。优势之一是成本低。一方面，欧洲票据以短期资金的滚动满足中期的资金需要，即使用中期资金但只支付短期债务的利率，因而利息支付低于一般的中期债务；另一方面，欧洲短期票据的承销费用相对银团贷款和欧洲债券来说较低，而欧洲商业票据和欧洲中

---

❶ 为什么欧洲央行要购买商业票据. 新浪财经，2020-04-08.

期票据则不发生承销费用。优势之二是灵活方便，流动性强。相较银团贷款，对承销银团来说，虽然就承销票据做出了中期承诺，但承诺是间断过渡性的而非连续性的。假如整个安排期间出现违反发行条件的情况，承销银行有很多机会撤回承诺。对投资者来说，欧洲票据的可转让性及期限较短，为投资者改善短期资产组合提供了便利；对借款人来说，由于对发行票据的时间和各次发行金额有相当大的自主权，发行欧洲票据更能适应自己的短期资金管理需要。与欧洲债券相比，欧洲票据可以在一定时间内连续多次发行，从而不必像欧洲债券那样只能作一次性发行，而且一旦发行，债券要马上出售。

由于欧洲票据具有上述优势和作用，在很短的时间内就吸引了大量的国际银团贷款和欧洲债券市场的客户。

（四）欧洲票据市场的融资便利

欧洲票据市场上的融资便利是把各种不同的发行方式、提款方式和承诺担保方式组合起来，以合约形式向借款人或票据发行人提供的融资安排。欧洲票据市场的融资便利可以应借款人的特殊需要而加以专门设计。由于借款人的需要可能因人而异，加上借款人的范围不断扩大，欧洲票据市场融资便利的具体形式层出不穷，经常出现新的融资便利。不过，对潜在的借款人来说，虽然自身的融资需要可能具有某种特殊性，但了解已有的基本融资便利仍是十分必要的。

1. 单一融资便利

（1）承销票据发行便利（underwritten note issuance facility）。承销票据发行便利是欧洲短期票据市场最基本的融资便利之一。它是某个银行和银团为借款人提供中期融资的保险，使借款人在规定的期限和金额内可以按拍卖形成的市场利率或反映最大议定加息率的利率出售票据。发行时，先指定一组银行和经纪商构成一个投标小组。投标小组的成员不仅限于承销票据发行便利的银行。投标小组的成员可以根据自己的情况出价。假如所有成员的出价都高于最大议定加息率，借款人可不予接受而改由提供承销票据发行便利的银行按最大议定加息率购入票据。

（2）循环承销便利（revolving underwriting facility）。循环承销便利是指一家银行对借款人做出中期承诺，为借款人周期性发行的每一份额的 3 个月或 6 个月短期票据提供包销保证。承销银行作为唯一的分销代理人负责发售所发行的各期票据。假如票据不能按低于事先议定的利率上限的价格卖出，承销银行就要自己购入所有滞销的票据或提供相同数额的贷款。由于承销是中期（通常为 3 ～ 7 年）有效，借款人可根据自己的需要和市场的资金供给情况循环往复地发行期限为 3 个月或 6 个月的短期票据。循环承销便利在正常提款的情况下，为借款人提供了取代浮动利率债券和银团贷款的中期融资形式；当借款人为安排备用金而发行票据时，循环承销便利就起着对其他融资工具的候补作用或者仅仅作为一种保险。

（3）非承销票据发行便利（non-underwritting note issuance facility）。非承销票据发行便利是为发行欧洲商业票据和欧洲中期票据的借款人提供的融资便利。非承销票据发行便利的特征是假如票据无法按借款人能够接受的价格出售，由于无银行承销条款而使借款人得不到所需资金。非承销票据发行便利的一般做法是发行人即借款人向投标小组成员征求出价，但投标小组成员可不做响应。出价按 LIBOR 加适当加息率给出，发行人可接受也可拒绝。如果拒绝，票据发行即告失败。

2. 组合融资便利

单一融资便利可以相互结合或与其他融资工具结合起来，构成更为灵活方便的组合融资便利。

（1）借款人对票据和备用的选择权（borrower's option for notes and underwritten standby）。借款人对票据和备用的选择权这种便利是由两个相关部分构成的，即通过投标小组安排一定金额的非承销票据的分销和建立一个可按循环信贷方式提款的备用承诺。在商业票据或中期票据销售不顺利时，借款人即可启用备用承诺来提款。这样就消除了单一的非承销发行便利可能发生的因票据不能售出而影响所需资金的筹措和运用的风险。

（2）带摆动限额选择权的循环承销便利（revolving underwritten facility with a swingline option）。摆动限额是指借款人把便利提供者的包销承诺作为其他融资活动特别是发行美国商业票据的候补筹资来源。假若没有达到发行目标，借款人可以利用摆动限额作为过渡性融资。当借款人同时在美国票据市场和欧洲票据市场发行票据时，为在更大程度地降低资金成本的同时保证获得足够的资金，就可考虑采用这种便利，从而让一部分资金需要通过循环承销便利获得完全保障，而另一部分通过美国商业票据发行和摆动限额取得较低成本的资金和过渡性的融资保障。

（3）银行承兑投标便利（banker's acceptance tender facility）。无论发行承销票据还是非承销票据，借款人都可以请求有关银行对票据进行承兑，然后将经承兑的票据交投标小组出价，从而提高所发行票据的信用，获得更为有利的融资地位。

（4）多种便利组合（multiple facility comprising）。多种便利组合是将全部计划筹措的款项分别用几种不同的票据融资便利或信用工具搭配起来安排。根据借款人的特点和市场的条件，可用于组合的便利有很多。例如，可以把承销票据发行便利、非承销票据发行便利与短期预付结合起来邀请投标小组报价；还可以将非承销票据发行便利、短期预付和循环信贷承诺搭配在一起出售，其中循环信贷承诺起着支撑和保险作用，万一前两种便利失效即可用于补充。

（5）多种选择权融资便利（multi-option financing facility）。多种选择权融资便利类似于多种便利组合也是由多种融资工具组合而成的。不同的是，提供多种选择权融资便利的银行将包销承诺从欧洲短期票据发行扩展到其他融资便利上。新的承销对象主要有银行承兑、短期预付等。多种选择权融资便利还可提供多币种的融资选择。

三、美国商业票据

（一）美国商业票据概述

美国票据市场上的交易工具包括商业票据（commercial paper）和银行承兑汇票（bankers' acceptances）。银行承兑汇票的主要作用是为国际贸易融资，为在国内储存或运输商品融资，为在国外储存或在国际间运输商品融资。美国银行承兑汇票市场的起源于20世纪初全球企业商业信用的不足。后来，随着商业信用的发展成熟，完全基于商业信用的商业票据以方式灵活、融资便捷的优势，替代了银行承兑汇票市场，在一定程度上造成了后者的停滞与衰落。目前，商业票据已经占据了美国绝大部分票据市场。

（二）美国商业票据的特点

1. 融资成本较低

高评级商票的利率一般略高于同期美国国债而略低于伦敦同业拆借利率。

2. 投资者众多

商业票据的投资者主要包括货币市场基金、保险公司、资产管理公司、养老基金、商业银行以及各类非金融企业等。

3. 监管要求清晰

美国证券交易委员会是美国商业票据市场的最高管理机构。美国商业票据市场票据发行者必须遵守《美国1933年证券法》中证券发行登记规定。

4. 较高的信用评级要求

美国商业票据的发行人主要是信用良好的各类机构，需要至少A2/P2或以上的评级。这对部分"走出去"的中资企业是个挑战。但随着市场的发展、监管政策的调整，不少发行人也开始通过增信手段以及提供各类抵押品来发行商业票据。

5. 融资用途广泛

从募集资金使用方向看，发行商业票据主要用来补充营运资本以及短期资金，也可以用于支付定期税款、股票回购、股权持有者的分红付款等。由于商业票据发行便捷，近年来也逐步被用作并购项目中的过桥融资工具。

6. 期限灵活

从商业票据发行的期限看，美国商业票据的期限一般在270天以内，其中大多数票据期限都在90天以内。发行人可以直接面向市场多种机构投资者，并根据市场的需要和自己对资金的需求来设计商业票据的金额、期限、利率等要素。正常情况下，当天就可以筹集到资金。

7. 交易结构多样

目前商业票据按交易结构及是否含有增信措施主要分为三类（见表8-5）。

表 8-5　美国商业票据分类

名称	概念	特点
普通商业票据	由金融机构或信用较高的非金融企业发行的无担保商业票据	发行人信用评级较高，发行成本较低
资产支持商业票据（Asset-backed Commercial Paper，ABCP）	属于资产证券化产品，由非金融企业、金融机构将自身拥有的、将来能够产生稳定现金流的资产出售给受托机构（特殊目的公司），由受托机构以这些资产作为支持发行的商业票据	通过设立特殊目的的公司发行。支持资产包括各类应收账款以及银行贷款、信用卡应收款、汽车贷款等金融资产
信用支持商业票据（Credit-supported Commercial Paper）	通过信用评级较高的企业提供信用支持发行的商业票据	支持方式包含担保、债券保险等

正是美国商业票据具有的这些特点和优势，使得其在美国的货币市场上具有举足轻重的地位，也吸引了不少中国企业。目前国内的 TCL 集团、美的集团、中集集团、沙钢集团等企业，先后通过发行美国商业票据进行融资。

第五节　内保外贷

一、内保外贷的定义

"内保外贷"的"内保"即境内担保，"外贷"可以简单理解为境外贷款或境外融资。内保外贷其实是跨境担保项下的一个业务品种，在我国，现行管理跨境担保的纲领性框架叫作《跨境担保外汇管理规定》（汇发〔2014〕29 号，以下简称"29 号文"）。根据 29 号文给出的定义，内保外贷是指担保人注册地在境内、债务人和债权人注册地均在境外的跨境担保。具体来说，内保外贷业务，是指境内担保行根据境内企业（申请人）申请，以境外企业（借款人）为被担保人向境外融资行（受益人）开出融资性保函或备用信用证（统称保函），境外融资行据此向境外企业提供融资的业务。通俗来讲，就是由境内的主体为境外的借款人做担保，一旦境外的借款人无法偿还国外的债务，那么境内的担保人就要履行担保义务，将资金汇出境外用于向海外的贷款人偿还这笔境外债务。常见内保外贷形式如图 8-16 所示。

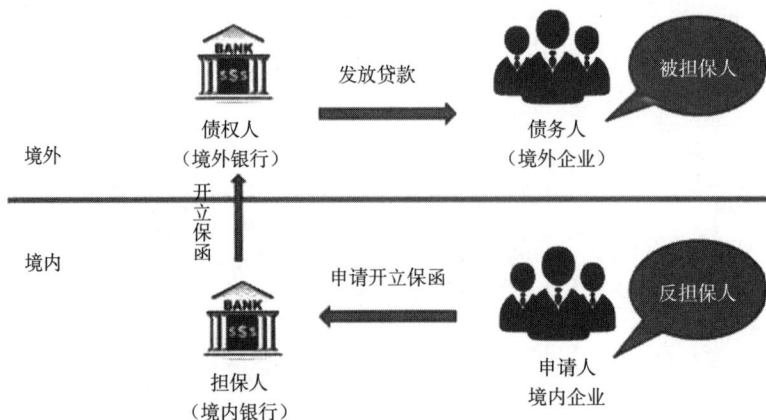

图 8-16　常见内保外贷形式

内保外贷业务的产生和发展与中国企业"走出去"的过程密不可分。催生内保外贷的客观因素有两个，一是我国在资本项目下实行外汇管理，资金出境需要经过外汇局等相关部门的审批或备案，同时要获得当地银行的外汇额度，如果某个环节未能打通则无法实现资金的跨境流动；二是境外资金成本较低，与境内资金存在明显存贷利差，对"走出去"企业而言，直接撬动境外资本显然更有利于海外拓展和全球运营。然而要获得境外金融机构的流动性支持，单凭企业境外分支机构的资质通常是不够的，只有加持境内银行的信用作担保，才能"引得源头活水来"。

国内企业在境外当地进行国际化经营初期，通常资信难以达到当地银行的贷款标准，故借助"内保外贷"，由境内母公司向境内银行申请融资性担保，凭借境内银行的担保从境外银行获得资金，以解决经营的融资需求。正是由于其可以为企业解决跨境融资问题，近年来不少大型海外投资并购项目中也经常看到它的身影。自从 2001 年中国境内银行叙做第一笔业务以来，内保外贷一直是中国"走出去"企业获得境外融资的重要途径之一，整体发展态势较为平稳。各家银行也基于内保外贷业务推出了自己的一揽子金融产品与方案，服务涵盖企业跨境收购、全球运营及境外发债与上市的全流程。

二、内保外贷的类型

根据担保人类型，内保外贷又分为两大类（见图 8-17、图 8-18）：一类是担保人为银行，签订内保外贷合同后直接由银行向外汇局系统报送信息；另一类是担保人为非银行金融机构或企业，在签订合同后 15 个工作日内到外汇局办理签约登记，外汇局按规定进行审核。

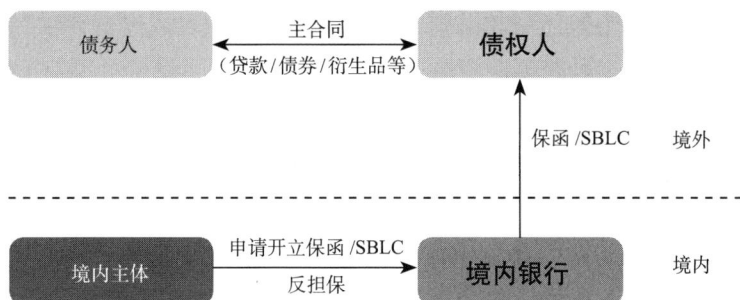

图 8-17　银行内保外贷

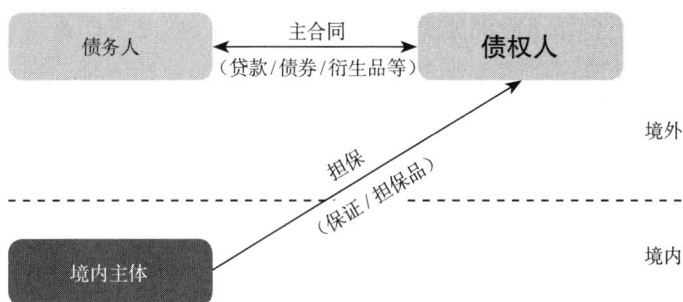

图 8-18　非银行内保外贷

内保外贷项下还分为外币保函和人民币保函。29 号文未对外币保函和人民币保函进行区别管理，人民银行虽对人民币对外担保进行了一定规范，但内容比较简要。

108 号文（见二维码——"扫码学习内保外贷的相关政策"）主要针对的是"银行内保外贷业务"，即主要规范以银行为担保人的情况，实践中多体现为以银行保函或备用信用证担保境外贷款或发债的交易结构。那么对于公司自身直接向境外机构提供担保是否也应适用《通知》的要求？我们理解答案是肯定的，外汇局自身采取的审核标准不会低于其要求银行采取的审核标准，即外汇局逐笔为作为担保人的境内企业办理内保外贷登记时，也将参照该《通知》的标准和原则进行审核。

扫码学习内保外贷的
相关政策

扫码学习国际融资
方式的选择

本章小结

本章介绍了国际贸易融资之外我国企业经常采用的国际项目融资、国际股权融资、国际债务融资、国际票据融资以及内保外贷等融资形式。

国际项目融资是指国际贷款人向特定的工程项目提供贷款协议融资，贷款人依赖该项目所产生的收益作为偿还贷款的资金来源，并以该项目或经营该项目的经济单位的资产作为附属担保的一种跨国融资方式。常见的国际项目融资类型有 BOT、国际融资租赁、ABS 以及 PPP 等。

国际股权融资是指符合发行条件的公司组织依照规定的程序向境外投资者发行可流转股权证券的国际融资方式。国际股权融资在性质上不同于国际债权融资，它本质上是股票发行人将公司的资产权益和未来的资产权益以标准化交易方式售卖于国际投资人的行为。目前我国企业进行国际股权融资的类型大致可分为境内发行 B 股和境外上市两大类。

国际债务融资是跨国公司国际融资的最重要方式。包括国际银行贷款和国际债券融资两种形式。

国际票据融资主要介绍了欧洲票据和美国商业票据。商业票据是一种货币市场工具，是投资者进行短期投资的重要品种，而且是企业筹集短期资金、进行流动性管理的主要金融工具。

"内保外贷"的"内保"即境内担保，"外贷"可以简单理解为境外贷款或境外融资。内保外贷其实是跨境担保项下的一个业务品种，具体来说，内保外贷业务，是指境内担保行根据境内企业（申请人）申请，以境外企业（借款人）为被担保人向境外融资行（受益人）开出融资性保函或备用信用证（统称保函），境外融资行据此向境外企业提供融资的业务。

思考题

（1）PPP 与 BOT 融资方式有何联系与区别？

（2）我国国际股权融资的方式有哪些？

（3）国际债务融资与国际股权融资有何区别？

（4）外国债券与欧洲债券有何区别？

（5）什么是银团贷款？

（6）欧洲商业票据与美国商业票据有何区别？

（7）什么是内保外贷？

案例讨论

境内企业 A 的中国香港子公司 Aa，于 2013 年 12 月与境外企业签订两笔铁矿粉购买合同，合同金额分别为 2000 万美元和 2500 万美元。2014 年 4 月底，境内企业 A 在境内银行 B 存入 2 亿元人民币保证金后，向境内银行 B 申请，为其香港子公司 Aa 提供融资性担保，由境内银行 B 的香港分行发放美元贷款，用于支付铁矿粉合同中的款项。据此，境内银行 B 于 2014 年 5 月 15 日开具两份融资性保函，被担保人为香港子公司 Aa，受益人为境内银行 B 的香港分行，金额均为人民币 1 亿元，两份保函到期日都为 2015 年 5 月 15 日。2015 年 1 月 15 日，境内企业 A 申请提前履约，境内银行 B 直接以境内企业 A 的名义将其保证金对外支付，用于融资性保函的提前履约。

根据银行提供的反担保保证金账户开立资料，境内企业 A 分别于 2014 年 4 月 28 日和 4 月 30 日在境内银行 B 开立两个保证金账户，并分别存入人民币保证金 1 亿元，期限均为 1 年，到期日分别为 2015 年 4 月 28 日和 4 月 30 日。境内银行 B 出具了两份保函，到期日为 2015 年 5 月 15 日。

根据境内银行留存履约业务资料显示，2015 年 1 月 15 日，境内企业出具保函提前履约申请，申请书大概内容为：由于被担保人向受益人申请提前还款，受益人提出履约保证责任，故境内企业申请以保证金履行担保责任。境内银行据此以境内企业的保证金办理提前履约。

思考题：

从监管的角度分析，银行和企业存在哪些违规操作？

关键术语

国际项目融资（international project financing）

BOT（build - operate - transfer 的缩写，即"建设—经营—转让"）

ABS（asset-backed securitization 的缩写，即资产证券化）

PPP（public-private-partnership 的缩写，即公私合作模式）

国际股权融资（international equity financing）

境外直接上市（direct overseas listing）

境外间接上市（indirect overseas listing）

国际银团贷款（syndicated loan）

国际债券（international bonds）

外国债券（foreign bonds）

欧洲债券（Eurobond）

国际票据融资（international notes financing）

欧洲票据（Euro notes）

美国商业票据（Ameirican commercial paper）

内保外贷（overseas lending secured by domestic guarantee）

参考文献

[1] 韩宝庆.国际结算 [M]. 2 版.北京：清华大学出版社，2016.

[2] 苏宗祥，徐捷.国际结算 [M]. 7 版.北京：中国金融出版社，2020.

[3] 庞红，尹继红，沈瑞年.国际结算 [M]. 6 版.北京：中国人民大学出版社，2019.

[4] 李华根.国际结算与贸易融资实务 [M]. 2 版.北京：中国海关出版社，2017.

[5] 王学惠，王可畏.国际结算教程（修订本）[M].北京：清华大学出版社，2017.

[6] 朱瑞霞，杨慧，李诚.跨境电商支付与结算 [M].上海：复旦大学出版社，2021.

[7] 徐进亮，王路，宣勇.国际贸易融资理论与实务 [M].北京：清华大学出版社，2017.

[8] 郑建明，潘慧峰，郑莉莉.国际融资与结算 [M].北京：北京师范大学出版社，2017.

[9] 任谷龙.国际融资法律实务指南 [M].北京：法律出版社，2018.

[10] 高健智.境外融资——中小企业上市新通路 [M].北京：清华大学出版社，2016.

[11] 唐应茂.国际金融法——跨境融资和法律规制 [M].北京：北京大学出版社，2015.

[12] 徐捷.国际贸易融资——实务与案例 [M]. 2 版.北京：中国金融出版社，2017.

[13] 韩宝庆.国际商法（图解版）[M].北京：清华大学出版社，2020.

[14] 陈四清.贸易金融 [M].北京：中信出版社，2014.

[15] 姚新超.国际结算与贸易融资 [M].北京：北京大学出版社，2010.

[16] 周箫.ISBP 审单标准的新变化 [J].对外经贸实务，2014（9）：54-56.

[17] 王桂杰，汤志贤.把握 BPO 商机 [J].中国外汇，2013（12）：32-34.

[18] JADE（超级版主）.国际贸易结算案例汇集贴（110 例）——案例 1 D/P 远期付款方式的掌握 [J/OL].福步外贸论坛（FOB Business Forum），［2008-05-28］.https://bbs.fobshanghai.com/thread-1160118-1-1.html.

[19] 姜业庆.移动支付助力人民币国际化 [N].中国经济时报，2018-09-06.

[20] 贸易金融.URBPO 主要条款解读 [J/OL].贸易金融网，［2014-11-13］.http://www.sinotf.com/GB/136/1361/2014-11-13/xMMDAwMDE4MzQxMg.html.

[21] ICC China 中国国际商会.ICC China 国别保函项目：斯里兰卡保函实务 [J/OL].ICC China 中国国际商会，［2020-07-23］.https://mp.weixin.qq.com/s/4QRRjLH-u3UF_uMRZG5Qg.

[22] 中国银行 . 订单融资 [J/OL]. 中国银行官网 .https://www.boc.cn/cbservice/cb3/cb32/200908/t20090826_814520.html.

[23] 中国出口信用保险公司 . 产品服务 [J/OL]. 中国出口信用保险公司 .https://www.sinosure.com.cn/ywjs/index.shtml.

[24] 国际商会 .DOCDEX Rules（DOCDEX 规则）[J/OL]. 国际商会官网 https://iccwbo.org/dispute-resolution-services/docdex/docdex-rules/.

[25] 环球银行金融电信协会 . About Us（关于我们）[J/OL]. 环球银行金融电信协会（SWIFT）官网 .https://www.swift.com/about-us.